ERNEST LÉVESQUE

RECHERCHES COMPLÉMENTAIRES

SUR LES

FAMILLES LÉVESQUE ET PICORON

DE SAINT-MAIXENT (DEUX-SÈVRES)

ET LEURS ALLIANCES

SAINT-MAIXENT

IMPRIMERIE F. CHABOUSSANT

1907

COMPLÉMENT

AUX LIVRES

RECHERCHES SUR LA FAMILLE LÉVESQUE
de Saint-Maixent (Deux-Sèvres)
ET SES ALLIANCES

Deuxième édition en deux volumes. — St-Maixent, Imprimerie Chaboussant, 1901

RECHERCHES SUR LA FAMILLE PICORON
de Saint-Maixent (Deux-Sèvres)
ET SES ALLIANCES

Saint-Maixent, Imprimerie Reversé, 1894

RECHERCHES SUR LA FAMILLE PICORON
de Saint-Maixent (Deux-Sèvres)
ET SES ALLIANCES

Deuxième Partie. — Saint-Maixent, Imprimerie Chaboussant, 1898

ERNEST LÉVESQUE

RECHERCHES COMPLÉMENTAIRES

SUR LES

FAMILLES LÉVESQUE ET PICORON

DE SAINT-MAIXENT (DEUX-SÈVRES)

ET LEURS ALLIANCES

SAINT-MAIXENT

IMPRIMERIE F. CHABOUSSANT

1907

A MA PETITE-FILLE, MARIE-RENÉE

Venue la dernière dans notre famille, je te dédie, ma chère enfant, mon dernier travail sur elle.

Parfois, je l'espère, il réveillera dans ton cœur mon souvenir assoupi.

ERNEST LÉVESQUE.

PRÉFACE

Le but de ce livre est de compléter les suivants : *Recherches sur la famille Lévesque de Saint-Maixent (Deux-Sèvres) et ses alliances*, seconde édition, en deux volumes. Saint-Maixent, imprimerie Chaboussant, 1901. — *Recherches sur la famille Picoron de Saint-Maixent (Deux-Sèvres) et ses alliances*. Saint-Maixent, imprimerie Reversé, 1894. — *Recherches sur la famille Picoron de Saint-Maixent (Deux-Sèvres) et ses alliances*, deuxième partie. Saint-Maixent, imprimerie Chaboussant, 1898.

En lisant chacun d'eux, il a été déterminé la page et la place qui auraient été occupées par les renseignements nouveaux, s'ils avaient été connus, lors de leur confection. Cette page a ensuite été rapportée en marge du présent livre avec les nouveaux documents. De cette façon, en lisant les livres à compléter, en ayant sous les yeux celui qui les complète, ils seraient tels qu'ils auraient été si les documents, alors non découverts, avaient été employés.

Sous ce titre « Notice », page 18 du présent livre, sont mentionnées avec renseignements à l'appui, les localités principales dont il est parlé dans l'ouvrage intitulé : *Recherches sur la famille Lévesque et ses alliances,* seconde édition, deux volumes. Saint-Maixent, imprimerie Chaboussant, 1901, — ci-dessus relaté ; sont aussi indiqués d'une façon générale les fiefs, seigneuries, maisons nobles, dont la famille Lévesque et ses alliés ont porté le nom. Pour les pages et tables mises dans cette notice, se reporter aussi à l'ouvrage ci-dessus, dernier mentionné.

Dans les aveux, hommages et dénombrements, les nombres précédés d'une lettre et suivis d'un chiffre, montrent où le renseignement a été puisé dans les *Archives nationales.*

La table, à la fin de ce livre, est une table générale le concernant.

FAMILLES LÉVESQUE ET PICORON

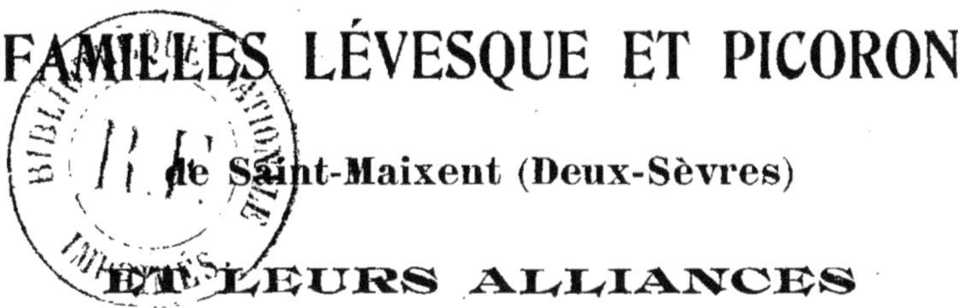

de Saint-Maixent (Deux-Sèvres)

ET LEURS ALLIANCES

PREMIÈRE DIVISION

FAMILLE LÉVESQUE ET SES ALLIANCES

2e édition, 1er volume
1901

Page 15.

Jehan des Hayes se maria avec Vincente Cardel, fille de Cardel, seigneur de la Morinière, et de Maixente du Pont ou de Pons, suivant contrat reçu à Saint-Maixent le 25 janvier 1580, par Caillon et Faidy, notaires royaux.

Testament de Françoise des Hayes, veuve et donataire de Léon Lévesque, seigneur de Maxien, en faveur de Pierre Lévesque, — Jacques Lévesque, — Louis Lévesque, ses enfants ; — et Léon Bellin de la Boutaudière, Esther, Jeanne, Jean, ces quatre derniers, frères et sœurs comme issus du mariage de Catherine Lévesque de Maxien, sa fille, et de Jean Bellin de la Boutaudière, son gendre. Le testament est en date du 14 septembre 1626, insinué le 12 décembre suivant.

En l'église des Révérends Pères Capucins, à Saint-Maixent, eut lieu le mariage de François Gerbier, avocat au parlement, âgé de 27 ans, fils de Jean Gerbier et de Jeanne des Hayes, avec Gabrielle Escotière, fille de Gédéon Escotière et de Jeanne Pelletier. Furent présents : Jean Gerbier et Jeanne des Hayes, père et mère ; Gabriel Lambert, seigneur de la Foye ; Marie Le Riche. L'acte de mariage eut lieu à Saint-Saturnin de Saint-Maixent le 2 mars 1639, et le contrat fut passé par Faidy et Rousseau, notaires à Saint-Maixent. (Greffe de Saint-Maixent).

En l'église des Révérends Pères Capucins de Saint-Maixent, fut aussi consacré le mariage de Mathias Chaignon, seigneur de Beauvais, et de Catherine Gerbier ; l'acte de mariage fut dressé par Chabault, curé de Saint-Saturnin de Saint-Maixent, dans sa paroisse, le 3 juin 1640. Mathias Chaignon était fils de Isaac Chaignon et d'Isabeau Boiceau ; Catherine Gerbier était fille de Jean Gerbier et de Jeanne des Hayes. Furent présents au mariage, outre les parties contractantes : Jean Texier, seigneur de la Caillerie ; Jean Peign, seigneur de la Blanchardière ; Louis Lambert, seigneur de la Belinière ; Nicolas Aymon.

Le 30 mars 1673, a eu lieu un acte devant le notaire d'Aubigny et de Faye, Louis des Hayes, seigneur de Launaye.

Le 26 mai 1672, est marraine à Augé, ainsi qu'il résulte d'un acte de Brulon, notaire : Renée de Toustin, épouse de Charles Thebault, écuyer, seigneur de Mons.

Donation mutuelle entre Nicolas des Hayes, à Saint-Maixent, et Jeanne Raymond, mari et femme, suivant acte passé à Augé, le 12 février 1672, par Chiron, notaire royal.

Nicolas des Hayes, veuf de Jeanne Raymond, se remarie avec Marguerite Cochon, fille de Louis Cochon, seigneur de Vallière, et de Suzanne-Catherine Lambert, suivant contrat passé à Augé, le 19 novembre 1677, par Redien, notaire. La future avait pour frères et sœurs germains : Gabriel, seigneur de la Grandière, qui consent à une déclaration le 20 mai 1709 à René Chasteigner, chevalier, seigneur de Rouvre ; — ***, femme de Chaigneau ; — Jean, seigneur des Marchais, époux, d'abord, de Françoise Favyer, ensuite, de Marie de la Roche. Des lettres de procureur du roi au siège de Saint-Maixent furent accordées par le roi à Louis Cochon, seigneur de Vallière, en date du 2 mars 1674. Louis Cochon est de la famille des Cochon de Lapparent.

Page 16.

Hector de Belabre épousa Jeanne Chaillot en 1613.

Page 18.

Testament fait par Jean Ogeron, seigneur de Crouzon, veuf de Marie Rameau, en faveur de : Léon Ogeron, son fils aîné, et du fils aîné d'Antoine Ogeron, son frère ; de Léon Ogeron, son fils ; de Mathurine Ogeron, sa fille. Ogeron testateur, était oncle de Pierre Lévesque, seigneur de Maxien, qu'il nomme son exécuteur testamentaire. Le testament a été passé à Foucaud, juridiction de Lusignan, le 13 février 1616, insinué le 16 mars 1646. (Voir le tableau XXXI *bis* du 2ᵉ volume des *Recherches sur la famille Lévesque*, 2ᵉ édition, 1901).

Catherine de Veillechèze, eut, à Saint-Maixent, le 6 mars 1592, pour parrain : Jacques Douhet, seigneur de la Berlière ; pour marraines : Renée Bellin, veuve de François Aymon, seigneur de Chambord, et Marie Greffier, fille de feu Pierre, seigneur de Touvois.

Fut béni église de Saint-Saturnin, à Saint-Maixent, le 22 mars 1628, le mariage de Michel de Veillechèze, seigneur du Bizon, fils de Pierre, seigneur des Essarts, et de Gabrielle Bardin, avec Catherine de Nyort, fille de Charles, avocat du roi en l'élection de Saint-Maixent.

Page 19.

Le 7 octobre 1619, eut lieu le mariage d'Estienne Devallée, seigneur de la Thibaudière, veuf de Françoise de Veillechèze, avec Perrette Le Riche, fille de feu Charles Le Riche, seigneur de Montcharrais, et d'Elisabeth Brunet.

Eglise de Saint-Saturnin, à Saint-Maixent, fut mariée Gabrielle de Veillechèze, fille de François, seigneur des Essarts, et de Suzanne Brunet, avec Georges de Conty, avocat au parlement, demeurant paroisse de la Mothe-Saint-Héray, fils de Pierre de Conty.

Pages 25 et 26.

Jean Bernardeau, seigneur de la Barre, et Marie Brunet, époux et femme, se firent donation réciproque, suivant acte passé à Azay-le-Brûlé, le 1er mai 1614, par Chamier.

Pages 27, 28, 29, 30 et 31.

Contrat de mariage de Jean Peign, licencié en droit, fils de feu Jean Peign, seigneur de la Blanchardière, conseiller du roi élu à Saint-Maixent, et de Marie Guillemeau, avec Louise de la Barde, fille de feu Louis, seigneur de la Thibaudière, et de Jeanne Masson, passé à Poitiers le 4 mai 1549. En présence de Jean Peign, oncle et curateur de l'époux.

Elisabeth Sauzière, femme de Pierre Masson, seigneur de la Bouillacrère, fut, le 18 février 1601, marraine de Pierre de Veillechèze.

Catherine Miget, veuve de Charles Sacher, seigneur des Groies, est marraine à Saint-Maixent, le 11 février 1600, de Catherine de Veillechèze.

Renée Miget, dame de la Parée, est marraine, le 16 mars 1604, de Paul de Veillechèze.

Antoine Miget et Louis Lambert, de Vitré, sont parrains de Louis de Nyort, fils de Charles de Nyort et de Françoise Nesdeau. La marraine est Marguerite de Nyort, de la Vergne, tante de Charles de Nyort.

Contrat de mariage de Jean Peign, avocat au siège royal de Saint-Maixent, fils de noble Jean Peign, seigneur de la Blanchardière, conseiller du roi, et de Louise de la Barde, avec Marie Masson, fille de noble Pierre Masson, conseiller du roi, élu en l'élection de Saint-Maixent, et de Marie Greffier. Ce contrat a été passé à Saint-Maixent le 21 février 1615, par Germain et Favier, notaires.

Jean Peign et Marie Masson, sa femme, se firent donation réciproque, suivant acte du 23 décembre 1614, reçu par Piet, notaire à Saint-Maixent.

Esther Masson et Jacques Cardel, seigneur de Soignon, mari et femme, se firent donation réciproque le 28 octobre 1619.

« Partage du 22 octobre 1669 entre Messire François Masson ; — Pierre Masson, de la Jardinerie, demeurant au bourg et paroisse de Rouvre et en la ville de Saint-Maixent ; — Dame Suzanne et Catherine Masson, filles, maîtresses de leurs droits en la dite ville.
« De la succession de feue Marguerite Lauvergnat, leur aïeule, et des biens de François Masson, seigneur de la Barre, avocat au parlement, et de feue Esther Guilbard, sa femme, leurs père et mère.
« Par ce partage le dit François Masson, a la Jardinerie, avec le papier censaire de la terre doulce, moyennant trois mille soixante-quinze livres.
« Le reste de la succession est divisé en trois lots, échus à Suzanne, Catherine et Pierre Masson.
« Outre cela, les dites parts conviennent de payer à dame Madeleine Macé, veuve du sieur de la Barre, leur frère, le domaine qui lui appartenait sur les immeubles de la dite succession ».
Acte reçu par Faidy et Chamier, notaires à Saint-Maixent.

Antoine Masson est reçu chevalier de Malte le 28 juillet 1600, prieuré d'Aquitaine. Il était fils d'André Masson, écuyer, seigneur de la Nouhe et de la Péraye, et de dame Renée de Cardeur, fille de René de Cardeur, écuyer, seigneur de la Chalonnière et de la Péraye.

André Masson, de la maison noble de la Vaironnière, est fils d'autre André, écuyer, seigneur de la Vaironnière, et de Jeanne Robouam.

André Masson est fils de Guillaume, écuyer, et de demoiselle Marguerite ***.

André Masson, oncle d'Antoine et fils d'André et de Jeanne Robouam, fut reçu chevalier de Malte au prieuré d'Aquitaine le 18 août 1560.

Guillaume Masson, écuyer, déclare tenir de Girard certains héritages près la Mothe-Achard.

Masson, époux de Renée de Cardeur, eut d'elle : 1° Jean, dont André de la Péraye ; Jacqueline ; Marie. — 2° Jacques.

Marie Miget et Georges Pavin, de la Maisonnière, mari et femme, se firent donation le 9 février 1623.

Testament de Jeanne Migeon, veuve de Boiceau, de la Bannuère, à Catherine, sa fille, épouse d'André Drouhet, le 6 mars 1628.

Donation réciproque entre les époux Marie Masson et Pierre Coustineau, suivant acte de Greffier, notaire à Saint-Maixent, le 4 janvier 1630.

Donation réciproque entre René Frère, seigneur de Villeneuve, conseiller du roi, assesseur en l'élection de Saint-Maixent, et Renée Fortin, mari et femme, par acte du 30 mai 1630.

Testament de Pierre Greffier, seigneur de Touvois, élu à Saint-Maixent, de tous ses biens, en faveur de René ; Jacquette ; Catherine Greffier, ses trois enfants ; de défunte Françoise Miget, sa seconde femme.

Page 32.

PREMIÈRE PARTIE

PREMIÈREMENT

Lévesque Louis, seigneur de Tourtron et de Maignoux, capitaine dans les troupes de Sa Majesté.

Il épousa le 6 ou le 13 novembre 1658 Elisabeth de Chamois, par contrat de Bruneau, notaire à Châtellerault.

« Contrat du mariage de Louis Lévesque, seigneur de Tourtron, fils de Jacques Lévesque, seigneur des Maisons-Neuves et de Gascougnolle (fief près de Melle), et de Catherine Masson de Boisgrollier.

« Avec Elisabeth de Chamois, fille de Jacob de Chamois, seigneur de l'Eperon, et de Marie Le Nain.

« Ce contrat de mariage porte donation de la dite Masson de Boisgrollier, en faveur de son fils, le futur, de la moitié de ses biens.

« Passé à Châtellerault, en la maison de demeure du dit de Chamois, le 6 novembre 1658.

« En présence de :

« Jean Carré et Antoine Dupleix, beaux-frères des dits sieur et dame de Chamois.

« Jacob de Chamois, frère de la future.

« Madeleine Le Nain, femme dudit Carré, sœur de la dite dame de Chamois.

« Elisabeth Dupleix et Françoise Dupleix, filles dudit sieur Dupleix, sus mentionné ».

Le dit contrat de mariage insinué le 5 mars 1659.

FAMILLE DUPLEIX

Guillaume Dupleix épousa Jeanne Rasaux.
Dont :

Premièrement. — Guillaume Dupleix, seigneur de Remouet (Availles dans la Vienne), qui épousa : 1° Marthe Baudy, fille de Jean, seigneur de Bignoux, et de Marie Raseteau, vers 1595 ; 2° Marie Chavignac qui est dite sa veuve dans un acte du 19 janvier 1641.

Secondement. — François Dupleix, seigneur de la Grange-Girard, qui se maria, vers 1600, à Claude Moutard, morte le 8 septembre 1627 (Saint-Jean-Baptiste de Châtellerault), fille de Mathurin, seigneur des Chirons, et de Françoise Baudy. Parmi leurs enfants : Antoine Dupleix, né le 13 juillet 1601, marié, vers 1620, à Jeanne Perrot. Parmi leurs enfants : François Dupleix, seigneur des Gardes, né en 1634 (Saint-Jean-Baptiste), marié le 21 février 1656 (Saint-Jean-Baptiste), à Elisabeth Maussion ou Moxion. Parmi leurs enfants : René-François Dupleix, écuyer, seigneur de Bacquencourt, de Mercin, de la Bruyère et des Gardes-Fanneville, écuyer ordinaire de la grande écurie du roi, fermier général, directeur de la compagnie des Indes, contrôleur général de la Province de Hainaut. Il épousa le 27 mars 1695 Anne-Laure de Massac, fille de Claude, receveur des domaines, trésorier de l'extraordinaire des guerres, à Landrecies, et d'Anne Collin, mort en 1735. Dont : 1° Charles-Claude-Ange, écuyer, seigneur de Bacquencourt, de Pernaud, Bucy et de Montrouge, époux, d'abord, de : Jeanne-Henriette de Laleu ; ensuite, de Marie-Augustine Erard, remariée au marquis de Poyanne. — 2° Joseph-François Dupleix, marquis Dupleix, comte de Ferrière, né à Landrecies le 1er janvier 1697. Il fut grand croix, chevalier de Saint-Michel, gouverneur de Pondichéry et des établissements français dans l'Inde en 1742. Le roi lui accorda des lettres patentes d'anoblissement le 16 mars 1746, enregistrées au parlement le 29 novembre de la même année. Ses exploits contre les Anglais, sa glorieuse fortune, ses revers sont connus de tous. Il épousa : 1° à Chandernagor, le 17 avril 1741, Jeanne Albert, veuve Vincens, conseiller de la compagnie des Indes, fille de Jacques, chirurgien de la compagnie à Pondichéry, et de Isabelle-Rose de Castro, surnommée Jane Begun par les Indiens et qui aida glorieusement son mari dans ses guerres ; 2° à Paris, le 10 novembre 1758, Claude-Thérèse de Chastenay-Lanty, fille de François-Elie de Lanty et de Jeanne-Françoise Gardien. Il eut de sa seconde femme : 1° Adélaïde-Laure-Jeanne-Joséphine, mariée à Paris le 13 avril 1779 (église de la Madeleine), à Charles-Jean-Marie, marquis de Valory ; un fils né et mort en 1761.

Troisièmement. — Antoine Dupleix, époux vers 1610 de Jeanne Leigné. Parmi leurs enfants : Antóine Dupleix, marié vers 1630 à Elisabeth de Chamois, fille de Jacob de Chamois, seigneur de Léperon, et d'Elisabeth Creuzé. Parmi leurs enfants : Antoine Dupleix, époux de Marie Courin.

FAMILLE DE CHAMOIS

Jacob de Chamois, seigneur de Léperon, devint l'époux de Elisabeth Creuzé. Ils eurent :

1° De Chamois Jacob, seigneur de Léperon, époux de Marie Le Nain, vers 1625.

Dont deux enfants :

De Chamois Jacob, seigneur de Léperon.

De Chamois Elisabeth, mariée à Louis Lévesque, seigneur de Tourtron et du Maignoux, capitaine des troupes de Sa Majesté en 1658, suivant le contrat de mariage relaté plus haut.

Lévesque Louis était le frère d'Abraham Lévesque, seigneur de Tourtron et de Gascougnolle, marié, d'abord, en 1661, à Catherine Peign de la Bidolière, sans postérité ; ensuite, le 21 février 1662, avec Marguerite Le Febvre de la Prée, fille de Pierre Le Febvre, écuyer, seigneur de la Prée, et de Suzanne de Fossa.

Lévesque des Maisons-Neuves, Pierre-Roger, fils de Lévesque, Pierre-Ernest des Maisons-Neuves, est le dernier descendant mâle de ces derniers.

L'alliance des familles Lévesque, de Chamois et Dupleix résulte de ce qui est dit ci-dessus, depuis Lévesque Louis, seigneur de Tourtron et de Maignoux, capitaine dans les troupes de Sa Majesté.

SECONDEMENT

Catherine Lévesque épousa, en deuxièmes noces, Louis Maboul, écuyer, seigneur de Gabauge, suivant contrat passé à Niort le 10 avril 1673, par Thebault, notaire.

FAMILLE DIEULEFILS

Page 33.

Dieulefils, marié vers 1600, eut pour enfant François Dieulefils, marié vers 1640 à Jeanne Pelletier, fille de Florent, conseiller élu à Châtellerault, et de Marie Cauche. François Dieulefils et Jeanne Pelletier eurent pour enfant François Dieulefils, seigneur de Beauregard, qui abjura le calvinisme le 22 octobre 1685, à Lésigny-sur-Creuse. Il était propriétaire du domaine de la Bertinière et avait épousé Madeleine de Chamois, dont il eut : 1° Hector Dieulefils ; 2° Madeleine, mariée à Jacques Guillemot, seigneur de la Guesdonnière ; 3° Marie-Anne, épouse de Jacques Simon, seigneur de Lessart. Madeleine de Chamois était sœur d'Elisabeth de Chamois, mariée à Louis Lévesque de Tourtron.

Marie-Anne Dieulefils, épouse Simon de Lessart, est l'aïeule de M. A. Labbé, le distingué publiciste de Châtellerault.

Hector Dieulefils, seigneur de Beauregard, posséda la Bertinière et épousa, le 20 juin 1711, Catherine Fleuriau, fille de François et de Noémi Feignat. Hector Dieulefils mourut sans enfants.

On lit dans les *Archives nationales*, à Paris :

P. 435 [2]. — Dieulefils Jean, seigneur de la Badinière.

P. 435 [2]. — 5 juillet 1686. — Hommage de la Vauguyon, par Pierre Dieulefils, seigneur de Piétard, demeurant à Châtellerault, saisi sur Jacques Huart de Cossade, de Vauguyon. Les criées actuellement poursuivies sur André de Berthmont de Cossade et dame Marie Huart de Cossade, son épouse, par Paul Brochard, Pierre Pocquelin. (Mouvance de la tour de Maubergeon).

P. 438 [4]. — 7 juillet 1727. — Hommage lige par Françoise Fleuriau, veuve d'Elie de Chamois, seigneur de Boissimon, conseiller du roi, demeurant en cette ville de Châtellerault, remplacée par Jean Chocquin, procureur pour le dit fief de Boissimon ou petit Pouligny, mouvant de Châtellerault, paroisse de Dangé, au devoir des dix sols six deniers pour les loyaux aydes, — Guestier — Louis Bouin, seigneur de Marigny, conseiller du roi, lieutenant particulier et assesseur au siège civil de Châtellerault.

P. 435 [3]. — Hommage de Boissimon, paroisse de Dangé, mouvance de Châtellerault, par Jacob de Chamois, seigneur de Boissimon, assisté de Jacques Sautereau, son procureur. — 8 janvier 1683.

30 novembre 1661. — Cession faite par Elisabeth David, dame de la Gettière, épouse de Pierre Legeay, chevalier, seigneur de la Gettière, et Jacob de Chamois, seigneur de l'Esperon, demeurant ville de Ruffec.

P. 435 [2]. — François Simon, seigneur de la Baudinière, à cause de Mlle de Beauvillain, sa femme.

P. 435 [2]. — Jean Dieulefils, seigneur de la Baudinière, et Renée ***, sa femme.

Dieulefils Marie, était épouse en 1545, de Jacques Maboul, écuyer, seigneur de Ribray, échevin et maire de Niort.

Aveu et dénombrement aux Francs donné par Louis Dieulefils, clerc, demeurant à Cherveux, à Thibault, écuyer, et Marie Métivier, sa femme, le 25 octobre 1456.

Page 41.

François de la Barre et de la Volinière, avocat au parlement, mari et femme, se firent donation par acte de Piet, notaire à Saint-Maixent, le 16 mai 1633.

Daniel Le Riche, seigneur de Lingrimière, et dame Marie Miget, son épouse, se donnèrent par acte du 3 juin 1636.

Françoise Masson et François Boulay de Montru, d'où descend Françoise Boulay de Montru, mariée à Girault de Crouzon, se donnèrent, ainsi qu'il résulte d'un acte de Piet, notaire royal à Saint-Maixent, le 14 septembre 1636.

Louise Masson de Boisgrollier se maria à Pierre de Nyort, seigneur de Vougné, fils de Charles de Nyort,

suivant contrat passé à Saint-Maixent, le 29 février 1639.
Cet acte peut être ainsi analysé : « Contrat de mariage
de Pierre de Nyort, seigneur de Vougné, fils de feu
Charles de Nyort, avocat du roi, en l'élection de Saint-
Maixent, et de Marie Greffier, avec Louise Masson, fille
de Daniel Masson, conseiller du roi, président de l'élection de Saint-Maixent, et de dame Anne Chaillot, passé
à Saint-Maixent par Texier, notaire. Etaient présents :
Aymeri de Nyort, avocat au parlement et au siège royal
de Saint-Maixent, oncle paternel ; — Jean Texier,
seigneur de la Fuye et de Seneuil, conseiller du roi et
lieutenant général à Saint-Maixent ; — François Masson,
seigneur de la Barre, avocat au siège royal de Saint-
Maixent ».

Louise Masson était sœur de Catherine Masson de
Boisgrollier, épouse de Jacques Lévesque, seigneur des
Maisons-Neuves et de Gascougnolle, ascendant direct de
Pierre-Roger Lévesque des Maisons-Neuves et de
Gascougnolle.

Charles Masson et Catherine Imbert, son épouse, se
donnent le 27 mai 1637.

Pierre de Nyort, seigneur de Vougné, conseiller du roi
et son avocat en l'élection de Saint-Maixent, maire et
capitaine de la dite ville, ainsi que sa femme, se font
donation le 30 mai 1639.

Pierre Masson et Anne Charron, sa femme, se donnent
par acte de Faidy, notaire à Saint-Maixent, le 7 janvier
1643.

Mariage de Louis Miget, avec Jeanne Belin, rapport
de Rousseau, notaire à Saint-Maixent, le 22 février 1648.

Donation entre Louis Bardin et Françoise Miget, mari
et femme, par Coudret, notaire à Saint-Maixent, le
26 janvier 1651.

Baptême de Louis Miget, fils de Louis et Jehanne Bellin, à Saint-Saturnin de Saint-Maixent, le 5 octobre 1651. Parrain : Louis Peign, seigneur de la Blanchardière ; marraine : Suzanne Chameau.

Barthélemy Frère, seigneur de la Pommeraie et de Vairé, fit donation à René Frère, seigneur de Vairé, conseiller du roi en l'élection de Niort, de la seigneurie d'Argentières, paroisse de Saint-Généroux, par acte de Coudré, notaire à Saint-Maixent, le 12 mai 1653.

François de Veillechèze, seigneur des Essarts, épousa Suzanne Brunet, dont une fille, née en 1636, baptisée à Saint-Saturnin de Saint-Maixent.

8 mai 1645, mariage de Gabrielle de Veillechèze avec Georges de Conty, fils de Pierre de Conty. Cette Gabrielle était fille de messire François de Veillechèze, seigneur des Essarts, et de Suzanne Brunet. Le mariage eut lieu à Saint-Maixent le 8 mai 1645.

Anoblissement de Pierre de Conty, seigneur de la Laubonnière et la Simolière, de la Mothe-Saint-Héray, par lettres patentes du 3 décembre 1652. — (Arrêt de la Chambre des comptes du 4 décembre).

Philippe Chalmot, chevalier, seigneur de Sainte-Rhue et du Breuil-d'Aigonnay, capitaine de cavalerie, et dame Jeanne de la Barre, son épouse, se firent donation par acte au Breuil-d'Aigonnay, sous la date du 14 février 1692, par Le Lièvre, notaire.

Mariage le 28 février 1764 de Jean-Auguste de Veillechèze, fils de Jean-Auguste et de Jeanne Brunet, avec Marie de Gay, fille de Paul et de Marie Chameau.

« Contrat de mariage de noble homme Charles-Louis de Nyort, seigneur de Vougné, président en l'élection de Saint-Maixent, fils de feu noble Charles de Nyort, président en l'élection dudit lieu, et de feue Catherine

Texier, avec Thérèse Angevin, passé à Mauléon, le 6 décembre 1712, par Soulard, notaire royal en Poitou et de la baronnie de Mauléon. Présents : Philippe Chabot, seigneur de Faye, élu en l'élection de Poitiers, beau-frère du futur, à cause de Marie-Anne de Nyort, son épouse ; — Messire Gabriel Brunet, écuyer, seigneur de Montreuil-sur-Mer et de la Bobine, demeurant à Poitiers, paroisse de Sainte-Radégonde, cousin germain paternel ; — Jacques Gilbert, élu en l'élection de Mauléon, cousin, ayant le germain, à cause de Marie-Anne Texier, son épouse, en l'estoc maternel ; — Jacques-Cléophas Angevin et Charles Angevin, licenciés ès-lois, frères de la future ».

20 juillet 1670. — « Contrat de mariage d'Anne de Nyort, fille de feu Pierre de Nyort, seigneur de Vougné et de la Roulière, conseiller du roi, lieutenant particulier assesseur criminel, au siège de Saint-Maixent, et de Louise Masson, sa veuve.

« Avec Gabriel Brunet, écuyer, seigneur de la Bobine, Montreuil, etc., conseiller du roi, lieutenant assesseur en la maréchaussée du Poitou, au département de Vouvant, la Garnache et la Roche-sur-Yon, demeurant paroisse de Montreuil, en la maison noble de ce lieu, fils de feu Jean-Jacques Brunet, seigneur de la Réalière, conseiller du roi honoraire au siège royal de la sénéchaussée de Fontenay-le-Comte, et de Marie Jollet.

« Fait et passé à Saint-Maixent, par Cherruyer et Faidy, notaires.

« Étaient présents : Jean-Jacques Brunet, seigneur de Montreuil et du château de la Soucelière, juge au siège royal en la sénéchaussée de Fontenay-le-Comte, frère du futur ; — Charles d'Ollande, écuyer, seigneur du Vignaut, son cousin ; — Hilaire Gogué, seigneur de Geoffret, son cousin, avocat au siège royal de Saint-Maixent. Puis, du côté de la future : Charles de Nyort, seigneur de Vougné, et François de Nyort, seigneur de Moulin-Neuf, ses frères ; — Charles Clément, seigneur de la Boistrie, lieutenant criminel au siège royal de Saint-Maixent ; — Abraham Lévesque et Louis Lévesque, seigneurs de Tourtron, ses cousins germains ; — Jean Peign, conseiller du roi au siège de Saint-Maixent, son cousin ».

Gabriel Brunet fut anobli en janvier 1697. Ses armoiries sont : *d'azur à une tour d'or, posée en abîme, à deux étoiles d'argent, posées en chef et un croissant en pointe.*

Don clérical de cent cinquante livres de rente viagère, accordé à François de Nyort, clerc tonsuré, par Louise Masson, veuve de Pierre de Nyort, conseiller du roi et assesseur au siège royal de Saint-Maixent.

L'acte est passé à Saint-Maixent le 17 novembre 1674, par Faidy, notaire.

Naissance de Louis de Veillechèze, fils de René et de Marie Masson, 1er mars 1675. (Registre Saint-Saturnin de Saint-Maixent).

« Mariage d'Antoine Le Riche, fils de Pierre Le Riche de la Chambaudière, et d'Elisabeth de Veillechèze, avec Anne de Nyort, fille de Anne de Nyort, fille de Pierre de de Nyort et de Gabrielle Brunet, passé le 8 novembre 1711 par Garnier, notaire royal à Saint-Maixent. Etaient présents : François Palustre ; — Jacques de Veillechèze ; — Charles de Nyort ; — Michel Le Riche ; — Arnauldet ; — Elisabeth Le Riche. » (Registre Saint-Saturnin de Saint-Maixent).

Cette Anne de Nyort se remaria à René Lévesque.

Brunet Marie, fille de Charles Brunet, avocat, et de Marie Gaillard, épouse de Charles Le Riche, seigneur de Lingremière, fils de feu noble, et de Jeanne Tourtenille, par contrat de Masson, notaire à Saint-Maixent, le 4 novembre 1635.

Brunet Marie, fille d'André Brunet, seigneur du Colombier, et de Marie Peign, épouse Jean Le Riche,

seigneur du Genêt, par contrat de mariage de Gamain et Faidy, notaires à Saint-Maixent, le 15 octobre 1666.

Mariage de Pierre de Nyort avec Gabrielle Brunet, fille de feu André Brunet, seigneur du Colombier, et de Marie Peign, le 9 novembre 1681. — (Registre de Saint-Eanne de Saint-Maixent).

Marie Brunet et Pierre Chaigneau, seigneur de la Bagnolière, mari et femme, se font donation suivant acte passé à Saint-Maixent le 14 juillet 1681, par Lelièvre et Coudron, notaires.

Partage de la maison de Montifaut entre François Brunet, conseiller du roi, lieutenant général criminel près la sénéchaussée de Saint-Maixent, et Marie-Françoise Brunet, veuve de François de Laâge, écuyer, seigneur de Foussac, passé à Saint-Maixent le 21 mars 1709.

Le 23 août 1732, église de Saint-Porchaire, à Poitiers, a été baptisé Alexandre de Cressac, fils de Jean et de Catherine Brunet. Parrain : Jacques-Louis de Cressac ; marraine : Catherine-Renée Picoron de la Violière.

Le 20 novembre 1733, église de Saint-Porchaire, à Poitiers, a été baptisé Guy de Cressac, fils de Jean et de Catherine Brunet. Parrain : Guy Agier ; marraine : Catherine Brunet.

« Contrat de mariage de Charles de Nyort, seigneur de Vougné, conseiller du roi, président de l'élection, fils de feu Pierre de Nyort, lieutenant particulier et assesseur criminel au siège de Saint-Maixent, et de Louise Masson.

« Avec Catherine Texier, fille de Louis Texier, procureur au siège présidial de Poitiers, et de Marie-Catherine Gobeil.

« Du consentement de leurs père et mère et de celui de Jean de Veillechèze, fondé de procuration de Gabriel Brunet, seigneur de Montreuil, échevin de la ville de

Poitiers, et de dame Anne de Nyort, épouse dudit Brunet, et sœur du futur. Passé à Poitiers, le 2 juillet 1681, par Régnier, notaire royal ».

Provisions d'élu en l'élection de Saint-Maixent, données à Louis Miget, né dans cette ville. Ces provisions sont datées à Versailles, du 3 janvier 1690, et l'office en était de création récente. La réception à la cour des aydes eut lieu le 3 août 1690 ; au bureau des finances, le 14, et l'installation fut faite à Saint-Maixent le 24.

Marie de Veillechèze, fille de François, épousa Jacques Girault, seigneur du Fief Doux, le 11 août 1694, à Saint-Maixent, église de Saint-Saturnin. Etaient présents : Charles de Veillechèze et Pierre de Veillechèze, seigneurs de la Leu, frères de l'épouse.

Le 29 juillet 1696, église des Cordeliers de Saint-Maixent, eut lieu la cérémonie funèbre de Louise Masson, veuve de Pierre de Nyort. Elle était âgée de 85 ans.

Le 6 novembre 1632, fut baptisée Catherine Peign, fille de Jehan Peign et de Marie Masson. Parrain : Jacques de Cardel, fils de Guillaume, seigneur de Lesteuil ; marraine : Marie Peign, sœur de la baptisée.

Mariage de Louis Miget, fils de Louis, élu à Saint-Maixent, et de Jacquette Robert, avec Jeanne Chaigneau, fille de Pierre Chaigneau, seigneur des Francs, et de Catherine Frère, le 19 décembre 1718. — (Registre de la paroisse d'Aigonnay).

Testament de Suzanne-Casimir Ringler, veuve de François Masson, en faveur de : 1° Joseph-Casimir Masson, son fils puîné ; 2° de Marguerite-Félicité Masson, épouse de Pierre Renaudet ; 3° de Pierre-André Masson, son fils aîné, alors en Amérique, de la somme de 1,700 livres.

Page 44.

TROISIÈMEMENT

Contrat de mariage de Louise Le Riche, fille puînée de noble Mre Michel Le Riche, conseiller du roi, juge magistrat au siège royal de Saint-Maixent, avec Jean Bigot, garde du corps du roi, passé le 5 janvier 1664, par Coudré et Faidy, notaires à Saint-Maixent.

Page 47.

Mariage de Jean du Plassat, maréchal de la châtel-lenie de Lussac-les-Eglises, fils de Jean du Plassat et de dame Marguerite Le Febvre, avec Marie Texier, fille de François Texier, seigneur de la Gloutière, et de Marie Le Comte, par acte du 22 février 1618, insinué le 3 février 1620.

Contrat de mariage de Jacques Gillette, écuyer, seigneur des Maisons-Neuves, fils de Paul Gillette, aussi écuyer, seigneur des Maisons-Neuves, gentilhomme ordinaire de la chambre de feu Monsieur, frère du roi, et de dame Marie Le Febvre, avec Louise Le Febvre, fille de Richard Le Febvre, conseiller du roi à Saint-Maixent.

Ce contrat de mariage est ainsi :

« Par devant nous, notaires royaux à Saint-Maixent, soussignés,

« Ont comparu en leurs personnes établies et dûment soumises en droit,

« Michel Brûlon, demeurant en cette ville, procureur spécialement fondé de Paul Gillette, écuyer, seigneur des Maisons-Neuves, gentilhomme ordinaire de la chambre de feu Monsieur, frère unique du roy, demeurant à Auneau-en-Beauce, proche Chartres, et de Marie-Madedeleine Le Febvre, son épouse, suivant leur procuration, reçue Vacherot, tabellion de Chartres, en présence de témoins, en date du 1er février dernier.

« D'une part,

« Et Jacques Gillette, écuyer, seigneur des Maisons-Neuves, gendarme de la garde du roy, fils du dit seigneur, et de dame Gillette, demeurant ordinairement au dit lieu d'Auneau.

« M. Richard Le Febvre, conseiller du roy, receveur des tailles et deniers d'octroi de cette ville et élection, y demeurant.

« Et damoiselle Louise Le Febvre, sa fille émancipée, procédant sous l'autorisation de M. Georges Vallette, certificateur des criées du siège royal de cette ville, y demeurant, son curateur aux causes, à ce présent.

« Encore d'autre part,

« Lesquels seigneur Jacques Gillette, fils, et damoiselle Louise Le Febvre, sous l'autorité et consentement, savoir : le dit seigneur Gillette, dudit Brûlon au dit nom de procureur et faisant pour les dits seigneur et dame Gillette. Et encore de damoiselle Catherine Le Febvre, tante maternelle dudit proparlé : — Et la damoiselle Louise Le Febvre, proparlée, du consentement de Le Febvre, son père et de son curateur aux causes, et de Richard Le Febvre, conseiller du roy, receveur alternatif des tailles et octroi de cette ville, y demeurant, son frère.

« Ont promis de se prendre à femme, mari et légitime époux.

« Fait et passé au dit Saint-Maixent, en la maison de demeure dudit sieur Le Febvre.

« Lu et relu aux dites parties qui ont signé, le douzième mars mil sept-cent-deux, après midi.

« Signé : Jacques Gillette des Maisons-Neuves ; — Brûlon ; — Le Febvre ; — Vallette ; — Clément ; — Marie-Anne Birot ; — R. Le Febvre ; — Nosereau, curé de Saint-Léger-de-Saint-Maixent ; — Dubois, curé de Saint-Saturnin ; — Lambert, notaire à Saint-Maixent.

« Contrôlé à Saint-Maixent le 24 mars 1702 ».

La minute de ce contrat de mariage est dans l'étude de M⁰ Coyault, notaire à Saint-Maixent, comme successeur médiat de Lambert.

Donation mutuelle entre Richard Le Febvre, écuyer, demeurant à Saint-Maixent, et Barbe de Poluche, mari et femme, suivant acte reçu à Saint Maixent le 7 février 1724, par Nosereau, notaire.

Barbe Poluche, veuve de Richard Le Febvre, écuyer, conseiller du roi, contrôleur ordinaire des guerres, assiste au contrat de mariage de Jean Garran de la Rebillardière, avec Françoise Chameau, suivant contrat passé à Saint-Maixent le 1ᵉʳ janvier 1744, par Ré, notaire, insinué le 15 avril suivant. Sont aussi présents à ce contrat de mariage : Georges Vallette, avocat au siège royal et sénéchal civil et criminel de l'abbaye de Saint-Maixent, et dame Marie Chameau, son épouse, sœur de la mariée ; — Suzanne Chameau, épouse de Pierre Clerc de La Salle.

Marguerite Le Febvre eut, le 14 octobre 1685, absolution d'hérésie, à Poitiers, paroisse de Saint-Cybard.

FAMILLE DE FOSSA

Page 50.

Suzanne de Fossa, mariée à Pierre Le Febvre de la Prée, écuyer.

Pierre Le Febvre, écuyer, seigneur de la Prée, et Suzanne de Fossa, son épouse, se firent une donation réciproque, suivant acte de Gilbert, notaire, reçu au champ du Chail, juridiction de Melle.

Le contrat de mariage de Marguerite Rivet, veuve de Marc de Fossa, avec Jean de Constant, écuyer, a été reçu le 29 avril 1630, par Gilbert, notaire à Melle.

Marguerite Rivet, veuve en premières noces de Marc de Fossa, écuyer, et en secondes noces, de Jean de Constant, écuyer, fit un testament en faveur de Marguerite de Fossa, épouse de Michel Servant, avocat, et de Suzanne de Fossa, épouse de Pierre Le Febvre de la Prée, écuyer. Ce testament est passé à Saint-Maixent par Guilbard, notaire royal, le 19 octobre 1643.

Marc de Fossa, écuyer, et Marguerite Rivet, mari et femme, se firent donation réciproque suivant acte passé à Melle, par le ministère de Patrault, notaire, le 15 décembre 1607.

Page 51.

Louise de Constant, fille de Jacques de Constant, chevalier, épousa François Eschallard, écuyer, seigneur et baron de Champdolent, Pierrefitte et Chaliers, qui fut gouverneur de Marans, en 1619; le mariage eut lieu en 1615. Ils se donnèrent réciproquement le 21 novembre 1622 et n'eurent pas de postérité. François Eschallard était fils de Charles Eschallard, chevalier, seigneur de la Boulaye, Pierrefitte, Maillé, la Tour-d'Oie, baron de Châteaumur, vice-amiral de Guyenne, gouverneur du Bas-Poitou et de Fontenay-le-Comte, époux de Marie du Fou, veuve de René de Talensac.

FAMILLES RIVET ET LAMY

Page 57.

Fondation par Pierre Payen, seigneur de Chaurais, de sept messes par semaine en l'église de Saint-Saturnin de Saint-Maixent, pour le repos de son âme et de celle de Jeanne Michelle, sa première femme, par acte du 1er décembre 1484.

Page 62.

Elisabeth Rivet et Samuel de Cottiby se firent donation le 17 septembre 1659.

Samuel de Cottiby fut pasteur à Poitiers après son père. D'abord zélé protestant, il se fit catholique et abjura à la porte de la Cathédrale de Poitiers. De Cottiby ne put convertir sa femme qui resta fidèle à la religion réformée, ni personne de sa famille à l'exception de ses fils. Il reçut en 1662 une charge d'avocat du roi au présidial de La Rochelle. Chaque année, à l'ouverture du palais, il prononçait une harangue d'apparat, puis revenait vivre à Saint-Maixent, dans une propriété appartenant à sa femme, où il mourut en 1689.

Le 26 février 1661, fut inhumée en l'église Saint-Saturnin de Saint-Maixent, Catherine Peign, femme d'Abraham Lévesque. Elle fut peu de jours mariée avec lui.

Jean Rivet, seigneur des Roussières, épousa en novembre 1632, Marthe Chadeau de la Clocheterie, d'une grande famille de marins, originaire de la Saintonge. Tous servirent, de père en fils, pendant cent seize années consécutives. Le premier, comme capitaine de vaisseau, sous le ministère de Colbert, mourut en 1696, après trente années de service. Le fils, Isaac, capitaine de flûte et de brûlot, décéda, après quarante-deux ans de service, en 1733. Le troisième, du même nom, capitaine de vaisseau, fut tué sur *Le Sérieux*, en 1741. Jean-Isaac-Timothée avait deux frères dans la marine et trouva la mort en commandant *L'Hercule*, en 1782. Des lettres de noblesse avaient été accordées en janvier 1748 aux cinq enfants d'Isaac Chadeau de la Clocheterie.

Page 65.

Mariage de Pierre Greffier, fils de Pierre, avec Jehanne Lamy, fille de Jean et d'Anne Rivet, par contrat du 24 mars 1559, reçu Caillon, notaire à Saint-Maixent.

Une Jehanne Lamy épousa Paul Palustre, seigneur de Montifaut.

Jean Lamy, seigneur de l'Aiguillon, acheta la métairie des Granges, de François Lauvergnat, du Bourgneuf.

Françoise Lamy, épouse de Pierre de Veillechèze, seigneur des Essarts, marraine de Catherine Chalmot, fille de Jacques Chalmot, seigneur du Breuil, et de Jehanne Aubin. (Registre de Saint-Saturnin, 15 mars 1579).

Partage de Jean Lamy et d'Anne Rivet, entre : 1° Pierre Greffier, chevalier, seigneur de la Chevallerie, époux de Jeanne Lamy ; 2° Jean Lamy, seigneur de l'Aiguillon ; 3° Françoise Lamy, femme de Pierre de Veillechèze, seigneur des Essarts.
Le partage eut lieu le 10 juillet 1584.

Naissance de Françoise Lamy, fille de Jean Lamy et d'Anne Rivet, paroisse de Saint-Saturnin à Saint-Maixent.

Contrat de mariage d'André Lamy, seigneur de l'Aiguillon, fils de Jean Lamy, seigneur dudit lieu, et d'Anne Rivet, avec Françoise Marchand, fille de Jacques Marchand, écuyer, seigneur de Puybourassier, et de Marie Fradin. Le contrat de mariage fut passé à Saint-Maixent le 29 mars 1581, par Favier et Tastreau, notaires.

Partage : entre Félix Marchand ; — Charles Marchand ; — Magdeleine Marchand, écuyer ; — André Lamy, seigneur de l'Aiguillon, père et loyal administrateur de Louise Lamy, sa fille, et de feue Françoise Marchand, sa femme ; — Dame Angélique Marchand, femme de François Gautier, écuyer, seigneur de Tartifume, près Châtellerault ; — Dame Marie Marchand, femme de Pierre ***, écuyer, seigneur de la Jouinière ; — Demoiselle Marie Marchand,

Des biens de Jacques Marchand, écuyer, seigneur de Puybourassier, et Marie Fradin, leurs père et mère, et aussi de ceux de feue Marie Palustre, leur aïeule, mère de la dite Fradin.

Fait de l'avis de Guy Marchand, écuyer, seigneur des Roffinières, oncle des susdits Marchand et de Jacques Marchand, écuyer, seigneur de Puypailler, leur cousin germain. Le dit Félix précité a eu en partage, comme aîné, la terre de Puybourassier, paroisse de Paizay-le-Tort.

Fait à Saint-Maixent, le 28 juin 1595, par Caillon, notaire à Saint-Maixent, en la maison de demeure de Charles Marchand, procureur du roi audit lieu.

11 août 1614. — Testament de Charles Marchand, écuyer, seigneur de Russais, demeurant à Saint-Maixent, en faveur de Marie de Neuport, sa femme. Ce testament a été fait à Saint-Maixent, par Favier, notaire.

24 août 1683. — Sentence du siège royal de Saint-Maixent, rendue entre :

Jacques Marchand, écuyer, seigneur de Puybourassier, curateur de Marie Marchand, fille de Charles Marchand, écuyer, seigneur du Breuil, et de dame Claude de Villemort, héritière bénéficiaire de son dit père, et de Charles Marchand, écuyer, seigneur de Russais, son aïeul paternel, demanderesse du dit feu Charles Marchand, écuyer, seigneur de Russais.

Et contre Mathieu Gorré, curateur des dits enfants mineurs dudit seigneur de Russais, etc.

Les donations qui existent sont entérinées de l'avis de Jacques Marchand, écuyer, seigneur de Puypailler ; Adrien Marchand, écuyer, seigneur de la Roffinière ; Jean d'Abanoist, écuyer, seigneur du Soucy et de la Jouinière ; Pierre de Cahiduc, écuyer, seigneur de Vilaine ; Pierre Thebault, écuyer, seigneur de la Vienne ; Pierre Royer, écuyer, seigneur de Marigny ; Charles

Réorteau, écuyer, seigneur de la Roche-Taulay, et Zacharie Daitz, écuyer, seigneur de Savignac, proches parents.

Donation mutuelle entre Aubin Girault, écuyer, seigneur de Mondy, conseiller du roi, lieutenant particulier, assesseur civil et criminel au siège, ressort de Melle, et demoiselle Madeleine d'Abillon, son épouse, le 28 octobre 1619. — Insinué le 14 avril 1621.

Donation faite par Jean d'Abanoist, écuyer, seigneur du Soucy et de la Jouinière, et dame Marie de Neuport, veuve et donataire de Charles Marchand, écuyer, seigneur de Russais, à Thomas Dupin ou du Pin, seigneur de la Bruslerie, demeurant tous à Saint-Maixent, d'immeubles au fief du haut Sazilliers. — 29 mars 1623. — Insinuation le 10 juin.

Donation faite au même de semblables droits par Jacques Marchand, écuyer, seigneur du Puy ou du Pin. — 27 avril 1623. — Insinuation le 10 juin 1624.

Autre donation des pareils droits faits au même sieur Thomas, par Pierre Marchand, écuyer, seigneur de Garnaud, et Georges Marchand, écuyer, seigneur de la Renardière, son frère, le 7 juillet 1623.

Donation entre Charles Thebault, écuyer, seigneur de la Vau, et demoiselle Catherine Marchand, son épouse, demeurant à Saint-Maixent, passé par Mercier, notaire royal, au 26 octobre 1629.

Contrat de mariage de Antoine de Poix, écuyer, seigneur de la Tour de Ry, fils de feu Antoine et de Marie de Lestang, avec Marguerite Designy, fille de feu Charles, écuyer, seigneur de la Tour de la Plaigne, et de Louise Marchand, veuve du seigneur Designy, son premier mari et, maintenant, épouse de Pierre Augier, seigneur de Montigny, passé le 21 décembre 1628. En présence de Moïse de Poix, écuyer, seigneur de la Coudre, oncle maternel du dit sieur, futur, à cause de *** de Lestang, sa femme, sœur de la dite Marie de Lestang ; de Jacques de Ferrières, seigneur de Champigny-le-Sec. De la part de l'épouse : de Charles Designy, écuyer, seigneur de la Tour de la Plaigne ; Pierre Designy, écuyer, seigneur de Saint-Philbert, ses frères. Le contrat, reçu par Robin et Birault, qui ont la minute, notaires royaux à Châtellerault. — Insinué le 7 avril 1629.

Jeanne Rivet, épouse de François Gastineau, eut de ce dernier une fille, Rachel Gastineau, qui devint la femme de Guillaume de Nyort, seigneur de Champvert, suivant contrat passé à Saint-Maixent, par Rousseau et Caillon, notaires, le 28 juillet 1612.

Une Suzanne Rivet épousa Pierre Chaigneau, seigneur de la Bonnelière.

Catherine Rivet et Elie Pelerin, mari et femme, se firent donation le 16 septembre 1619.

Jacques Rivet, seigneur des Nouhes, et Marguerite Clément, se firent donation par acte de Piet, notaire à Saint-Maixent, le 31 mars 1639.

Pages 66, 67, 68 et 69.

De Nyort Charles était lieutenant de prévôt des maréchaux de France, en Poitou, le 20 septembre 1572.

Suivant contrat de mariage reçu par Pineau et Picard, notaires à Saint-Maixent, le 23 ou 29 novembre 1573, Charles de Nyort épousa Françoise Nesdeau.

9 février 1604, Charles de Nyort, de la Vienne, et Françoise Nesdeau, mari et femme, se firent donation réciproque.

Suivant contrat du 29 juillet 1612, au rapport de Caillon, notaire à Saint-Maixent, eut lieu le mariage de Guillaume de Nyort, seigneur de Champvert, avec Rachel Gastineau, fille de feu François Gastineau et de Jeanne Rivet. La minute est signée : Georges de Nyort, Jonas de Nyort, Charles de Nyort.

Contrat de mariage de Pierre de Veillechèze, seigneur des Essarts, fils de feu Pierre des Essarts et de Françoise Lamy, sa première femme, avec Marguerite de Cardel, fille de François de Cardel, seigneur de Lesteuil, secrétaire du roi, et de Jeanne Rivet, passé à Saint-Maixent, le 19 décembre 1616, par Rousseau et Garnier, notaires. Le mariage religieux a eu lieu à Saint-Saturnin de Saint-Maixent le 24 novembre.

Marguerite de Cardel et René Lambert, seigneur de Vitré, mariés en 1629, se firent donation réciproque, suivant acte de Goy, notaire à Saint-Maixent, le 22 décembre de la même année. L'insinuation de cette donation eut lieu le 23 janvier 1636.

Acte de mariage de Jean-Auguste de Veillechèze, seigneur du Bizon, fils de feu Jean-Auguste et de Jeanne Brunet, avec Marie de Gay, fille de Paul de Gay et de Marie Chameau. — (Registre de la Mothe-Saint-Héray). — Ils se firent donation réciproque.

Donation entre Jacques de Jouslard, écuyer, seigneur de Chantecaille, conseiller du roi et juge magistrat au siège royal de Niort, et Florimonde de Veillechèze, mari et femme, suivant acte reçu par Sabourin, notaire à Niort, le 8 janvier 1630.

Charles de Nyort, seigneur de la Norraie, se maria à Louise Beaugier. Ils se firent donation le 11 décembre 1630 ou 1631, suivant acte de Jamet, notaire à Saint-Maixent.

Marguerite Rivet, veuve de René Rivet, fit une donation en 1636.

Testament de Madeleine Rivet, veuve de Pierre Robert, fait le 21 août 1636.

Donation mutuelle entre René Clément, seigneur de la Burgaillerie, et Catherine Rivet, son épouse, suivant acte de Piet, notaire à Saint-Maixent, le 4 juin 1639.

Donation mutuelle entre Pierre Clément, seigneur de la Burgaillerie, et Marie Chabot ; acte passé à Poitiers le 4 juillet 1674.

Jacques Escotière, seigneur de la Baraudière, et dame Cassandre Rivet, mari et femme, se font donation réciproque par acte reçu de Piet, notaire à Saint-Maixent, le 19 mars 1642.

Mariage de Catherine de Nyort, veuve de Michel de Veillechèze. Présents : Charles de Veillechèze ; — Jacques ; — François. — 2 octobre 1669, église de Saint-Saturnin.

Jeanne Rivet, petite-fille de Guillaume Rivet, écuyer, seigneur de Champvernon, ministre à Taillebourg, épousa Jacques Chabot, seigneur de Moulin-Neuf, des Marais, Boisrenom et Viré, le 18 décembre 1673, par contrat de Marot, notaire à Celles.

Ils eurent pour enfants :

1° Elisabeth Chabot, mariée, le 23 février 1694 (Rignault, notaire à Celles), à Jacques Bonneau, seigneur des Marets, écuyer, capitaine au régiment de Picardie, puis à celui du Boulonais. Il fut gouverneur du château, haute et basse ville de Lusignan, gendarme du roi et maître d'hôtel du prince de Condé. Ils eurent une postérité ;

2° François, qui suit ;

3° Abraham, rapporté après ;

4° Frédéric, seigneur de Fougères, capitaine de cavalerie au régiment de Villeroi, époux en 1715, d'Henriette Perrot de Bel-Isle, sa cousine. Il mourut sans postérité ;

5° Jacques, rapporté plus bas.

Premièrement. — François Chabot, seigneur de la Guignaudière, conseiller du roi, échevin de Niort, élu en l'élection de Saint-Maixent, le 9 août 1713, époux à Saint-Romans-lès-Melle, le 18 octobre 1698, de Louise Guillemeau, sœur de Jacquette Guillemeau de Sussais, épouse de Samuel Lévesque du Coutault, qui se maria en deuxièmes noces avec Marie-Anne Texier de la Caillerie. Plusieurs enfants naquirent de ces deux mariages ; l'auteur de ce travail est un descendant du second.

Le premier mariage avait été célébré le 12 février 1703, église d'Exireuil, par Saint-Maixent : le second, le 29 avril 1715, église des Cordeliers de Saint-Maixent.

Dont : Chabot Abraham-François, qui suit ; — Jean, marié en 1728, à Marie-Anne Mathas, fille de François Mathas, seigneur de Gourville, et de Marie-Anne Clément, sans postérité ; — Jacques-Philippe, dont on ne sait la destinée.

Chabot Abraham-François, seigneur de la Guignaudière, époux d'abord, le 6 novembre 1728, de Madeleine Palardy, puis ensuite, en 1732, d'Elisabeth Jousseaume. Du premier lit : Jean-François, qui suit ; — ***, marié à *** ; — ***, marié à Fraigneau. Du second lit : plusieurs autres, parmi lesquels, Jean-Benjamin, vivant en 1814, à la Brillaudière, commune de Saivres.

Chabot Jean-François, avocat. Il était dit orateur, à cause de son éloquence, ancien gendarme de la garde du roi, mort à Niort en 1810. Parmi ses enfants, il eut Louis-François-Jean, qui suit.

Chabot Louis-François-Jean, baron, général de division. — Il naquit à Niort le 28 août 1757. Il eut, comme militaire, des états de services magnifiques, fut créé en 1811, baron de l'Empire, fut nommé sénateur en 1813 par le département des Deux-Sèvres, et Louis XVIII le fit chevalier de Saint-Louis (1ᵉʳ août 1814). Il fut enfin grand officier de la Légion d'honneur, en 1817, et mourut à Sanxais, près Niort, le 14 mars 1837.

Secondement. — Abraham Chabot, seigneur de Bois-renom (Sainte-Blandine Deux-Sèvres), fils de Jacques et de Jeanne Rivet. Il épousa, le 15 juin 1702, sa cousine, Catherine Perrot de Bel-Isle, dont il eut trois enfants : Marie Chabot, née en 1704, décédée le 1er septembre 1778, à Salles. Elle se maria, d'abord, le 14 juin 1723 (Boissard, notaire à Saint-Maixent), à Pierre Bonneau, seigneur de la Touche ; puis, le 7 juin 1738, à Etienne Nivelle, des Chastelliers. — Chabot Marie-Françoise, épouse, le 18 juin 1731, de François Rouget, seigneur de la Barbinière, lieutenant général civil au siège de Niort, décédée en la dite ville le 6 septembre 1775. — Chabot Daniel-François, qui suit.

Chabot Daniel-François, qui épousa le 3 janvier 1736, Marie Filleau, fille de Blaise-Félix. Parmi leurs enfants : Chabot Marie-Anne-Thérèse, décédée à Niort, le 6 juillet 1815, mariée le 14 octobre 1767, à André-Michel-Jacob Piet de Boisneuf ; — Chabot Pierre-Henri ; — Chabot Louise-Jeanne, mariée le 15 octobre 1767, à Louis-Charles Cuvillier, seigneur de Champoyau ; — Chabot Françoise-Henriette, mariée en 1767, à Jacques-Claude Jard-Panvilliers ; — Chabot Etienne-Thomas.

Chabot Etienne-Thomas, époux, le 16 janvier 1764, de Marie-Madeleine-Opportune Hugueteau de Chaillé, fille de Jean-Baptiste-Pierre, et de Marie-Madeleine Potier de la Foucaudière.

Troisièmement. — Chabot Jacques, seigneur de Viré, la Gerbaudie, la Poupaudière, garde du corps du roi, fils puîné de Jacques et de Jeanne Rivet. Il naquit en 1686 et mourut en 1742. Il se maria à Marie Perrot de Bel-Isle, dont il eut : Chabot Daniel, qui suit ; — Chabot Charles-Philippe, seigneur de la Pigeonnerie et de Champberland, époux de Marie Chabot, dont plusieurs enfants ; — Chabot Jean-Baptiste, seigneur de la Gerbaudie, époux le 26 avril 1746, de Catherine de la

Roulerie, puis de Catherine Perrot de Bel-Isle, dont il a eu plusieurs enfants, parmi lesquels : Catherine-Françoise-Marie, épouse le 31 janvier 1775, de Marie-François-Constant Bonneau de la Langevinerie ; — Chabot Jacques-Abraham, seigneur de la Poupaudière et de la Rebillardière, dont plusieurs enfants.

Chabot François-Daniel, seigneur de la Véquière, échevin de Niort, époux, le 17 juin 1735, de Françoise-Marie Guillemeau, fille de Jacques Guillemeau, seigneur du Querray et des Nouhes, demeurant à la maison noble du Querray, paroisse de Saint-Gelais, frère de Jacquette Guillemeau de Sussais, épouse de Samuel Lévesque du Coutault. Ils eurent Jacques-Daniel, qui suit ; — Chabot Françoise-Marie-Elisabeth, mariée, paroisse Notre-Dame de Niort, le 23 novembre 1768, à Jacques-Etienne Piet de Lataudrie ; — et autres.

Chabot Jacques-Daniel, seigneur des Maisons-Neuves, avocat à Niort où il est né en 1736, époux de Marguerite Chabot, sa cousine germaine. Il est décédé à Fontenay-le-Comte le 12 décembre 1815, laissant Daniel-Abraham, qui suit.

Chabot Daniel-Abraham, qui fut maire de Fontenay-le-Comte, et épousa, le 22 février 1797, Philippe-Elisabeth-Amélie Gallot, fille de Noë-Pierre, seigneur des Orrières, et de Jeanne-Louise-Marguerite Marchegay des Granges, dont :

Chabot Marie-Elisabeth-Amélie, mariée le 6 juin 1820, à Ignace-Florence Müller, décédée à Paris le 2 juin 1867.

Voir : Ernest Lévesque. — *Recherches sur la famille Lévesque de Saint-Maixent*, 2ᵉ édition, 1ᵉʳ volume, Saint-Maixent, imprimerie Chaboussant, 1901.

Contrat de mariage de Pierre de Veillechèze, seigneur de la Berlière, fils de Pierre de Veillechèze, avocat au Parlement, et de feue Marie Douhet, avec Lucrèce Lambert, fille de feu Louis Lambert, seigneur de la Bellinière, et de Lucrèce Chaignon, passé à Saint-Maixent, le 18 janvier 1676, par Charruyer, notaire.

Sépulture de Florimonde de Veillechèze, épouse de Jacques de Jouslard, écuyer, seigneur de Chantecaille, conseiller au siège de Niort, âgée de 77 ans. Cette sépulture a eu lieu paroisse de Romans, le 6 octobre 1682.

FAMILLES PEIGN ET DE NEUFVILLE

Pages 71, 72 et 73.

Contrat de mariage de Barthélemy de Neufville, fils d'Antoine et de feue Renée Mousset, avec Marguerite ***, fille d'André, seigneur de Fontramier, et de feue Florence Nesdeau, par Porthus et Nicolas Lambert, notaires royaux à Saint-Maixent, le 3 mars 1585. Présents : Jean de Neufville et autre Jean de Neufville, père et fils, oncle et cousin du futur ; — Philippe Nesdeau, seigneur de la Richerie, — et René Pelletier.

Contrat de mariage de Jacques de Neufville, seigneur de la Place, avocat au parlement, fils de Jean de Neufville, seigneur de la Place, et de Judith Gerbier, avec Marguerite Collin, fille de Collin et de Marie Pougnes. Passé à la Châtaigneraie, le 14 décembre 1609, par Dussol ou Doucet, notaires.

Inventaire des meubles et effets après le décès de noble homme Jacques de Neufville, seigneur de la Place, président en l'élection de Saint-Maixent et échevin. Fait à la requête de Marguerite Collin, tant en son nom que comme mère tutrice de Guy ; — Jean ; — Suzanne, ses enfants et dudit feu, et encore, en présence de Jacques de Neufville, fils aîné du défunt ; et de honorable homme Jacques Cardel, seigneur du ***, curateur des dits enfants. Passé le 27 janvier 1642, par Roland Texier, notaire royal à Saint-Maixent. Sont mentionnés : 1° Le contrat de mariage de 1609 ; 2° Les provisions de l'office de président de l'élection de Saint-Maixent du 10 septembre 1621. Il fut installé le 18 octobre 1628 dans cette charge de président qui provenait de Daniel Masson.

Jacques Collin, seigneur du Pons ou Pin, fils de Jacques Collin et de Marie Martin, se maria à Jacquette Greffier, fille de Pierre Greffier, seigneur de Touvois.

Provisions de conseiller et assesseur civil au siège royal de Saint-Maixent, accordées par le roi à Jean Peign, sur la démission de Jean Peign, son père, auparavant pourvu du dit office. — Données à Paris le 22 mars 1625.

De la Barde, seigneur de Manceau, et Marguerite de la Barde, sa sœur, se firent donation suivant acte passé à Couhé le 4 décembre 1632.

Mariage de Neufville, président en l'élection de Saint-Maixent, fils de Jacques et de Marguerite Collin, avec Françoise Texier, fille de Roland Texier, le 20 avril 1638.

Jacques de Neufville, président en l'élection de Saint-Maixent, âgé de 56 ans, meurt à Saint-Maixent. (Registre de Saint-Saturnin).

Marie Peign et André Brunet, seigneur du Coulombier, mari et femme, se firent donation par acte notarié à Saint-Maixent, le 27 février 1640 ou 1641.

Louis Peign, avocat au parlement et au siège royal de Saint-Maixent, échevin de Saint-Maixent, et Jeanne de Veillechèze, mari et femme, se firent donation suivant acte de Piet, notaire à Saint-Maixent, le 4 août 1641.

Donation entre Jacques Collin, seigneur de Païsenvin, et Jacqueline Greffier, mari et femme, suivant acte passé au bourg de Saivres, le 3 août 1642, par Pierre, notaire à Saint-Maixent.

Jacquette Greffier, fille de Pierre Greffier, seigneur de Touvois, se maria à Jacques Collin, seigneur de Païsenvin, fils de Jacques Collin et de Marie Martin.

Inventaire de de Neufville, le 25 janvier 1642, par Texier, notaire à Saint-Maixent.

Contrat de mariage d'Antoine de Neufville, en la paroisse d'Augé, avec Marie Pain, de Sainte-Néomaye, passé par Texier, notaire à Sainte-Néomaye, le 9 septembre 1646.

Provisions de conseiller au siège de Saint-Maixent, accordées par le maréchal de la Meilleraye, à Pierre Peign, en considération des services rendus par Peign, seigneur de la Blanchardière, son parent. Le dit office vacant par le décès de Jean Peign. Ces provisions étant surannées, faute par Pierre Peign de s'être fait recevoir, elles ont été renouvelées par autres lettres du 14 janvier 1648.

Collin Marguerite, veuve de noble Jacques de Neufville, seigneur de la Place, président en l'élection de Saint-Maixent, épousa Gabriel Gaudin, écuyer, seigneur de la Bourdelière, fils de feu Gabriel de la Bourdelière, écuyer, seigneur des Nègres et de la Villedieu, et de Marie Poitevin, suivant contrat de mariage du 29 septembre 1647, reçu Faidy et Rousseau, notaires à Saint-Maixent. Furent présents : Louis Draut, écuyer, seigneur de Trezanière, lieutenant particulier, beau-frère du futur ; — Pierre ou Jean Goy, seigneur de la Lichardière, son neveu.

Donation mutuelle entre Gabriel Gaudin, seigneur de la Bourdelière, et Marguerite Collin, par acte reçu à Saint-Maixent, le 10 juin 1648, Greffier, notaire.

Donation entre Pierre Peign, seigneur de la Bidolière, conseiller du roi au siège de Saint-Maixent, et Marguerite Frans, mari et femme. Acte passé à Saint-Maixent, le 10 juillet 1654, Faidy, notaire.

De Neufville Marguerite, fille de noble Jacques de Neufville, seigneur de la Place, président en l'élection de Saint-Maixent, épouse noble René Frère, de Vayré, le 10 novembre 1657, Coudret et Piet, notaires à Saint-Maixent.

Marguerite Peign et René Lambert, seigneur des Fontenelles, mari et femme, se firent donation suivant acte du 17 mars 1660, de Coudret et Piet, notaires à Saint-Maixent.

Le 26 février 1661, fut inhumée en l'église de Saint-Saturnin de Saint-Maixent, Catherine Peign, femme d'Abraham Lévesque. Elle fut seulement quelques jours mariée avec lui.

Contrat de mariage de Jean Bardon, seigneur de la Mimardière, veuf de Marie Fonteuil, avec Marguerite de Neufville, fille de feu Barthélemy et de Jeanne Bauguay (?) passé à Saint-Maixent le 6 juin 1672, Coudré, notaire.

Donation entre Pierre Peign, seigneur de la Bidolière, conseiller du roi, juge magistrat au siège royal de Saint-Maixent, et Marguerite Poignand, mari et femme, passé à Saint-Maixent, le 24 septembre 1673, par Faidy, notaire.

Donation faite par Marguerite de Neufville, veuve de Jean Bardon, seigneur de la Mimardière, en faveur de Pierre Amirault et de Jeanne Bouchet, son épouse, suivant acte passé à Saint-Maixent, le 26 mars 1674, par Chamier et Marot, notaires.

19 juin 1683. — Testament de Françoise de Neufville, en faveur de Jeanne de Neufville, sa sœur.

Françoise de Neufville, avait pour beau-frère, le sieur Frère de Vayré.

Donation faite par Marguerite Poignand, veuve de Pierre Peign, conseiller du roi, juge magistrat au siège royal de Saint-Maixent, en faveur de Louise Pavin, fille aînée de Paul Pavin, seigneur de la Fortranche, conseiller du roi et lieutenant général au siège de Saint-Maixent, et de dame Louise Peign, son épouse, des droits qui pouvaient lui être dus en vertu du testament à elle fait par le sieur Peign, son mari, dans la seigneurie de la Bidolière. Ce testament a été passé à Saint-Maixent le 24 septembre 1673. La dite donation a eu lieu à Saint-Maixent le 18 juin 1688.

Acte d'épousaille d'Etienne Peign, avec Elisabeth Devallée, en présence de François Peign, Etienne Devallée, frère de l'épouse, Françoise Le Riche, sa cousine. — Registre de Baussais, 27 avril 1688.

Mariage de Jean de Neufville avec Marie Ochier, le 16 août 1695.

DEUXIÈME PARTIE

Descendance de Catherine Lévesque des Maisons-Neuves et de Gascougnolle, épouse, en premières noces, de Charles Clément de la Boistrie, écuyer ; en secondes noces, de Louis Maboul, écuyer.

Page 78.

Une Catherine Lévesque, demeurant à Miauray, paroisse de Romans, épousa Jacques Du Pont, seigneur de la Mouclière ; ils se donnèrent réciproquement le 21 janvier 1663.

Page 79.

Lettres de noblesse accordées par le roi à Jean-François Clément, président à l'élection de Saint-Maixent, comme devant être des cinq cents que Sa Majesté a déclaré vouloir anoblir par un édit de mars 1696. Une des lettres est datée de Fontainebleau du mois d'octobre 1696, enregistrée au parlement de Paris le 28 juin 1697, à la Chambre des comptes le 19 et au Bureau des finances de la généralité de Poitiers le 30 du même mois. — Ordonnance de Charles d'Hozier, généalogiste de la maison du roi, qui fait que les armoiries du dit Jean-François Clément et sa postérité, seront d'argent à un orme de sinople, posé sur un tertre de sable, l'écu timbré d'un casque orné de son lambrequin de sinople, d'argent et de sable. — Quittance de la somme de 6,000 livres, donnée par Jean-Baptiste Brunet, garde du trésor royal, audit Jean-François Clément, pour la finance des lettres de noblesse qui lui ont été accordées par le roi, en vertu de l'édit du mois d'octobre 1696. Toutes les pièces ci-dessus relatives à l'anoblissement du dit Jean-François Clément et de sa postérité, enregistrées au greffe de Saint-Maixent le 4 septembre 1697.

Charles Clément de la Boistrie et Catherine Lévesque, fille de Jacques Lévesque, seigneur des Maisons-Neuves et de Gascougnolle, et de Catherine Masson de Boisgrollier, se firent donation réciproque, suivant acte passé à Saint-Maixent, le 5 février 1650, par Rousseau, notaire.

Page 81.

Jean-Gabriel Lévesque, écuyer, chevalier, seigneur de Boisgrollier et autres places, veuf de Marie-Anne de Syméon et de Anne-Gabrielle de Quérengard, dame de Guillemodet.

Page 102.

PREMIÈREMENT

Lévesque Jean, seigneur de Tourtron, épousa Renée Fauveau, fille de feu Charles Fauveau et de Françoise Huet, suivant contrat de mariage reçu par Bequier et Marrot, notaires à Poitiers, le 8 février 1689. (Minute actuellement, en l'étude de Mᵉ Morier).

Ce contrat de mariage est ainsi :

« Pardevant les notaires royaux de Poitiers, soussignés, ont été présents et personnellement établis,

« Dame Marguerite Le Febvre de la Prée, veuve et donataire d'Abraham Lévesque, de Tourtron et de Gascougnolle, advocat au parlement, mère et tutrice naturelle de ses enfants,

« Et Jean Lévesque, seigneur de Tourtron, son fils, lequel où besoing serait, elle a autorisé à l'effet des présentes,

« Demeurant en la susdite ville de Poitiers,

« Madame Françoise Huet, veuve de Messire Charles Fauveau, demeurant à la Touche de cette ville.

« Et demoiselle Louise Fauveau, sa fille, laquelle elle a aussi autorisée à l'effet des présentes,

« Demeurant en cette ville de Poitiers,

« Entre lesquels ont été faits les contrat de mariage, clauses et conditions qui suivent et qui sont que les dits sieur Lévesque et Mademoiselle Fauveau, de la dite authorisation et consentement tant des dites dames Le Febvre de la Prée et Huet, que des autres parents et amis soussignés, ont promis de se prendre à mari et femme pour l'un l'autre, quand ils seront requis et interprétés de ci devant notre Mère sainte Eglise catholique, apostolique et romaine ».

Ce contrat de mariage a été fait en présence de Marguerite Le Febvre de la Prée ; — Françoise Huet ; — Samuel Lévesque, du Coutault ; — Louis Fauveau ; — Thérèse Tétard.

FAMILLE FAUVEAU

Ce nom vient du nom latin *Favellus*, usité aux XIe et XIIe siècles.

Fauveau Guillaume, chevalier, fit accord en 1210, avec l'abbé de Boisgroland, au sujet de l'étang de la Guignardière.

Fauveau Pierre, fait partie de la montre du Vicomté de Thouars, en juillet 1385. (Montres. Registre 21539).

Une Judith Ochier, veuve de Jean Fauveau, seigneur de Loirat, fille de Jacques Ochier et de Marie Fraigneau, épousa à Thouars, le 20 octobre 1671, René Coutineau, chevalier, seigneur de la Huttière. — Greffe de Saint-Maixent. Registre I, page 168.

Fauveau Christophe, se maria vers 1660, à Marie de Mayré, et eut parmi ses enfants : Christophe, seigneur de la Jarrie (Saint-Georges-les-Baillargeaux), chanoine de la cathédrale, abbé de Notre-Dame-la-Grande, qui fut un savant et prononça les oraisons funèbres de Louis XIII, Anne d'Autriche, etc., son décès arriva en 1677. Il eut aussi Jean Fauveau, qui suit :

Fauveau Jean, avocat au présidial de Poitiers, l'un des soixante-quinze bourgeois de l'hôtel de ville, époux en 1620, de Charlotte Carlouet.

Dont parmi leurs enfants :

Françoise, mariée à Claude Bardeau, receveur des deniers. — Charles, qui suit :

Charles Fauveau, docteur régent en la faculté de médecine de Poitiers, marié à Saint-Cybard de Poitiers, le 20 juin 1654, à Françoise Huet, fille de René Huet, seigneur de Fontioux, et de Françoise Beaussé.

Dont au moins : Renée Fauveau, mariée à Jean Lévesque de Tourtron, ainsi qu'il est dit plus haut, et Jacques, qui suit :

Jacques Fauveau, l'un des soixante-quinze bourgeois de l'hôtel de ville de Poitiers, épousa, à Biard, le 12 février 1709, Marie-Anne Binault, veuve d'Antoine Lucas.

Dont au moins : 1° Thérèse, célibataire, vivant en 1773, héritière en partie du chef de Françoise Huet, une aïeule de René de Choisy, chanoine et grand chantre de la cathédrale de Poitiers ; 2° une fille, mariée à Claude Berthault de Chandelière, écuyer, seigneur de Chincé, trésorier de France. Il eut aussi Charles-Jacques, prieur de Saint-Léger-la-Palu, mort en 1759.

EXTRAIT DU REGISTRE DU CONSEIL D'ÉTAT

6 février 1722.

1722. — Nouvelles provisions de l'office de conseiller du roi, vérificateur et rapporteur des défauts accordées à M. Lévesque de Tourtron, pendant sa vie.

Office supprimé par édit de 1716.

Mode : Transmission des offices.

Veu au Conseil d'Etat du roy l'arrest rendu en iceluy, le 17 octobre 1721, par lequel sa Majesté a ordonné que Jean Lévesque de Tourtron sera et demeurera maintenu et conservé sa vie durant dans les fonctions, rang, sceance du jour de sa réception privilèges et exemptions attribuez à l'office de conseiller de Sa Majesté, vérificateur et raporteur des deffauts au siège royal de Saint-Maixant, par l'Edit du mois de mars mil six cens quatre-vingt-onze, Et par les déclarations et arrêts rendus en conséquence tels qu'il en jouissoit avant la supression ordonnée par l'Edit du mois d'aoust 1716, sans toutesfois que ledit Tourtron puisse être tenu de payer aux officiers de ce siège, sous prétexte de nouvelle installation, ny aux greffiers, etc., pour l'enregistrement de l'arrest qui interviendra et des lettres pattentes qui seront expédiées pour son exécution, aucun droit ny frais de quelque nature qu'ils puissent estre, ordonne que dans deux mois à compter du jour et datte dudit arrest, ledit Tourtron sera tenu de raporter la quittance de finance dudit office ou duplicata d'icelle, les lettres de provisions et autres titres de la propriété dudit office, Ensemble l'ordonnance de liquidation qui en a esté faite, le 20 aoust 1717, et l'acte de renonciation portant pouvoir de faire mention de laditte renonciation partout ou besoin sera, Et en conséquence du présent arrest la quittance de finance ou duplicata d'icelle sera déchargée du controlle et ensuite remise au trésor royal avec les autres titres de propriété dudit office, l'acte de renonciation au remboursement et copie collationnée dudit arrest après neantmoins que mention aura esté faite de laditte renonciation sur les-dittes quittances de finance ou duplicata d'icelles, lettres de provisions, ordonnance de liquidation et autres titres par les notaires requis, Et encore sur laditte ordonnance de liquidation et minutte d'icelle par le sieur Passelaigne, greffier des commissions extraordinaires du conseil, et en outre ordonne qu'en raportant par ledit Tourtron le certifficat du garde du Trésor Royal de la remise qui luy aura été faite desd. quittances de finance, provisions, ordonnance de liquidation et autres titres et de l'acte de renonciation au remboursement, il sera expédié audit Tourtron, l'arrest nécessaire à l'effet d'estre maintenu et conservé comme dit est sa vie durant dans les droits, fonctions, rang, sceance, privilèges et exceptions attribuez audit office, Veu aussy le certifficat du sieur Gruyn, garde du Trésor Royal, du dix-sept décembre mil sept cent vingt-un, contenant qu'en conséquence dudit arrest du dix-sept octobre mil sept cent vingt-un, ledit sieur Lévesque de Tourtron luy a remis les pièces justifficatives de la propriété dudit office supprimé.

Veu pareillement la requeste dudit sieur Lévesque de Tourtron, tendante à ce qu'au moyen de la remise de ses titres de propriété dudit office ès mains du sieur Garde du Trésor royal, en conséquence dudit arrest il plut à Sa Majesté luy accorder l'arrest qui luy est nécessaire pour estre maintenu et conservé sa vie durant dans les droits, fonctions, rang, sceance, privilège et exemptions dudit office de conseiller de Sa Majesté, vériiicateur et raporteur des deffauts, faute de comparoir ou de deffendre en la senechaussée et siège royal de Saint-Maixant.

Ouy le raport du sieur Le Pelletier de la Houssaye, conseiller d'Etat ordinaire et au conseil de Régence pour les finances, controlleur général des finances, Le Roy en son conseil a maintenu et conservé ledit Tourtron dans l'exercice et fonctions dudit office de conseiller de Sa Majesté, vérificateur et raporteur des deffauts au siège royal de Saint-Maixant, pour en jouir par luy sa vie durant aux mêmes droits, sceances et exemptions dont il jouissait au jour de sa supression, pour luy tenir lieu de tout remboursement de son dit office, à l'exception néantmoins des droits à luy attribuez sur les deffauts qui ont esté suprimez par édit du mois d'aoust mil sept cent seize,

Et seront sur le présent arrest toutes lettres nécessaires expédiées pour l'enregistrement dequelles lettres et du présent arrest ou besoin sera, ne sera payé aux officiers et greffiers aucun droit ny frais de quelque nature qu'ils puissent être, sous prétexte de nouvelle installation.

Fait au Conseil d'Etat du Roy, tenu à Paris le sixième jour du mois de février mil sept cent vingt-deux.

Collationné. Signé : GOUTON.

Fonds d'Orfeuille-Garnier, II (Bibliothèque de la Société de statistique des Deux-Sèvres).

Page 107.

TROISIÈMEMENT

Lévesque Pierre, seigneur du Lisleau, conseiller enquêteur, commissaire examinateur de l'élection de Saint-Maixent, marié à Judith Gilbert.

Pierre Gilbert, époux : 1° de Anne Auguis ; 2° de *** ; 3° de Marie Brun.

Il eut de son troisième mariage :

Premièrement. — Judith Gilbert, qui se maria le 24 ou le 28 octobre 1691, à Poitiers, paroisse de Saint-Cybard, avec Pierre Lévesque, seigneur du Lisleau. Le mariage eut lieu en présence de Jean Lévesque, seigneur de Tourtron, procureur de Marguerite Le Febvre de la Prée, veuve de Messire Abraham Lévesque, seigneur de Tourtron et de Gascougnolle, mère du dit Pierre Lévesque, seigneur du Lisleau ; — de Marie Gilbert ; — de de Bonneval ; — de Renée Fauveau ; — d'Anne Gilbert et d'Anne de la Court. — Judith Gilbert mourut le 19 août 1719.

Du mariage de Judith Gilbert et de Pierre Lévesque, du Lisleau, naquirent deux enfants :

1° Pierre-Louis, baptisé à Saint-Maixent, paroisse de Saint-Saturnin, le 6 mai 1695. Parrain : Louis Gilbert, conseiller du roi, maire perpétuel de la ville de Melle ; marraine : Marguerite Le Febvre de la Prée.

2° Marie-Jeanne, née le 12 novembre 1696, baptisée le 15, église Saint-Saturnin à Saint-Maixent. Parrain : Samuel-Charles Lévesque, du Coutault et de Boisgrollier ; marraine : Marie-Anne Birot d'Ariomant. Elle mourut le 3 janvier 1697 et fut inhumée au grand cimetière de Saint-Maixent.

Secondement. — Marie Gilbert, épouse : 1° de Nicolas Patrault ; 2° à Poitiers, église de Saint-Cybard, le 4 ou le 24 juin 1691, de Jean-Baptiste de Bonneval, commissaire des manufactures du Poitou. Le mariage eut lieu en présence de Louis Gilbert, de Judith Gilbert et d'Anne de la Court.

De Jean-Baptiste de Bonneval et de Marie Gilbert, naquirent deux enfants :

1° Une fille, baptisée en mars 1692, à Saint-Cybard de Poitiers.

2° Jean-Baptiste de Bonneval, baptisé à Poitiers, église de Saint-Cybard, le 29 juin 1693. Il eut pour parrain : Jean Gallier, secrétaire de Monseigneur de la Bourdonnaye, intendant du Poitou ; pour marraine : Judith Gilbert. Un supplément de baptême eut lieu le 29 octobre suivant, même paroisse, avec P. Le Coq, avocat en parlement, secrétaire de M. le Lieutenant du Poitou, pour parrain, et Anne de la Court, femme de Louis Gilbert, maire de Melle, pour marraine. Il épousa, étant inspecteur des manufactures du Poitou et d'Aunis, église Sainte-Opportune de Poitiers, le 27 mai 1721, Marie de Vaugelade, fille d'Olivier de Vaugelade, seigneur de Breüillac, et de Marie Berthon.

Ce mariage donna naissance à un enfant :

Jean-Baptiste de Bonneval, écuyer, inspecteur général des manufactures du royaume, qui se maria avec Marie-Magdeleine Besnard. Ils achetaient, le 17 février 1754, le fief de Saint-Médard, arrondissement de Melle ; il en fit hommage le 22 mai 1764.

De cette dernière union, un fils :

Elie-Jean-Baptiste de Bonneval, qui rendit aveu du fief de Saint-Médard, le 11 juin 1772.

Tout paraît démontrer que sont parents à Marie de Vaugelade : 1° Messire Jean de Vaugelade, seigneur de Lizac, ayant une fille, Madeleine, de la paroisse de Savigny, près Civray, qui abjura dans la chapelle épiscopale de Poitiers, le 5 mai 1685 ; 2° Messire Jean de Vaugelade, seigneur de la Véronnière, de la paroisse de Saint-Macou, près Civray, ayant abjuré le calvinisme le 7 septembre 1685 ; 3° Messire Pierre de Vaugelade, seigneur de la Grenadière, avocat en parlement et au siège royal de Civray, de la paroisse de Saint-Saviol, par Civray, ayant abjuré, à Poitiers, à la même date.

La famille de Bonneval dont il vient d'être question et celle du Limousin ont sans doute des liens de parenté, car, toutes les deux ont habité, par quelques-uns des leurs, le Poitou et même le pays Mellois et ses environs. Le chevalier de Bonneval, en effet, de la branche du Limousin, était seigneur de Chef-Boutonne. Il épousa, le 24 août 1505, aliàs le 4 février 1513, Jeanne de Beaumont-Bressuire, fille unique d'Antoine, chevalier, seigneur de Bury, et de Marie Mallet de Graville.

Ces derniers eurent pour enfant : De Bonneval Henri II, comte de Bonneval, seigneur de Blanchefort, gentilhomme ordinaire de la chambre du roi, marié le 6 mars 1623, avec Elisabeth Vigier de Saint-Mathieu. — Dont : De Bonneval Henri III, seigneur de Bonmenard et du Vieux-Pouzauges. — Dont : César-Phebus de Bonneval, chevalier, seigneur du dit lieu, Blanchefort, seigneur engagiste du domaine de Lusignan et châtelain de Montoiron. Il rend un aveu le 17 avril 1730, en la Chambre des comptes. (G. G. Bureau des finances).

La maison de Bonneval a toujours passé pour une des plus nobles, on disait : Richesse des Cars, noblesse de Bonneval.

Pierre Gilbert eut de son second mariage plusieurs enfants, parmi lesquels : Louis Gilbert, qui épousa Louise-Anne de la Cour, le 15 avril 1692, paroisse de Saint-Cybard, à Poitiers. Dont : Marie-Anne-Elisabeth, baptisée le 27 novembre 1693, paroisse de Saint-Cybard de Poitiers.

Pierre Gilbert eut enfin, de son premier mariage, entre autres enfants, Hélie Gilbert, époux de Marie Collin.

Page 125.

Donation entre René Mangou, seigneur de la Chagnée, et Marguerite Guillemeau, mari et femme, passée à Augé, le 9 septembre 1674, par Redien, notaire.

Jacques de Villiers, seigneur de Boisbourdet, et dame Esther Guillemeau, mari et femme, se firent donation suivant acte passé à Saint-Maixent, le 4 février 1689.

Marie Guillemeau et Jean-François Mangou, du Genest, eurent un fils, Jean Mangou, seigneur du Genest, qui se maria avec Jeanne-Gabrielle Texier, fille de Guillaume Texier et de Jeanne Aymon. Le contrat de mariage fut passé à Saint-Maixent, le 20 janvier 1711, par Garnier, notaire royal. Guillaume Texier et Jeanne Aymon se donnèrent réciproquement, par acte passé à Saint-Maixent, le 10 octobre 1687.

Donation entre Jean Guillemeau et Marguerite Sacher, sa femme, par acte passé à Saint-Maixent le 29 novembre 1650.

Un Mangou Pierre, seigneur de la Pellotrie, comparait à un acte du 11 février 1715, reçu par Richard et Berthier, notaires à Saint-Maixent.

Page 136.

Madeleine Texier, épousa Paul Clément, seigneur des Bruères ; ils se firent donation le 29 avril 1623.

Partage passé à Saint-Maixent le 23 septembre 1628, par Drouhet et Germain, notaires à Saint-Maixent, entre Jean Texier ; — François Texier ; — Louis Texier ; — Jeanne Texier ; — Samuel Arrouet, notaire de la baronnie de Saint-Loup, tuteur de Mathurine Texier, fille de Paul Texier et de Radégonde Amblard, à présent femme dudit Arrouet, d'immeubles laissés par François Texier.

Jean Texier, seigneur de la Gloutière, et Jeanne Texier, mari et femme, se firent donation réciproque, le 19 août 1630.

Texier Pierre, seigneur de Fief-Barde, et Cassandre Boulay, mari et femme, se donnèrent, par acte reçu Sabourin, notaire à Niort, le 21 mai 1633.

Louise Texier, fille d'Estienne Texier, seigneur de Bourgneuf, eut pour parrain Pierre Texier, seigneur de la Fuye, son oncle.

Mariage de Jean Duplassat, sénéchal de la châteleinie de Lussac-les-Eglises, fils de Jean Duplassat et de Marguerite Le Febvre, avec Marie Texier, fille de François Texier, seigneur de la Gloutière, et de Marie Lecomte.

Françoise Texier et noble Jacques de Neufville, seigneur de la Place, président en l'élection de Saint-Maixent, eurent une fille, Marguerite de Neufville, qui épousa noble René Frère de Vayré, suivant contrat passé à Saint-Maixent, le 10 novembre 1657, par Coudret et Piet, notaires. Ont signé : Marguerite de Neufville ; — André Savignac ; — Pavin ; — Gerbier ; — Caillon ; — Louis Peign ; — Marie Gilbert.

Donation réciproque entre François Texier et Françoise Boussereau, passé à Saint-Maixent, par Faidy, notaire royal, le 20 octobre 1650.

Donation mutuelle par Charles Texier, seigneur de Panzic, et Françoise Chaigneau, mari et femme, par acte, à Parthenay, le 26 juillet 1650, de Bourceau, notaire.

Isaac Malereau, écuyer, seigneur de la Perrière, et Marie Texier, mari et femme, se donnèrent mutuellement, par acte passé à Poitiers, le 13 décembre 1650.

Contrat de mariage de Guillaume Texier, fils de Guillaume et de feue Jeanne-Gabrielle Aymon, avec Maixende Bruslon.

Donation entre Françoise Texier et Joseph Chaigneau, seigneur de la Guyonnière, avocat à Parthenay, mari et femme, acte passé à Parthenay, le 16 décembre 1652.

Catherine Texier, femme de Charles de Nyort, président en l'élection de Saint-Maixent, mourut le 17 novembre 1684. (Registre de Saint-Saturnin).

Louis Texier, conseiller du roi, lieutenant particulier criminel au siège royal de Saint-Maixent, et dame Françoise Coutineau, mari et femme, se donnèrent réciproquement, par acte passé à Saint-Maixent, le 19 février 1715, Nosereau, notaire.

FAMILLE AYMON

Page 143.

Jeanne Aymon, fille de Paul Aymon et de Gabrielle Peign, épousa Guillaume Texier de la Caillerie, dont : Marie-Anne Texier, épouse de Samuel Lévesque du Coutault.

Donation mutuelle entre René de la Chaussée, chevalier, seigneur de Champmargou, et Dame Jeanne-Didiée Aymon, mari et femme, suivant acte passé au château de Saint-Maixent, domicile des parties, le 24 février 1679, par Coudré, notaire.

QUATRIÈME PARTIE

Page 151.

Louise Turquem, décédée en mars 1902.

L'abbé Henri d'Angely, vicaire de la Madeleine, à Paris, mourut dans cette paroisse en mars 1903. — Alexandre d'Angely, le père, mourut quelque temps après, en 1903.

Page 160.

Partage des biens de Guillaume Palustre, seigneur de Montifaut, enquêteur à Saint-Maixent, et de Philippe Clément, sa femme, entre : Jean Palustre, avocat pour le roi au présidial de Poitiers ; — Marie de Villiers, veuve François Palustre, mère tutrice de leurs enfants mineurs ; — Paul Palustre, élu à Saint-Maixent ; — Marie Palustre, épouse de Michel Le Riche, avocat pour le roi, au siège de Saint-Maixent ; — Catherine Palustre, femme de Philippe Nesdeau, écuyer, seigneur de la Richerie, demeurant à Saint-Maixent ; — Charles Palustre, avocat au parlement de Paris, y demeurant. Ce partage a été passé à Saint-Maixent, par Bornizeau et Borin, notaires, le 9 juin 1571.

TROISIÈMEMENT

Lévesque Renée-Suzanne, née à Poitiers, paroisse de Saint-Cybard, suivant acte du 11 septembre 1692, est ondoyée dite paroisse. Les cérémonies du baptême ont eu lieu le 27 février 1693. Parrain : Jacques Fauveau ; marraine : Catherine Le Febvre de la Prée, veuve d'Abraham Lévesque de Tourtron. Antoine Rogier, vicaire général, fit les cérémonies.

Lévesque Jean-Charles, né à Poitiers, paroisse de Saint-Cybard, le 15 septembre 1696. Parrain et marraine : Charles Fauveau et Louise Garnier.

Page 179.

Jean Lévesque décéda en 1739, âgé de 30 ans, avocat au siège royal de Saint-Maixent, et fut inhumé le 2 novembre. Ont assisté à ses funérailles : Samuel-Pierre Lévesque, prêtre chapelain ; — Chaigneau ; — Guillaume Lévesque ; — Jean-Louis-François Lévesque des Cottox ; — Giraudeau de Germon ; — de Villiers ; — Palustre, avocat ; — Orry, avocat ; — Aymon, avocat ; — Chaigneau ; — Coutineau ; — Vallette, avocat ; — Le Comte, curé de Saint-Saturnin.

Page 180.

Françoise-Denize Presle-du-Plessis, se remaria avec Charles-Marie Fradin, seigneur de Belabre. Le mariage eut lieu à Lusignan, le 27 septembre 1740, en présence de : Messire Jacques-Marie Fradin ; — Antoine Presle-du-Plessis ; — Jean-Philippe Cacault, seigneur de la Cotterie, conseiller du roi, président au siège royal de Civray, et de la femme de ce dernier, Françoise-Benigne Presle ; — Augustin Presle, seigneur de L'Ausisière ; — Philippe Fricon, seigneur de Vieille-vigne ; — J.-B. Cacault, seigneur de Châtain ; — Charles-François-Marie Fradin, seigneur de Belabre, était fils de Jacques-Marie, conseiller du roi, lieutenant général, commissaire enquêteur et examinateur, d'ancienne et nouvelle création, de la sénéchaussée et siège royal de Civray, et de Marguerite Chantois, de la paroisse Saint-Nicolas de Civray.

Dans la paroisse de Saint-Porchaire, à Poitiers, eut lieu, le 1ᵉʳ septembre 1687, le mariage de Charles Fradin, seigneur de Châtain, conseiller du roi, précédent lieutenant général, fils de feu Jacques Fradin, écuyer, conseiller du roi, et de feue Gabrielle Pidoux, avec Marguerite Boisnet, veuve de Henri Goulard, chevalier, seigneur de Guillardon. Marguerite Boisnet était fille de feu Messire Charles Boisnet, chevalier, seigneur de la Touche-Fressinet, et de Marguerite Morelon. En présence de la mère de l'épouse ; — d'Isaac Barbarin, écuyer, seigneur de Mondenault ; — Pierre Barbarin, écuyer, seigneur de Jousse ; — François Thibault de la Carte ; — Jean-Gabriel Lévesque, écuyer, seigneur de Boigrollier ; — Marie Barbarin ; — A. Peyrault ; — Barbe-Joseph-Gabriel Thibault de La Carte.

Page 182.

Les Lévesque du Coutault sont qualifiés de seigneurs des Coteaux, ou Coutault, ou Cottox, etc.

Pages 182 et 211.

Cette qualification de Du Coutault, fut, en effet, écrite quelquefois dans les actes : Cottox, Cottaux, Coutault, etc. Ainsi, l'acte de décès de Jean Lévesque est comme il suit :

« Le dernier octobre 1739, est décédé Jean Lévesque, âgé de 30 ans, avocat au siège royal de cette ville, et a été inhumé, le 2 novembre, aux grands cimetières de ce lieu, après avoir reçu les sacrements de l'Eglise. Ont assisté à ses funérailles, les soussignés : Lévesque, prêtre ; — Chaigneau ; — Jean-Louis-François Lévesque des Cottox ; — Orry, avocat ; — Giraudeau de Germon ; — de Villiers, etc. — Le Comte, curé de Saint-Saturnin. »

L'acte de naissance d'une fille de Louis-Vincent Marchand est comme ci-dessous :

« Le 1ᵉʳ avril 1746, par nous, prêtre soussigné, a esté baptisée une fille, née du même jour, du mariage légitime de Louis-Vincent Marchand et de Catherine de Nyort, elle a esté nommée Catherine-Marie-Théraize. Les parrain et marraine ont esté : Jean-Louis-François Lévesque des Cottaux et Catherine-Thérèse Faidy, qui se sont avec nous soussignés ; a aussi signé, Ré, premier vicaire de Saint-Saturnin. »

« Le 21 août 1738, par nous, prêtre soussigné, a été baptisé un garçon. Les parrain et marraine ont été Jean-Louis-François Lévesque, seigneur des Cotteaux, et demoiselle Magdeleine-Renée Palardy, qui se sont avec nous soussignés. Ont signé : Jean-Louis-François Lévesque des Cottox, Magdeleine-Renée Palardy. — Le Comte, curé de Saint-Saturnin. »

La même signature se trouve au bas de l'acte dé décès de Charlotte Le Febvre, le 8 septembre 1739, et de l'acte de décès de François Texier, chanoine de Menigoute, le 31 juillet 1742 (Saint-Saturnin).

Le 23 octobre 1742, Mʳᵉ Jean-Louis-François Lévesque des Cotteaux, lisiensier ès lois, était parrain de Marie-Angélique-Céleste Pillot. Signature : Lévesque des Cottox, lisiensier ès loix.

Page 190.

Un Jean de Cumont, écuyer, seigneur de Pansacre, épousa Amice Gouault, fille de Pierre Gouault et de Marthe Viault.

Page 192.

Provisions de l'office de sénéchal au comté et sénéchaussée de Civray au siège royal de Saint-Maixent, furent accordées par le roi à René de Cumont, écuyer, seigneur de la Barbotière, sur la nomination faite par Charles de Barbezière, seigneur de Chemerault, comte de

Civray, baron de Melle, Usson et autres lieux, le
28 mars 1652. Ledit office vacant par la mort de Jean
de Cumont, seigneur de la Barbotière, père dudit René.
Ces provisions ont été données à Pontoise, le 1er août
1652, et enregistrées à Saint-Maixent, le 5 septembre 1653.

Pages 207 et 208.

Le 2 mars 1774, a été baptisée une fille, née à environ
deux heures après-midi, du mariage légitime de François-
Marie Lévesque, advocat, et de Jeanne de Villiers. On
lui a donné les noms de Marie-Blanche. Les parrain et
marraine ont été Samuel-Théophile Lévesque de Bourgneuf et Marie-Constance Lévesque. Signé : Lévesque de
Bourgneuf ; — Constance Lévesque ; — de Faucamberge,
vicaire de Saint-Saturnin.

Samuel-Théophile Lévesque de Bourgneuf, né le
16 avril 1763, mort le 2 décembre 1780.

Page 210.

FAMILLE GUILLE DES BUTTES

ARCHIVES NATIONALES

Aveu du fief de la Celle de Cour de Voulon
20 juin 1783

Jacques Stainville, écuyer, seigneur de Faye, et dame
Marie Guille des Buttes, reconnaissent avoir reçu, par
Jacques Louis-Etienne Stainville, leur procureur, le
15 janvier 1760, 250 livres d'arrérages.

Etienne Guille des Buttes, seigneur de Grandmaison,
employé dans les fermes du roi à Thouars, y demeurant,

Joseph-Roland Guille des Buttes, trésorier de France, et dame Marie des Queulx, son épouse, ses aïeux défunts, 6 septembre 1762,

Messire Etienne Guille des Buttes, seigneur de Grandmaison, dame Angelique Sarget, son épouse, demeurant paroisse de Saint-Laon de Thouars,

D'une part.

Etienne Guille des Buttes, entreposeur des tabacs et contrôleur du dépôt dudit Thouars, y demeurant, paroisse de Saint-Médard, fondé de procuration de Messire Jacques Guille des Buttes de la Berjardière, son frère, notaire royal au canton de Mirebalais,

D'autre part.

Dame Marie-Angèle-Françoise Guille des Buttes, veuve de messire Jean-Gilbert Aladaire ou Aladain, directeur des aides à Pontoise, y demeurant, paroisse Saint-André, à présent à Thouars chez son père, le sieur de Grandmaison,

D'autre part.

Jacques Stainville, avocat au parlement, directeur des aides et autres droits, à Poitiers ; dame Marie Guille des Buttes, son épouse, de lui autorisée, demeurant à Poitiers, paroisse Sainte-Opportune, de présent, à Thouars, chez son père, le sieur de Grandmaison.

Laurent-Claude Guille des Buttes, inspecteur des arts et métiers, audit Thouars, y demeurant, paroisse de Saint-Laon.

Tous les cinq derniers enfants de Guille des Buttes, seigneur de Grandmaison, et de dame Angélique Sarget, ayant recueilli, pour une partie, la succession mobilière de dame Marie des Queulx, veuve de Messire René Cherbonnier, procureur au Parlement, leur grand'-tante, décédée le 20 décembre 1735.

Marie-Jeanne-Julie Stainville, épousa, en premières noces, Messire François Thoreau, chevalier, seigneur de La Roche de Braud et de la Grimaudière, chevalier de

Saint-Louis, fils de feu Messire François Thoreau de Rouilly ou Reuilly, chevalier, seigneur du dit lieu, et de dame Renée de Pindray, demeurant ordinairement à La Roche de Braud. Cette dernière était fille de Jacques de Pindray, écuyer, seigneur du Fayel, maire et capitaine, à Poitiers, et de dame Marie Guille des Buttes. Le contrat de mariage de Marie-Jeanne-Julie Stainville et de François Thoreau, fut passé à Poitiers, le 21 août 1763, devant Barbez et Bourbeau, notaires.

Marie-Jeanne-Julie Stainville, veuve de François Thoreau, et sœur de Jacques-Louis-Etienne Stainville, se maria en secondes noces avec Anne-Frédéric-André de Jousserant et fit un testament, le 13 avril 1807, en l'instituant son légataire universel.

Dans un acte du 27 décembre 1730, il est parlé de: dame Marie des Queulx, veuve de Joseph-Rolland Guille des Buttes, conseiller du roy, trésorier des finances au bureau des finances; — Dame Marie-Elisabeth Guille des Buttes, fille majeure, procuration de Marc-Rolland Guille des Buttes, employé dans les fermes du roy; — Etienne Guille des Buttes, receveur des domaines à Dieppe, et Paul Guille des Buttes de Reuilly ou Rouilly, lieutenant de dragons dans le régiment de Numantia, en Espagne, ses frères; — et dame Catherine Guille des Buttes, épouse de Jacques-César Paralde Vareilles, écuyer, conseiller et secrétaire du roy, maison et couronne de France.

MONS ET MONS-FRETEAU

Page 224.

La seigneurie du Colombier de Mons, paroisse d'Azay, était un fief dépendant de l'abbaye de Saint-Maixent et le nom de fief de Mons parait tenir son origine d'une ancienne motte féodale.

Philippe de Mons, frère d'Aimery, évêque de Poitiers, rendit aveu, en 1366, à l'abbaye de Saint-Maixent, pour la terre de Mons, paroisse d'Azay.

En 1567, Lucien Grimoard, escuyer, sacristain de l'abbaye, est prieur de Mons. Il y avait dans la paroisse d'Azay le prieur de Mons et celui de Vallette.

Charles Thebault de Grosbois, écuyer, était seigneur de Mons-Freteau, le 3 mai 1688 (papiers de Mons).

Le 3 mars 1689, Marie Thebault, fille majeure, était propriétaire de la totalité de la seigneurie de Mons-Freteau ; un tiers lui appartenait en propre, les deux autres comme cessionnaire de Charles Thebault, escuyer, seigneur de Mons, son père, suivant transfert du 26 mai 1687. Marie Thebault épousa, le 21 octobre 1698, Gerbier du Terrail.

Le 20 septembre 1738, de Clervaux, escuyer, est seigneur de l'Houmelière, Saint-Christophe, le Breuil, Mons-Freteau ; le 18 mai 1764, il est encore seigneur de l'Houmelière et de Mons-Freteau ; mais le 4 mars 1773, Mons-Freteau était devenu la propriété de Germain Lecointe de Puyraveau. Germain Lecointe de Puyraveau était marié à Catherine-Renée Lévesque, sœur de Madeleine Lévesque, épouse de Jacques-Bonaventure Picoron, seigneur de la Violière. Germain Lecointe de Puyraveau acheta la seigneurie de Puyraveau en 1766.

Catherine-Renée Lévesque et Madeleine Lévesque étaient filles de René Lévesque et de Catherine Boucheaut.

Les fiefs de la paroisse d'Azay relevant, soit de l'abbaye de Saint-Maixent, soit de la châtellenie, sont : Mons, — Mons-Freteau, — Cerzeau, — Chamier d'Azay, — Fonvérines, — La Jalonière, — Launaye, — La Ligaire, — Le Moisne, — Mons. — Prévôté d'Azay, — Ricou, — Moulin de Ricou, — Vignes de Vilaine, — Vilaine.

FAMILLE NOSEREAU

FONDATION DE TROIS MESSES BASSES
EN L'ÉGLISE DE SAINT-LÉGER

L'une le 15 mars, une autre le 20 mai et la troisième le 1er juin

Aujourd'hui quatorze mars mil sept cent trente-neuf.

Mre François Nosereau, notaire royal à Saint-Maixent et échevin, a donné à l'église paroissiale de Saint-Léger de Saint-Maixent, un calice dont la coupe est dorée avec la patène, et l'étui dudit calice marqué du nom de Mre François Nosereau, prêtre, curé de Saint-Léger de cette ville, son oncle.

A la charge par nous, marguilliers de la dite paroisse de Saint-Léger, de faire dire trois messes basses à perpétuité en la dite église de Saint-Léger au grand autel, chaque année. L'une le 15 mars, pour le repos de l'âme dudit Jean-François Nosereau, curé ; l'autre, le 1er juin, pour le repos de celle de Mre Philippe Nosereau, prêtre doyen de MM. les Chapelains de Sainte-Marie-Magdeleine, et l'autre le 20 mai, à l'intention du dit sieur Nosereau, notaire.

A condition aussi que les enfants du dit sieur Nosereau, notaire, et leurs descendants, à perpétuité, qui seraient prêtres, se servent du dit calice, à l'exclusion de toutes autres personnes, c'est-à-dire par privilège en la dite église de Saint-Léger.

Lesquels dons et les dites conditions, nous, curé et marguilliers de la dite paroisse de Saint-Léger, avons accepté et promettons par nous et nos successeurs, curé et marguilliers, exécuter les dites conditions et les faire exécuter.

Les dites messes seront dites aux frais de la fabrique.

Signé : Aymard, curé de Saint-Léger ; — Picoron, premier marguillier ; — Le Coq, deuxième marguillier ; — Des Ouches ; — Pierre Jamonneau.

FAMILLE LE CHARPENTIER

Il est agréable à l'auteur de ce travail d'intercaler ici, en mémoire de Gustave-René Le Charpentier, son parent, qui fut aussi son ami, la relation laissée par son père sur certains épisodes de la campagne de Russie (1812), concernant la troisième division de cuirassiers, dont ce dernier faisait partie comme lieutenant-colonel.

JOURNAL DE LA CAMPAGNE DE RUSSIE (1812)

tenu par

Germain Le Charpentier

Officier au 3e cuirassiers, 1re division de la grosse cavalerie de réserve, retraité comme lieutenant-colonel et Officier de la Légion d'honneur.

Nous partîmes de Crousvic au commencement de mars.

Au mois d'avril, la grande armée comptait huit corps d'infanterie, dans lesquels il y avait une division de cavalerie ; — trois corps de cavalerie de réserve ; — cinquante mille hommes de la garde impériale. Le total des forces pouvait s'élever à trois cent mille fantassins, soixante mille cavaliers, mille pièces de canons.

Le 10e corps, commandé par Macdonald, était composé de Prussiens.

Bagration commandait les Russes.

Le 22 juin, l'empereur partit de Gumbinen et mit à l'ordre du jour la proclamation qui annonçait la guerre avec la Russie, datée de Vilkovisky.

Le 23 juin, le roi de Naples et sa cavalerie arrivèrent près Kowno. Le 24, nous passâmes le Niémen.

Le 28 juin, entrée à Wilna; l'empereur y est resté plus de vingt jours. Il ne s'est passé rien de nouveau jusqu'au 24 juillet; l'on a avancé à petite marche.

Le 24 juillet, arrivé à Bezen Kovistschi, où arriva l'armée d'Italie sur le soir. Le feu prit à la ville. Cette ville est sur la Dwina.

Le 25 juillet, arrivé à Ostrowno, où nous eûmes un combat très vif et la division resta en bataille sous le canon, depuis dix heures du matin jusqu'à cinq heures du soir.

Le 26 juillet, nous nous mîmes en route pour Witeps; nous fûmes arrêtés par de grands bois où l'ennemi nous disputa le passage. L'on tirailla toute la journée et ce ne fut qu'avec beaucoup de peine qu'on parvint à l'en chasser. Toute la cavalerie coucha dans une petite plaine au milieu du bois, c'est là ou je vis Beslin. L'Empereur établit son quartier général à Koukoviatschi.

Le 27, nous arrivâmes à Witeps, placée entre la Dwina et des collines. L'ennemi avait incendié le pont qui est au centre de la ville. Plusieurs maisons furent incendiées. Après l'avoir traversée, nous rencontrâmes l'ennemi qui était en bataille de l'autre côté du ravin sur un plateau. Le 16e de chasseurs qui était d'avant-garde fut repoussé, ce qui mit un peu de confusion dans la ville. L'empereur fit arrêter la cavalerie qui était en marche et fit avancer la 13e division d'infanterie qui rétablit l'ordre, elle était conduite par le vice-roi. Toute l'armée étant passée se trouva en face le camp russe, qui était sur la rive opposée de la Loutchesa, dont les rives escarpées forment un ravin très profond. Le combat cessa, chacun bivouaqua dans sa position. La première division de cavalerie bivouaqua à une lieue de Witeps, sur la gauche de la grande route; le roi de Naples coucha sous un arbre près de nous.

Le 28, la cavalerie voyagea sur la grande route, où nous marchions par escadron, la chaleur était excessive et la poussière si grande qu'il était impossible de voir à deux pas devant soi. Nous atteignîmes l'ennemi ; les cosaques qui formaient l'arrière-garde, voyant arriver notre artillerie se retirèrent en tirant quelques coups de canon. Ils manœuvrèrent ainsi jusqu'à Aghaponovcht-china où nous nous arrêtâmes (je confonds peut-être cette position avec une autre). Sur la gauche de ce village il y avait un château en bois où l'empereur établit son quartier général.

Le 29, l'empereur retourna à Viteps ; le roi de Naples se dirigea avec la cavalerie du côté de Ianowitchi, où la division s'établit dans un terrain marécageux, près la Dwina, où nous restâmes dix jours.

Le 9 août, nous nous mîmes en mouvement et fûmes bivouaquer à trois lieues de là, près d'un village ; l'on nous annonça que nous devions nous barraquer solide-ment, nous devions, à ce que l'on nous dit, célébrer la fête de l'empereur dans le bivouac. — Séjour.

Le 11, nous apprîmes que le général Sébastiani avait été vigoureusement attaqué le 8, auprès d'Inkovo ; sa cavalerie fut culbutée et perdit beaucoup de monde. Nous nous mîmes en route et passâmes près d'un château sur une hauteur ; plusieurs dames étaient à la porte. A une lieue de là, le commissaire des guerres faisant paître son cheval dans une halte, reçut un coup de pied à la tête lorsqu'il voulut le rattraper.

Le 12, nous nous dirigeâmes sur Liouvavitschi, nous y trouvâmes le corps du duc d'Elchingen, nous lon-geâmes une rue très boueuse et près d'un marais, nous le trouvâmes près des écluses. Nous passâmes près d'un château où nous nous arrêtâmes dans la cour et man-geâmes beaucoup de pommes vertes que les soldats allèrent chercher dans les jardins, nous fûmes bivouaquer à une portée de fusil de là. Le roi de Naples s'établit au château.

Le 13, bivouac.

Le 14, nous passâmes à gué le Boristhène, près de Khomino, après avoir marché une partie de la nuit. Le soleil était du plus brillant. La cavalerie se reposa pendant trois heures, en attendant que l'infanterie eut passé. Nous nous dirigeâmes sur Krasnoc et le laissâmes à notre gauche ; nous avions abandonné la grande route, nous fûmes obligés de traverser un ravin très profond où nous traversâmes une petite rivière pour rejoindre la grande route. Nous vîmes arriver plusieurs pièces de canons et des prisonniers faits par l'infanterie et le 6e lanciers, commandé par le colonel Marbeuf, qui fut blessé. Nous fûmes bivouaquer près le champ de bataille.

Le 15, nous fûmes voir un carré d'infanterie russe entièrement détruit par le 6e lanciers ; l'empereur passa la revue de plusieurs régiments, l'on reçut quelques nominations au régiment, la mienne n'était pas du nombre.

15 août. — Nous nous mîmes en marche pour bivouaquer.

Le 16 au matin, nous arrivâmes devant Smolenks ; en y arrivant, nous laissâmes une très belle église sur notre droite, située sur une hauteur. Nous parvînmes sur un plateau où nous trouvâmes une partie de l'armée, nous y campâmes près des tentes de l'empereur. Nous découvrions parfaitement Smolenks, dont nous n'étions éloignés que d'une portée de canon, mais séparés par deux grands ravins. Cette ville a pour enceinte une ancienne muraille crénelée de 4.000 toises de circonférence et de 10 pieds d'épaisseur et haute de 25, flanquée d'énormes tours formant des bastions.

Le 17, la matinée se passa en observations, l'ennemi occupant la ville avec trente mille hommes, le reste de son armée étant sur la rive droite de Kiquer (?) L'empereur ne voulant pas donner à l'ennemi le temps de se fortifier, ordonna l'attaque. Les Polonais, longeant le ....., il le laissa sur sa droite ayant la ville à sa gauche, il fit établir des batteries pour détruire le pont et intercepter les communications de la ville avec l'armée. L'ennemi avait sur une hauteur de l'autre rive une très forte batterie qui répondait à la nôtre; la division était en observation derrière les Polonais. L'attaque de la ville fut poussée avec tant de vigueur par le prince d'Eckmül, que l'ennemi fut contraint de se retirer dans la ville. Le général ennemi, craignant qu'on ne tentât l'assaut, envoya deux divisions au secours de la ville, l'on se battit jusqu'au soir, l'on vit bientôt la ville livrée aux flammes. A une heure après minuit, l'ennemi évacua entièrement la ville, laissant une quantité énorme de blessés. Nous bivouaquâmes près de la ville.

Le 18, l'armée se réunit, l'on rétablit le pont.

Kutusoff prit le commandement de l'armée après Smolenks.

Le 19, nous nous mîmes en marche pour traverser le Niémen que nous passâmes à gué, le pont était déjà rétabli et quelques divisions d'infanterie étaient à la poursuite de l'ennemi sur la route de Moscou. Nous passâmes dans le faubourg qui longe la rivière, il était entièrement brûlé. A deux heures de Smolenks, l'on rencontra l'ennemi qui fit bonne contenance et voulut défendre cette fameuse position qu'ils nommaient le *champ sacré*, parce que les Polonais y avaient toujours été battus; ce sont des hauteurs garnies de bois. Toute la cavalerie était sur la route, ne pouvant se mettre en bataille; les boulets nous ayant tué quelques hommes, la division rétrograda pour se mettre en bataille plus en arrière. L'affaire fut extrêmement chaude; la position fut enlevée, le général Gudin fut tué. Sur la nuit, la division se mit en marche et fut camper dans un champ d'avoine sur une hauteur sur la droite. Nous reçumes ordre de passer la nuit, la bride au bras.

Le 20, nous nous mîmes en marche pour rejoindre la grande route. Nous passâmes par des bois très marécageux.

Le 4 septembre, nous passâmes par l'abbaye de Kolotz-Koï; elle a servi d'hôpital à nos blessés, elle n'était éloignée que de deux lieues de Borodino. Nous arrivâmes près la maison de poste de Ghridruva, un immense ravin coupait le grande route ; l'ennemi qui était du côté opposé nous tira du canon pendant quelque temps, nous parvînmes à le débusquer, nous traversâmes le ravin et passâmes un ruisseau près d'un moulin. Sur la nuit, l'ennemi tenant toujours bon, chargea vigoureusement la division Bruyères, la division étant dans un champ près de nous, nous traversâmes les haies par division pour venir à son secours, nous arrivâmes fort à propos pour rétablir l'ordre. Après avoir resté en bataille pendant près de deux heures, nous fûmes dans un village qui était déjà occupé par l'infanterie.

Le 5, nous montâmes à cheval et nous partîmes en avant ; il y eut plusieurs redoutes emportées par l'infanterie ; nous revînmes à notre position.

Le 6, le régiment resta en place, je fus voir les redoutes que l'on avait prises.

Le 7, bataille de la Moskowa ; les Russes l'appellent la bataille de Borodino, parce que le village était situé sur les lieux. On a tiré 91.000 coups de canon.

Le 14, les troupes françaises entrent à Moscou sur les midi ; à cinq heures du soir, le feu se manifesta à la Bourse ; l'ennemi y avait mis le feu en se retirant.

Le 15, le feu parut dans la nuit de toutes parts.

Le 16, l'empereur sortit de la ville et fut logé au château de Peterskoë ; toute l'armée en sortit aussi.

Les 17, 18, 19 et 20, l'on resta près de Peterskoë ; c'est de ce château que partaient les czars lorsqu'ils allaient se faire couronner à Moscou ; il en est éloigné d'une demi-lieue.

Le 21, l'empereur retourna au Kremlim ; j'arrivai la veille au château de Peterskoë.

Le 18 octobre, la cavalerie qui était à Vinkowo fut attaquée près de Taroutina ; l'ennemi voulut nous couper la retraite et s'avançait vers Wosronowo où est le château du comte Raptochin, nous le prévinmes dans sa marche. Nous fîmes différentes marches jusqu'au 24, que nous arrivâmes devant Molo-Saroslavetz, où nous trouvâmes l'armée d'Italie aux prises. La bataille fut des plus chaudes, nous restâmes en position derrière la Louja? rivière qui nous séparait de la ville.

Le 25, nous passâmes la rivière et fûmes camper en avant de la ville:

Le 26, nous nous portâmes en avant, où nous restâmes en observation pendant la nuit, nous effectuâmes notre retraite et repassâmes la rivière. Le 24, pendant l'attaque de la ville, un fort parti de cosaques se présenta au village de Ghorodnia, à deux lieues, sur nos derrières, où étaient les équipages de l'empereur et une partie de ceux de l'armée; ceux du régiment furent enlevés. Un détachement de la garde, commandé par le duc d'Istrie, en sauva une partie.

Le 27, Wereya. — Route de Mosaik. — Nous nous dirigeâmes sur Mosaik que nous trouvâmes en feu; il fallut cependant la traverser avec l'artillerie, ce qui se fit sans accident.

Le 2 novembre, nous logeâmes à Wiasma; c'est là que déboucha l'armée ennemie venant de Milloradovitz; nous partîmes dans la nuit.

Le 3, le prince d'Echmül, qui était d'arrière-garde, le vice-roi et le Prince de la Moskowa qui s'était porté en avant sur la route par où devait arriver l'ennemi, se battirent toute la journée. La route fut interceptée à notre division, par un poste de cosaques; le colonel renvoya nos aigles sur nos derrières, où ils restèrent avec l'armée d'Italie.

Le 6 novembre, que commença le grand froid à Doroghobouï, l'armée d'Italie se sépara du corps principal se dirigeant sur Viteps en prenant une route différente.

Le 12, Smolenks, séjour.

Le 15, à deux lieues de Smolenks.

Le 16, à Krasnoë.

Le 17, Liadoui, où se forma l'escadron sacré. — Dégel.

Le 19, Orcha, situé sur une hauteur où nous fîmes provision. Séjour. Nous y arrivâmes à dix heures du soir et passâmes le Niéper sur un pont. Séjour. En sortant d'Orcha, l'on trouve une superbe route avec des arbres sur les côtés. Nous nous formons en bataille sur la droite de la route en attendant l'empereur.

Le 24, à deux lieues de Borisow, il y avait un étang au milieu duquel l'on fit un trou pour faire boire les chevaux, une grande quantité tombèrent dans ce trou et s'y noyèrent.

Le 25, arrivant à Borisow, nous trouvâmes sur une hauteur le corps du duc de Reggio, le général Berkem, commandant le 9ᵉ corps. Nous logeâmes à un village, à une lieue du point où l'on établissait le pont sur la Bérézina.

Le 26, séjour.

Le 27, l'escadron sacré se mit en marche pour passer le pont, il n'y eut pas moyen, il était trop obstrué de troupes, nous revînmes coucher au village de la veille. Les cosaques s'étant présentés, nous partîmes de nouveau et vînmes coucher à Studzianca, en face du pont. Il faisait si froid que, n'ayant pas de feu et nos chevaux n'ayant point à manger, je passai le pont à deux heures du matin le 28.

La Bérézina a 54 toises de large.

Le 28, Zembiu.

Le 29, nous nous mîmes en route pour Plescenkovia (?) mais le général Grouchy ayant appris en route que 2.000 cosaques s'y étaient présentés pour s'emparer du duc de Reggio blessé, il résolut de coucher à un petit village sur notre droite.

Le 5 novembre, nous arrivâmes à Smorghoni, où nous trouvâmes Lebel (?) L'empereur partit pour France.

Le 7 décembre, à Ochmania; nous arrivâmes dans cette ville à 9 heures du soir. Maupurelier (?) avait fait le logement. Le colonel chassa tous les officiers qui se trouvaient dans les logements.

Le 8. — Vilna. — J'ai fait séjour. — Nous en partîmes à onze heures du soir le 9 et marchâmes jusqu'au 10 neuf heures du soir et arrivâmes à Zismori, où Maupelier (?) avait fait le logement. Le colonel chassa des officiers de son logement. J'attendis les chevaux du colonel dans la route à un moulin au bas d'une montagne. La croix de Saint-Yvan fut laissée à deux lieues de Vilna, au bas de la montagne.

Le 10. — Zismori. — Nous doublâmes l'étape ce jour-là qui devait être à Evé ; nous y fîmes seulement rafraîchir nos chevaux.

Le 11, nous passâmes par une petite ville et fûmes loger à un petit village à deux lieues de Koweno.

Le 12, à Koweno, nous fûmes loger à une auberge sur une route de traverse de Gombinen.

Le 13, logé seul dans un village. Je rejoignis le lendemain plusieurs officiers du régiment. Nous voyageâmes ensemble jusqu'à Gombinen.

Le 17, Gombinen. Je pris la poste avec Pierre, pour nous rendre à Kanisberg où nous séjournâmes. Nous en partîmes le surlendemain par un très beau temps, après avoir touché douze mille francs que je distribuai. Nous rencontrâmes aux postes Potier à qui je donnai de l'argent. Nous nous dirigeâmes sur Elbing ? où nous restâmes quelques jours et où je laissai ma cuirasse aux voitures du régiment.

De Koweno à Vilna,	26 lieues
De Vilna à Borisow,	53 —
De Borisow à Orcha,	29 —
De Orcha à Krasnoë,	17 —
De Krasnoë à Smolenks,	10 —
De Smolenks à Dorogoboui,	29 —
De Dorogoboui à Viasma,	17 —
De Viasma à Malojaros-la-Vetz,	45 —
De Malojaros-la-Vetz à Moscou,	29 —
	255 lieues

De Koweno à Moscou,   260   —

De Koweno à Viteps,   112   —
De Viteps à Smolenks,   48   —
                                       ———————
                                       160 lieues

De Smolenks à Moscou,   100   —

Les Russes ont eu 50,000 tués ou blessés à la Moskowa.

FAMILLE ARNAULDET

Pages 235, 236.

François d'Abillon, seigneur de la Roche, Pascouinay (Oulmes, Vendée), pair de la maison commune de Niort, en 1535, maire de cette ville, en 1560 et 1567, possesseur en 1547 du fief de Brizeau. Il épousa Marie Pellot, fille de Pierre, seigneur de Coulon, et de son mariage avec cette dernière naquirent plusieurs enfants, parmi lesquels Vincent et Jean qui suivent :

1ent. — Vincent d'Abillon, seigneur de la Gravette, juge consul à Niort en 1585. Il assista le 10 novembre 1597, au mariage de la fille de son frère, Jean d'Abillon, avec Françoise de Veillechèze, et se maria lui-même vers 1575, à Jeanne Pelletier, dont plusieurs enfants ; parmi eux, François. Ce François d'Abillon, écuyer, seigneur de la Nouhe, fut maire de Niort en 1604 et 1607, échevin en 1620 ; il épousa, le 20 mars 1605, Anne de Veillechèze, fille de Pierre, seigneur des Essarts, et de Françoise Lamy. Il naquit de ce dernier, François d'Abillon et d'Anne de Veillechèze, plusieurs enfants, dont : Elisabeth, née en 1610, mariée le 7 février 1633, à Philippe Berland, écuyer, seigneur du Plessis ; —

François, qualifié seigneur de la Nouhe, dans un acte de 1636.

2^{ent}. — Jean d'Abillon, seigneur de Boisbardon, la Gravette, Revêtison (Deux-Sèvres), époux de Madeleine Arnauldet, fille de Jean et de Marguerite Faudry, remariée à Jean Coyault, seigneur de Santé. Jean d'Abillon eut quatre enfants : 1° Jeanne, mariée le 10 ou 16 novembre 1597 (Malloé et Brisset, notaires à Niort), avec François de Veillechèze, seigneur de la Morlière, échevin à Saint-Maixent ; le 5 juin 1617, elle était épouse de noble François Gerbier, seigneur de la Chaillochère, avocat à Saint-Maixent ; — 2° Jean, seigneur de la Nouhe, marié le 5 juin 1604, à Marie Symon ; — 3° François, qui suit ; — 4° Peut-être Pierre.

François d'Abillon, épousa Anne Jacquelin qui fut marraine en 1605, d'une fille de François de Veillechèze et de Jeanne d'Abillon, sa belle-sœur. François d'Abillon et Anne Jacquelin eurent au moins une fille, Madeleine d'Abillon, filleule de Madeleine Arnauldet, son aïeule. Madeleine d'Abillon devint la femme d'Aubin Girault, écuyer, du Mont.

FAMILLE BOULAY DE MONTRU

Page 239.

Le contrat de mariage de Jacques Rivet, seigneur de la Guyonnière, avec Marie Boulay de Montru, eut lieu en 1611 ou 1612, à Saint-Maixent, suivant contrat par Caillon et Govin ou Novin, notaires royaux.

Page 240.

Françoise Boulay de Montru, épouse en 1703, d'Isaac Girault, seigneur de Crouzon, avocat, sénéchal de la Mothe-Saint-Héray.

Page 249.

Contrat de mariage de Guillaume Symon, écuyer, seigneur de la Morillonière, fils de Pierre Symon, seigneur de la Figerasse, et de dame Louise Huet, avec Marguerite Ferruyeau, fille de Pierre Ferruyeau, avocat au siège présidial de Poitiers, et de dame Renée Dabreuil, passé à Poitiers, le 6 octobre 1686, et insinué le 16 décembre 1690.

Page 250.

Donation réciproque entre Charles d'Olandes, écuyer, seigneur du Vignault et du Breuil de Bessé, et dame Blanche Brunet, son épouse, passée à Saint-Maixent le 29 mars 1641, par Rousseau.

Page 274.

Philippe Janvre, chevalier, seigneur de la Bouchetière, etc., et Marguerite d'Auzi, sa femme, se firent donation réciproque, par acte passé juridiction de Parthenay, au rapport de Guillemin et Roy, notaires au dit Parthenay, le 12 août 1630.

Lettres de grâce accordés par le roi à Daniel Janvre de la Bouchetière, relativement au combat qu'il avait eu avec le sieur du Buisson, données à Paris, en septembre 1655.

Lettres du maréchal de la Meilleraye, portant érection de la seigneurie de la Chevallerie, en haute, basse et moyenne justice, en faveur de Daniel Janvre, chevalier, seigneur du dit lieu de la Chevallerie, signées à la Meilleraye, le 23 août 1657, enregistrées le 26 octobre suivant au greffe de Saint-Maixent.

Page 275.

Donation entre Jacob Pyniot, écuyer, seigneur de la Mothe-Ratault, et Claude Aymer d'Angliers, mari et femme, passée à Xaintray, le 5 décembre 1671, par Leigne, notaire.

Page 282.

Dame Marthe Bertrand, veuve et donataire de Daniel Janvre, écuyer, seigneur de Lussay, fait donation à Jean Janvre, écuyer, seigneur de Quinchamp, et Philippe Janvre, écuyer, seigneur de Moulineux, ses beaux-frères, de l'avantage qu'elle avait eu du dit seigneur de Lussais, son défunt mari. La donation est passée à la Valinière, paroisse de Clavé, le 18 mai 1694, et insinuée le 20 du même mois.

Page 284.

Le mariage du comte René-François-Marie de Bardin, avec Madeleine Graux, fille du député du Pas-de-Calais, fut annoncé par le journal *Le Gaulois*, du 17 juillet 1903. Le comte de Bardin, se distingua à la guerre du Transwaal sous les ordres du colonel de Villebois-Mareuil, près duquel il était lorsque le colonel fut tué. Blessé lui-même, il fut interné à Sainte-Hélène jusqu'à la fin de la guerre.

CHAPITRE II

Pages 285, 286, 287 et 289.

Lévesque Pierre, noble, seigneur de Maxien, épousa Marie Guidon.

Lévesque Léon, seigneur de la Baronnière, époux de Marie Ochier, eut une fille, Marie, qui devint la femme d'Abraham Fraigneau, seigneur de la Bourgougne, le 27 novembre 1685.

Contrat de mariage d'Abraham Fraigneau, fils de Jacques Fraigneau, seigneur de la Bourgougne, et de dame Suzanne Fraigneau, avec Marie Lévesque, fille de

Jean Lévesque, seigneur de Javarzay, et de Marie Ochier. En présence d'Isaac Fraigneau, seigneur de l'Houmeau-Pérouardière, et de Louis Fraigneau, seigneur de l'Houmeau, oncles maternels du pourparlé ; — de René Ochier, son cousin germain.

Jean de Neufville se maria avec une Marie Ochier, le 6 ou 16 août 1695. (Registre protestant de Saint-Maixent).

Jean de Neufville, épousa Judith Gerbier, fille de François Gerbier, seigneur de la Brousse, et de Jeanne Ochier, contrat passé à Saint-Maixent, le 15 juillet 1584, par Faidy et Nicolas Lambert, notaires. Furent présents : François Gerbier, seigneur de Crezesse, et Pierre Gerbier, frères paternels de la future. (Greffe de Saint-Maixent, registre I, page 891).

Donation entre Gilles Piet et Suzanne Ochier, passée à Saint-Maixent le 2 avril 1631.

Donation réciproque entre Jean Guérinet, seigneur de la Rivière, et Marguerite Ochier, le 6 ou 16 décembre 1627.

Donation entre époux Pierre Gascon et Madeleine Ochier. Franc, notaire à Saint-Maixent, le 14 mars 1636.

Donation entre Hélie Fradin et Catherine Coustineau, mari et femme, passée à Saint-Maixent le 19 février 1631, par Piet, notaire.

Donation entre Helenus Coustineau, et sa femme, Marie Viault, suivant acte passé à Saint-Maixent, le 1er mars 1638, par Franc, notaire.

Donation entre Pierre Ochier, seigneur de la Minière, et Marguerite Hoissard, son épouse, passée à Saint-Maixent le 11 juin 1641, par Franc, notaire.

Judith Ochier, épousa Louis Ferruyeau, veuf de Grâce de Chabanon, vers 1645.

Donation entre Pierre Taffoireau, avocat, et Elisabeth Coustineau, mari et femme, demeurant à Saint-Maixent, le 4 juillet 1650, par Rousseau et Franc, notaires.

Contrat de mariage de Pierre Ochier, seigneur de la Robertière, fils de Pierre Ochier, procureur fiscal du château d'Exoudun, et de Catherine Fraigneau, avec honnête fille Marie Poignand, enfant de Jean Poignand et de Marie Bourceau, demeurant à Parthenay, passé le 2 juillet 1656, par Olivier et Bourceau, notaires au dit Parthenay. Présents : André Ochier, mandataire des père et mère du futur. Le contrat eut lieu en la maison de Jeanne Poignand, veuve de Barthélemy Frère, seigneur de la Pommeraie. Ont aussi signé : Jacques Ochier ; — Jeanne Ochier ; — Marguerite Ochier ; — Marie Ochier ; — Poignand, seigneur de la Salinière ; — Poignand, seigneur de Fontenioux ; — Poignand, seigneur de la Largère. (Greffe de Saint-Maixent, registre I, page 112).

Ochier Jean arrente, le 15 août 1636, de Gabriel des Gittons, chevalier, seigneur, chatelain de la Baronnière, et de Louise d'Albin, sa femme, moyennant la rente de 350 livres, le domaine noble des Maisons-Neuves. (Archives de la Barre, II, p. 341).

Le 5 août 1658, Pierre Gascon, seigneur de Pesré, beau-frère de Jean Ochier, amortit une rente moyennant 7,000 livres, en présence de Pierre Allonneau, seigneur des Maisons-Neuves. (Greffe de Saint-Maixent, registre I, page 112).

Ochier Jeanne, veuve d'André Allonneau, et fille d'André, seigneur de la Grange, et de Marie Guillard, épousa, le 15 janvier 1672, Pierre Boulay, seigneur de Montru.

Donation faite par Philippe Gosguin, écuyer, échevin de la ville de Niort en qualité de fondé de procurationde dame

Françoise Tiraqueau, veuve de Charles de Baudéan, et de Charles Tiraqueau, chevalier, seigneur de Saint-Amand, conseiller, aumônier du roi et prieur de Saint-Etienne-d'Ars, pour supprimer la commission donnée à Helenus Coustineau, seigneur du Courtiou, avocat au parlement, afin d'exercer l'office de commissaire aux saisies reçue à Saint-Maixent, et substitue à sa place Gilles Coustineau. Passée à Saint-Maixent, par Faidy, notaire royal, le 17 août 1670, et enregistrée au greffe, le 2 juin de la même année.

Contrat de mariage de René Cantineau, chevalier, seigneur de la Hutière, fils de feu René, chevalier, seigneur de la Coustinière, et de dame Marguerite de la Roche, avec Judith Ochier, veuve de Jean Fauveau, seigneur du Loirat, fille de Jacques Ochier et de Marie Fraigneau. — Passé à Thouars, le 20 octobre 1671, par Pelletier et Fumbège, notaires. (Greffe de Saint-Maixent, registre I, page 168).

Contrat de mariage de Jean Ochier, seigneur de Ripaille, fils de feu Pierre Ochier et de Catherine Maistre, avec Jeanne Bellet, fille de François Bellet, seigneur de la Citonnière, et de Judith Barbade, passé à la Mothe-Saint-Héray, le 12 juillet 1672, par Guillon, notaire. Ils eurent une fille, Marie, vivant en 1698.

Donation faite par Helenus Coustineau, seigneur du Courtiou, et dame Marie Viault, son épouse, à Georges Coustineau, leur fils, qui se disposait à entrer dans l'état ecclésiastique, de la pension de 1,200 livres. Passée par Chamier, notaire à Saint-Maixent, insinuée en janvier 1671.

Contrat de mariage de Marie Le Riche, fille de feu Le Riche et de Marguerite Ochier, avec Charles Dulinet, seigneur de l'Airaudière, avocat à la maréchaussée de Saint-Maixent. Passé à Azay, le 20 mai 1694, par Melin, notaire à Saint-Maixent.

Marie Ochier, épousa au temple protestant de Saint-Maixent, le 6 août 1695, Jehan de Neufville, seigneur de la Place.

Ochier Alexis, fils de Charles et de Marguerite Preillé, épouse le 5 février 1755, Madeleine-Thérèse de Vaugelade, fille de Pierre, seigneur du Breuilhac, et de Magdeleine Mougault.

Ochier Jeanne était, le 3 juin 1741, veuve de François Lamy. A cette date, sa fille, Catherine, épousa Jean-François Mangou, au bourg d'Avon.

Ochier Marguerite-Catherine, épouse, en 1775, de Pierre-Abraham Allonneau, de la Bruchetière.

Ochier Pierre, rendit hommage au château de Chizé, le 11 mai 1405, à cause de son hébergement de Jinchère, tenu à hommage lige, à soixante sous de devoir de plaid et morte main et à cinq sous de chambelage. (Grand Gauthier).

Ochier Jacques, vivait à Thouars le 22 juin 1456.

Ochier Guillaume, fut échevin à Saint-Maixent, de 1462 à 1470.

Ochier Jacques, servit à l'arrière ban du Poitou de 1488.

Ochier Jacques, seigneur de Bagneux, des environs de Thouars, servit comme archer au ban de 1491.

CHAPITRE III

Page 291.

Lévesque Abraham, noble, écuyer, seigneur de la Fraye et du Rouchet, se marie le 31 janvier 1623, à Jeanne Neau, demeurant en sa maison noble de Challiers, près Melle.

Contrat de mariage d'Abraham Lévesque avec Jeanne Neau, fille de feu Guillaume Neau et de Marie Mesnault. En présence de : Jean Bellin de la Boutaudière ; — Messire Pierre Lévesque ; — Messire Jean des Hayes ; — Guillaume Neau. Le mariage eut lieu en février 1623.

Une donation mutuelle se fit entre les époux Abraham Lévesque, demeurant à Melle, le 10 octobre 1623, insinuée en février 1624.

Abraham Lévesque comparait au contrat de mariage de Turpin de Vihiers avec Laurens de Beaulieu, sa parente ; passé devant Martin et Gilbert, notaires à Melle, le 1er septembre 1652. Ce contrat de mariage est rapporté textuellement, pages 297 et 298, des *Recherches sur la famille Lévesque*, 2e édition, 1er volume. Saint-Maixent, imprimerie Chaboussant, 1901.

Louis de Saint-Georges, tant en son nom que comme mandataire de Girault d'Albin, chevalier, seigneur de Valzergues, fit donation à Louise Neau, le 13 juin 1627.

Le mariage d'Abraham Lévesque et de Jeanne Neau, donna naissance à une fille, Lévesque Louise-Marie.

Michelle Admirault, décédée en juin 1654, se maria à : 1° Georges Neau, dont Catherine, qui épousa Charles de Poissepaille, écuyer, seigneur de la Bonnelière ; 2° ***, sans postérité ; 3° Philippe Nérault, écuyer, seigneur de Grand-Maison. Dont : Catherine, mariée, à Jonas Chaigneau, seigneur de Lavault, et à René Frère, seigneur de Vairé, veuf de Marguerite de Neufville.

FAMILLE NAU

Alliance avec les Lévesque

Guillaume Nau épousa Marie Missault ou Misnault. Ils eurent trois enfants :

Premièrement. — Jeanne Nau, qui se maria par contrat du 31 janvier 1623, avec Abraham Lévesque, noble, écuyer, seigneur de la Fraye et du Rouchet. Il était fils de Léon Lévesque, seigneur de Maxien, et de Françoise des Hayes, qui vivaient à Exoudun et s'unirent en 1590. Ses cinq frères et sœurs étaient : Lévesque Jacques, noble, écuyer, seigneur des Maisons-Neuves et de Gascougnolle ; — Lévesque Pierre, noble, seigneur de Maxien ; — Lévesque Louis, noble, seigneur de Fontmusset ; — Lévesque Jehan, écuyer, noble, seigneur du Bizon et de la Touche ; — Lévesque Catherine, épouse de Jehan Bellin, noble, écuyer, seigneur de la Boutaudière.

Le mariage de Jeanne Nau et d'Abraham Lévesque fut fait en présence de Guillaume Nau, avocat en parlement, et d'Elie Nau. Ils se donnèrent réciproquement le 10 octobre qui suivit leur mariage et demeuraient à Melle. (Greffe de Saint-Maixent. Registre I, page 133).

Leur fille unique fut Lévesque Louise-Marie.

Secondement. — Guillaume Nau, seigneur de Courgé, paroisse de Vançais, mouvance de Lusignan, conseiller avocat du roi au siège royal de Melle, époux de Marie Barillet, qui fut la femme en secondes noces d'Ogier Chollet, seigneur des Mardres. Marie Barillet eut la seigneurie de Courgé, paroisse de Vançais et environs, de son père Jean Barillet, seigneur de la Boule et de Courgé.

Guillaume Nau assiste, le 29 mars 1654, au procès-verbal fait par Pierre-Saturne Holier, constatant le bris du banc des autorités dans l'église de Saint-Savinien de Melle. (*Bull. stat. Deux-Sèvres*, LP. 336).

Du premier mariage naquit :

Guillaume Nau, seigneur de Courgé, avocat du roi à Melle, vivant en 1655, décédé avant 1686. Il s'unit à Charlotte Guillemard, qui veuve rend aveu de 1686 à 1701 à Lusignan, pour la seigneurie de Courgé, paroisse de Vançais et à Parthenay, pour le fief du Plessis-Proust ou Plessis-Prévost. (*Noms féodaux*, page 50).

Troisièmement. — Hélie Nau, seigneur du Vergier, eut deux enfants :

A. — Jean Nau, aîné, seigneur du Vergier, avocat en parlement et au siège royal de Melle, marié en 1660, à Aubigné, près Chef-Boutonne, avec Louise de Vezins. Il rend aveu à Saint-Hilaire-de-Melle pour le fief du Vergier, en 1668.

De ce dernier mariage, deux enfants :

1° Louis Nau, écuyer, seigneur de la Bigoterie, avocat au siège de Melle, époux à Chauché (Vendée), le 11 janvier 1694, de Louise Bérenger. Louise Bérenger était fille de Jean Bérenger, écuyer, seigneur de la Boulaye, et de Marie Chaigneau. Louis Nau était procureur à Melle en 1698, 1704, 1736.

2° Abraham Nau, seigneur de la Ronze, lieutenant de la compagnie des bourgeois de Melle, marié à Anne Guillemet.

De l'union d'Abraham Nau, seigneur de la Ronze, et de Anne Guillemet, sont :

Anne-Louise Nau qui, le 17 juin 1718, devint la femme, à Poitiers, église de Saint-Porchaire, de Louis-Vincent

Naudin de la Rivardière, fils de Louis Naudin de la Ronde, lieutenant général criminel au baillage de Loudun, et de Marie Guérin de la baronnie de Saint-Pierre-du-Marché de Loudun.

B. — Marie Nau.

AVEUX, DÉNOMBREMENTS, HOMMAGES

RELATIFS A LA FAMILLE NAU

DONT IL EST QUESTION PLUS HAUT

Archives nationales

P 434 ². — Aveu et dénombrement du 6 juin 1669, de la seigneurie de Courgé, mouvance du château de Lusignan, par Guillaume Nau, conseiller du roi et son avocat au siège royal de Melle, y demeurant.

Hommage lige au devoir de six deniers de plaid de morte-main à lui échu par droit successif à cause de Marie Barillet, sa mère, veuve en premières noces de Messire Guillaume Nau, conseiller et avocat du roi à Melle, son père, et, en secondes noces, de Messire Ogier Chollet, seigneur des Mardres. Marie Barillet avait eu la seigneurie de Courgé, située paroisse de Vançais et environs, de feu messire Jean Barillet, seigneur de la Bousle et du dit Courgé, son père.

Maison de Pierre Misnault et de Françoise Surrat, veuve de messire Jacques Gaudin.

Terres possédées par Jacques Bellivier, écuyer, seigneur de Fontmorte.

Le pré de Joye possédé par les héritiers de feu Gabriel de Prin de la Guérivière, écuyer, et par les héritiers Eprinchard.

P 432 ². — 6 janvier 1669. — Hommage de quarante sols par Marguerite de Constans, dame de Challiers, les Ouches et de la Mothe de Melle, veuve de messire Rodolphe-Charles de Grunstein, chevalier, gentilhomme de la chambre du roi.

Les héritiers Holier.

Les héritiers de messire Pierre Fontaneau, de Charles Dupuis, seigneur de la Férandrie, hôtel de Guillaume Nau, conseiller et avocat du roi.

Les hoirs de Jean Nau.

Les granges de Pierre Chalmot, seigneur de la Place.

Inventaire par devant Messieurs de la cour de Poitiers, par Jacques Chalmot, écuyer, seigneur du Deffend et autres. — Jean Nau, avocat au parlement, défendeur.

11 janvier 1669. — Hommage par Anne Nau, veuve de Dominique Collin, conseiller de l'élection de Niort, représentée par Jacques Briquet pour le fief de la Blanchardière, mouvance de Melle. Elle demeurait à Melle.

1ᵉʳ novembre 1666. — Contrat de vente de Mᵐᵉ de Corvillon, et Pierre Chollet, seigneur de l'Espinière, à M. de Lartuserie, dame Marie Barillet, veuve Ogier Chollet, seigneur de Mardre, Louis Coyaut, écuyer, seigneur de la Bretamerie, et Guillaume Nau, conseiller du roi et son avocat au siège royal de Melle. Pierre Chollet, seigneur de Bellefond.

Dame Marguerite Chollet, femme de François de Corvillon, écuyer, conseiller du roi.

17 août 1685. — Partage entre Pierre Jouslard, écuyer, seigneur de Lartuzerie, Marie Chollet et Etienne Jouslard, écuyer, seigneur de Chisseré, son frère puîné. Proust, notaire.

P 438 [2]. — 12 juillet 1669. — Hommage par Guillaume Nau, conseiller du roi, avocat de Sa Majesté au siège royal de Melle, pour le fief de Courgé.

P 434 [2]. — 10 juin 1669. — Aveu et dénombrement de la seigneurie de Courgé, mouvance du château de Lusignan, par Guillaume Nau, conseiller du roi, avocat au siège royal de Melle, et y demeurant. — Hommage lige au devoir de six deniers de plaid et de morte-main à lui échu pour droit successif à cause de Marie Barillet, sa mère, veuve en premières noces de Guillaume Nau, conseiller et avocat au siège royal de Melle, son père, et, en secondes noces, de Ogier Chollet, seigneur des Mardres. Laquelle Marie Barillet avait eu cette seigneurie de feu Jean Barillet, seigneur de la Boule et de Courgé, son père, située paroisse de Vançais et environs.

P 435 [3]. — 27 novembre 1686. — Hommage du fief et seigneurie de Courgé, mouvance de Lusignan, par Charlotte Guillemard, veuve de Guillaume Nau, conseiller du roi, avocat de Sa Majesté.

P 436 [1]. — 10 avril 1687. — Dénombrement de Courgé, paroisse de Vançais, mouvance de Lusignan, par dame Charlotte Guillemard, veuve de Guillaume Nau, conseiller du roi et son avocat au siège de Melle, mère tutrice de leurs enfants à titre successif du dit feu Nau, héritier de Marie Barillet, sa mère, veuve en premières noces de Guillaume Nau, son père, et en secondes noces d'Ogier Chollet, seigneur des Mardres. — Maison de François Surrat, veuve de Jacques Gaudin, à Lusignan.

Item. — Hommage par Gabriel Dupuis, écuyer, seigneur de la Guérivière, pour la troisième partie du fief de Courgé. — Terres possédées par Jacques Bellivier, écuyer, seigneur de Fontmorte. — P. Esnet, curé de Saint-Martin-de-Vançais ; Jacques Chartier, curé des Marais de Lezay.

Le dit hommage du 20 avril 1695, par Michel Mestayer, procureur de la dite Guillemard.

Aveu et dénombrement avait déjà été rendu le 30 juillet 1506, par Madeleine Dupuy, veuve de Guy de Chasteigner ; le 25 mai 1552, par Jean de la Forest ; les 30 mars 1554, 19 juin 1561, 13 novembre 1576, par Alexandre Minault ; 3 mai 1608, par Jean Minault ; 23 novembre 1621, par Jean Barillet ; le 10 juin 1669, par le dit Guillaume Nau.

P 437 [1]. — 10 avril 1699. — Aveu et dénombrement du Plessis-Prévost, mouvance de Parthenay, par Charlotte Guillemard, veuve de Guillaume Nau, seigneur de Courgé, et avocat du roi à Melle. — Turquand ; — Jacob Guischard, écuyer, seigneur d'Orfeuille ; — Chameau, écuyer, seigneur de Maisontiers ; — Mathurin Boucher, prêtre.
Hommage le 25 février 1701.

P 436 [3]. — 5 décembre 1698. — Hommage du Plessis-Prévost, paroisse de Courgé en Gastine, mouvance de Parthenay, par Pierre Chevrelier, procureur de Charlotte Guillemard, veuve de Guillaume Nau, seigneur de Courgé, conseiller du roi, son avocat au siège royal de Melle. — Abraham Colin, conseiller du roi, lieutenant particulier et juge magistrat à Melle. — Georges Herbeau, conseiller du roi et son médecin à Melle.

P 438 [1]. — 6 mai 1716. — Hommage lige par messire Jean Thibault, écuyer, pour Renée Nau, son épouse, du fief de Courgé, mouvance de Lusignan.

P 434 [2]. — 20 janvier 1669. — Aveu et dénombrement du fief du Vergier, mouvance de Melle, par Jean Nau, avocat en parlement et au siège royal de Melle, comme fils aîné et héritier en partie de feu Messire Hélie Nau, seigneur du Vergier. — Foi et hommage lige à dix sols de devoir à mutation du teneur, avec Marie Nau, sa sœur, comme héritière du dit feu.

Les héritiers de feu Jean de la Coudre, seigneur de Sainte-Catherine.

P 433. — 5 décembre 1668. — Hommage par Jean Nau, seigneur du fief du Vergier ou des Vergers, pour le dit fief, avocat en parlement et au siège de Melle, comme fils et héritier de Jean Nau.

P. 437 [1]. — 16 juillet 1704. — Hommage du Verger, mouvance de Melle, par Louis Nau, conseiller du roi, son procureur au siège royal de Melle, héritier de Jean Nau, son père.

P 438 [1]. — 20 mars 1716. — Hommage lige par Messire Louis Nau, conseiller du roi et son procureur au siège, du Vergier, paroisse de Saint-Léger de Melle, au devoir de dix sols, à mutation de vassal à titre successif de messire Jean Nau, son père.

P 437 [1]. — 30 juillet 1704. — Hommage de Mardray ou de Mardres, paroisse de Saint-Léger-les-Melle, mouvance de Melle, par Abraham Nau, seigneur de la Ronze, lieutenant d'une compagnie bourgeoise de la ville de Melle, époux d'Anne Guillemet.

CHAPITRE V

Page 297.

Donation entre François Laurens, écuyer, seigneur de Beaulieu, et Lévesque Catherine du Bizon et de la Touche, mari et femme, à Niort, le 2 septembre 1632.

Page 314.

Henri-Charles Turpin, chevalier, seigneur de Crissé, et Madeleine-Laurence de Beaulieu, se firent donation, suivant acte passé, à Poitiers, le 16 mars 1658, par Porcheron, notaire.

Page 329.

Gabrielle Treuille, veuve de Marie-Henry-Raoul, baron de l'Estrange, épouse son beau-frère Marie-Louis de l'Estrange.

Page 346.

Donation faite par Jeanne Huet, veuve de feu Daniel Masson, conseiller du roi et président en l'élection de Saint-Maixent, en faveur de : Suzanne Huet, épouse de Jehan Lévesque, seigneur du Bizon, sa sœur ; des enfants de Pierre Huet, écuyer, seigneur du Plessis, son frère ; de François Huet, écuyer, seigneur de la Gaudinière, frère aîné de la donatrice, passée à la Mothe-Saint-Héraye, le 18 août 1646, reçu Guillon et Tastereau, notaires.

Contrat de mariage de Jacques Clouzeau, fils de Jean-Guillaume et de Louise de Margonne, avec demoiselle Philippe Huet, fille de *** et de Suzanne Poitevin, passé à la Mothe-Saint-Héraye, le 3 juillet 1646, suivant acte de Chapelle et Challot, notaires, insinué le 30 août suivant ; en présence de François Huet, oncle paternel de la future. Le contrat de mariage est signé entr'autres de René Huet ; — Jehan Lévesque ; — Marie Huet ; — Etienne Huet ; — Jeanne Huet.

Transaction passée par Pierre Huet, aumônier du roi, chanoine de Menigoute, et dame Louise Huet, veuve de Pierre Symon, seigneur de la Figerasse, au sujet de la succession de feue Marie Huet, leur sœur, épouse de Nicolas Audouard, écuyer, seigneur des Basses-Rhues, passé au bourg de Saint-Léger-les-Melle, le 12 février 1675, par Boinault, notaire.

CHAPITRE VI

Page 423.

Promesse de mariage de Louis de Reignier, écuyer, seigneur de la Peschellerie, avec Elisabeth Bonneau du Chesne, veuve de François Texier, seigneur du Grand-Magnoux, aux conditions que ledit de Reignier paiera à Jean Lévesque, fils aîné de la dite dame et de son premier mariage, la somme de 1,500 livres. L'acte est en date du 24 mars 1644, reçu par Piet, notaire à Saint-Maixent, peut-être 24 avril. — Insinué le 20 juillet.

Pages 425 et 429.

Marguerite Bellin de la Boutaudière, mariée le 15 avril 1682, à Charles Aymer de la Chevalerie. Ils se firent donation suivant acte d'Ayrault ou de Birault, notaire à Saint-Maixent, le 14 ou le 24 mai 1683.

Lettres d'anoblissement accordées en vertu de la loi d'octobre 1696, à Léon Bellin, seigneur de la Boutaudière, et à sa postérité, données à Marly au mois de juin 1697, enregistrées au parlement le 27 juin 1697, à la Chambre des comptes le 16 du même mois, à la Cour des Aydes le 20 du dit mois de juillet et au Bureau des finances de la généralité de Poitiers, le 4 septembre suivant.

Ordonnance de Charles d'Hozier, généalogiste du roi qui règle les armoiries de Bellin, seigneur de la Boutaudière, conseiller du roi en la ville de Saint-Maixent. *Elles sont un écu d'or à un lion de gueule et au chef d'azur, chargé de trois étoiles d'or, le dit écu timbré d'un casque de profil orné de lambrequins de gueule, d'or et d'azur.* Fait à Paris le 4 juin 1697.

Quittance de Jean-Baptiste Brunet, garde du trésor royal, portant paiement de la somme de 6,000 livres pour les finances des lettres de noblesse accordées au dit Bellin de la Boutaudière, datées du 29 août 1697.

Toutes les pièces ci-dessus enregistrées au greffe de Saint-Maixent, le 6 septembre 1697.

Page 433.

Jean Bellin, seigneur d'Erry, marié à Françoise Lavie, dont il eut Jacques, seigneur d'Erry, natif de la Mothe-Saint-Héraye, époux le 20 octobre 1612, par contrat à Comporté, reçu Guillot, notaire royal à Civray, d'Angélique de Brissac, fille de Mathieu, écuyer, seigneur de la Feuilletrie, et de Jeanne Girard. Etaient présents à ce contrat de mariage : Charles de Bessac, écuyer, seigneur de Magnoux ; — De Linazay, cousin issu de germain de la future ; — Jean Bellin de la Boutaudière, cousin germain du futur ; — Pierre Dietz, mari de Suzanne Bellin.

Un Jean Audouard, écuyer, seigneur de la Bigolière, conseiller du roi au siège de Niort, épousa Claude Viette.

Page 443.

Le comte Aymer de la Chevalerie Louis-Marie-Jacques, épousa le 30 août 1902, à Paris, église de Saint-Philippe-du-Roule, Sophie-Marie Bernard de la Vernette, petite-fille de Mme Prost, et fille du comte et de la comtesse Maxime de la Vernette.

Aymer de la Chevalerie Charles-Louis, mourut à Poitiers, en mars 1902.

Page 450.

Louise-Anne Aymer de la Chevalerie, se maria le 15 novembre 1760, avec Joseph-Hyacinthe Louveau, écuyer, seigneur de la Règle. Le contrat fut reçu par Caillon et Girard, notaires royaux à Saint-Maixent.

Furent présents : Louis d'Orfeuille, écuyer, seigneur de la Maison-Neuve, époux de Marguerite-Françoise Aymer, tante de la future ; — Jeanne Avice, sa tante ; — Louis Louveau, seigneur de la Guigneraie, cousin issu de germain du futur, et Marie-Thérèse de la Fitte, épouse du dit Louveau de la Guigneraie ; — Antoine Avice de la Mothe, aussi cousin issu de germain.

Page 451.

Jean de Chaudenay, épousa Mlle Alice Manuel, à Saint-Pierre-de-Chaillot, le 17 novembre 1902. En octobre 1903, un fils leur naquit, il fut nommé Hubert.

PREMIÈRE DIVISION

FAMILLE LÉVESQUE ET SES ALLIANCES

2e édition, 2e volume

1901

CONTINUATION

LEVESQUE DE BOISGROLLIER

Page 458.

Testament de Jacqueline Gillier, veuve de messire François Lévesque de Marconnay, chevalier de l'ordre du roi, lieutenant de la vénerie, gentilhomme ordinaire de la chambre, seigneur de Marconnay et de Raimbault, par lequel elle donne tous ses immeubles à François-Jacques et René Lévesque, ses petits-enfants, et nomme leur curateur Jean Magnen, écuyer, seigneur de Daillié, lieutenant général au siège de Niort, et douze mille livres à Louise Gaillard, aussi sa petite-fille. — Passé à Raimbault, paroisse de Marigné, le 22 décembre 1604, reçu Messinier, notaire royal à Chizé, et insinué le 17 juin 1733.

Page 461.

Jean-Gabriel Lévesque, seigneur de Boisgrollier, épousa en secondes noces Marie-Anne de Syméon. Ce mariage a eu lieu paroisse de Jazeneuil, le 30 août 1723, il est ainsi : Mariage de messire Jean-Gabriel Lévesque, chevalier, seigneur de Boisgrollier, veuf de Anne-Gillette de Quéringeard, dame de Guillemodet, de la paroisse de Saint-Hilaire de Rouillé, avec dame Marie-Anne de Syméon, veuve de messire Charles de Cathelineau, écuyer, seigneur de la Rousselière. En présence de : messire Pierre Garnier, écuyer, chevalier, seigneur de Cormorand ; — messire Jean-Charles Daitz de Mesmy, chevalier, seigneur et marquis de la Villedieu, lieutenant de mes seigneurs les maréchaux de France ; — Dame *** Légier, sa cousine, du côté de l'époux. Et du côté de l'épouse, de : messire Jean Rimbault, chevalier, seigneur de la Vaudebreuil, et de messire Charles-Aymé Goulard, chevalier, seigneur de Saint-Cyr d'Arsay.

Marie-Anne de Syméon, mourut à Jazeneuil, le 23 mai 1727.

SA MAJESTÉ LA REINE DES PAYS-BAS

WILHELMINE HÉLÈNE-PAULINE

ET LA DESCENDANCE D'ANDRÉ RIVET

Le nom des Rivet est toujours populaire dans les Pays-Bas, et le souvenir des services rendus à la dynastie régnante n'a pas quitté le cœur reconnaissant de Sa Majesté la reine Wilhelmine qui la représente. C'est pourquoi l'auteur des deux volumes sur la famille Lévesque (2º édition, année 1901), un des derniers descendants des Rivet, encouragé par les amis si nombreux des Pays-Bas en France, a osé offrir un exemplaire de ce travail à Sa Majesté, la priant de daigner accepter ce respectueux hommage.

Pages 56, 57, 58, 59, 60, 61, 557, 558, 559, 560, 561, 6ᵉ tableau.

A Sa Majesté, la Reine des Pays-Bas.

Majesté,

J'ai le grand honneur de vous faire présenter un travail sur ma famille dans lequel j'ai retracé l'historique d'un de mes ancêtres, André Rivet, qui fut, par lui et les siens, le serviteur fidèle de la maison d'Orange. Il en eut la confiance, puisque l'éducation de Guillaume d'Orange lui fut livrée et puisque, plus tard, il négocia le mariage de son illustre élève, avec Marie d'Angleterre, fille de Charles Ier et de Marie-Henriette de France. Votre royale maison, pour ses longs et loyaux services, le combla d'honneurs.

Sa Majesté, daignant permettre de placer dans sa bibliothèque mes livres qui décrivent dans leur détail les faits que je viens de rapporter et rappellent la vie d'André Rivet, continuera ainsi l'œuvre de ceux qui l'ont précédée sur le trône. Elle ajoutera à la couronne d'honneurs de ce serviteur un nouveau fleuron qui la rendra encore plus précieuse, s'il est possible, pour sa famille dont je suis un des derniers représentants.

De votre Majesté, je me tiens comme très obéissant serviteur.

LÉVESQUE.

SECRÉTAIRIE

VAN

H. M. DE KONINGIN

N° 3064

—

La Haye, ce 31 décembre 1901.

Mon cher Comte,

J'ai l'honneur de vous informer que je me suis empressé d'offrir à Sa Majesté, la Reine des Pays-Bas, l'ouvrage de M. Lévesque dont vous m'avez parlé l'autre jour et que Sa Majesté m'a chargé de vous communiquer que cela Lui serait agréable si la légation de France voulait prêter son entremise pour transmettre à M. Lévesque ses remerciements de l'offre de son travail.

A. VANDER STAAL.

AFFAIRES ÉTRANGÈRES

—

Cabinet du Ministre

—

Paris, *6 janvier 1902.*

Mon cher Monsieur Lévesque,

Le comte de Ségur d'Aguesseau, qui était chargé d'affaires à la Haye, pendant le congé de M. de Monbel, me fait parvenir la lettre ci-jointe que je me fais un plaisir de vous transmettre.

Veuillez agréer, cher Monsieur, avec tous mes vœux au début de cette année nouvelle, l'expression de mes sentiments les plus distingués et très dévoués.

DELAVAUD.

Deux portraits originaux, d'André Rivet, furent découverts par M. Louis-Marie de Meschinet de Richemond, le savant archiviste de la Charente-Inférieure, chez Müller, libraire de Hollande. Un de ces portraits a été offert en novembre 1901 à l'auteur de ce travail.

Au-dessous de ce portrait, on lit : *Andreas Rivelus-Œtat LXXVIII-1650. — I. Van Meurs sculpsit.*

M. de Meschinet de Richemond a aussi accompagné ce don précieux de la photographie d'un portrait d'André Rivet dont l'original est resté dans sa collection.

En exergue de cette photographie se trouve écrit : *Andreas Rivelus Sammaxentinus Picto S. Theologiæ doctor et professor. Œtatis LXV-CDDCXXXVII.*

Au bas du portrait :

Gallia quem peperit, coluit quem Gallia Belga,
  Ambril et rebus jussit adesse suis
Hoc vultu expressit sculptor, nec cœtera tentat,
  Ingenium scriptis prodidit ipse suum.

I. II.
Du Bordien pinxit Theod. matham fecit.

Le graveur burina les traits du personnage
Que la Gaule enfanta, qu'Hollande vit docteur,
Ne cherchez pas le reste en cette vive image,
Son génie en écrits éclate avec vigueur.

Ce portrait a été fait en 1637, alors qu'André Rivet avait 65 ans.

On trouve, aux estampes, Bibliothèque nationale, plusieurs autres portraits de Rivet.

GÉNÉALOGIE

Jehan de Rivet, marié à Catherine Cardel. fille de Jacques Cardel, seigneur de la Morinière, maire de Saint-Maixent (Poitou), en 1574.

André Rivet, né à Saint-Maixent en 1571, marié en 1596, à Suzanne Oiseau et, en 1620, à Marie du Moulin, veuve du capitaine Antoine des Guyots. Il fit le mariage du prince Guillaume d'Orange avec la princesse Marie d'Angleterre, fille de Charles Ier et de Marie-Henriette de France.	Marguerite Rivet, épouse en premières noces de Marc de Fossa, écuyer, et en secondes noces, de Jean Constant de Constant, écuyer, seigneur du Roulage. Premier mariage :	Guillaume Rivet, seigneur de Champvernon, écuyer, né à Saint-Maixent en 1580, marié en 1603 à Marie de Meschinet de Richemond.

Suzanne de Fossa, mariée à Pierre Le Febvre, écuyer, seigneur de la Prée.

Marguerite Le Febvre de la Prée, épouse, en 1662, de messire Abraham Lévesque, seigneur de Tourtron et de Gascougnolle, fils de Jacques Lévesque, seigneur des Maisons-Neuves, et de Catherine Masson de Boisgrollier, veuf de Catherine Peign de la Bidolière. Celle-ci sans postérité.

Descendant en 1905, Pierre-Roger Lévesque des Maisons-Neuves.

M. de Meschinet de Richemond, parent aussi, comme il a été dit, de la famille Rivet, a, dans le n° du 31 juillet

1901 du journal *la Charente-Inférieure*, fait un compte-rendu de l'ouvrage rapporté plus haut, offert à Sa Majesté la reine de Hollande.

Ce compte-rendu est ainsi :

Ernest Levesque. — *Recherches sur la famille Lévesque de Saint-Maixent (Deux-Sèvres), et ses alliances.* — Deuxième édition, deux volumes in-8°, avec gravures et tableaux. — Saint-Maixent, imprimerie F. Chaboussant, 1901.

Auteur d'un ouvrage de droit et de trois ouvrages historiques, publiés en 1890, 1894 et 1898, l'honorable M. Ernest Lévesque des Maisons-Neuves eut pu prendre pour épigraphe de ses savantes recherches : « Ceci n'est ni une œuvre de parti, ni une œuvre de caste, c'est un livre d'histoire, et pour devise : « Vérité n'a crainte ».

Les sources de ce travail sont les actes notariés, les archives de la région, les manuscrits de la Bibliothèque nationale, les manuscrits du comte d'Orfeuille se trouvant dans la collection particulière de M. Alfred Richard, archiviste de la Vienne, ainsi qu'à la Bibliothèque de Niort, l'excellent dictionnaire des anciennes familles du Poitou de Beauchet-Filleau, dont l'éloge n'est plus à faire.

M. Lévesque ne se borne pas à publier des recherches très consciencieuses sur sa famille, à partir de Léon Lévesque, seigneur de Maxien, qui vivait à Exoudun, en Poitou, et se maria, en 1590, à Françoise des Hayes, avec toutes les pièces justificatives ; il étudie toutes les familles alliées, Jay, le président du Congrès de 1778, la plus haute magistrature de la jeune République des Etats-Unis, dont l'illustration a été continuée par son petit-fils, ancien ministre plénipotentiaire des Etats-Unis à Vienne, très fidèle à la mémoire de ses ancêtres Rochelais ; la famille Chaillot, la famille Masson de la Barre, la famille de Fossa, la famille de Rivet, illustrée par deux pasteurs, un professeur en théologie et un religieux bénédictin de Saint-Maur, des ingénieurs et des officiers, la famille Peign, Texier, Aymon, d'Orfeuille, Eschallé de Barbezières, de Villiers, Nosereau, Arnauldet, Boulay de Montru, Birot d'Ariomant, Laurens, de Turpin, de Boislinard, Aymer de la Chevallerie, Le Gardeur de Tilly, Louveau de la Règle, qui gravitent autour des plus grands noms de notre histoire, d'Argence, d'Auzy, de Beaumont, de Brémond, de Chasteigner, Le Coq de Clairvaux, de Cumont, Desmier, de Gourjault, Green de Saint-Marsault, de Saint-Legier, de Saint-Martin, d'Angliers, de Beauchêne, La Rochefoucaud, de Rochechouart, de Pons, Rohan, Villebois-Mareuil. Outre le précieux journal de Samuel Lévesque du Coutault, commencé en 1695 et fini le 3 juin 1762, M. Ernest Lévesque a publié le beau mémoire statistique du même personnage sur l'élection de Saint-Maixent, en 1698, la biographie d'André Rivet, qui négocia le mariage de Guillaume d'Orange avec la princesse Marie d'Angleterre, fille de Charles Ier et de Marie-Henriette de France ; un récit inédit de la mort du général Marceau. Le capitaine Faidy de la Violière, son officier d'ordonnance, grand-père maternel de M. Ernest Lévesque des Maisons-Neuves, était avec lui à l'affaire d'Altenkirken, sous la date du 19 août 1796, jour où cet illustre général fut blessé mortellement par un coup de feu que lui lâcha un hulan qui était grimpé sur un arbre. (Voir page 247.)

C'est bien un livre d'histoire qu'a écrit M. Lévesque, avec autant de science que d'impartialité et ce livre a sa place marquée dans les bibliothèques historiques et assure à son auteur la gratitude de tous les érudits.

DE RICHEMOND.

AVEUX, HOMMAGES ET DÉNOMBREMENTS

RELATIFS

A LA FAMILLE LÉVESQUE ET SES ALLIANCES

Archives nationales (1)

P 435 [5]. — 10 janvier 1687. — Aveu et dénombrement de Saugé-en-Bagnault, paroisse d'Exoudun, mouvance de Lusignan, par Marguerite Bodin, dame de la Croix d'Exoudun, Saugé-en-Bagnault et annexes, veuve de messire Henri de Chivré, chevalier, seigneur, marquis de la Barre de Chivré, aide de camp des armées du roi, etc. — Défunte Marguerite de Saint-Georges, aïeule, veuve de messire Bonaventure Forain, chevalier, seigneur de la Boninière, qui fit partage de ses biens en faveur de Louise Forain, veuve de Pierre de Vasselot, chevalier, seigneur de Reigné, tante de la dite Bodin.

Jean Guiochon, chirurgien.

Terre de Louis Lévesque, seigneur de Tourtron et de Magnoux, à cause de Jacques Lévesque, seigneur des Maisons-Neuves et de Gascougnolle, dont deux deniers de cens.

Abraham Fraigneau de la Bourgougne.

Les héritiers de Nau, avocat à Melle.

Suzanne Lévesque de Fontmusset, veuve de François Guitteau, homme noble, seigneur de Parondeau, au lieu

___

(1) Les erreurs manifestes en vertu d'actes authentiques ont été rectifiées.

7

de Louis Lévesque, seigneur de Fontmusset, son père,
et avant Pierre Lévesque, son aïeul.

Pierre Bonnet, seigneur de la Grenouillère, au lieu de
Pierre Bonnet, son père.

La veuve et les héritiers de Jean Chameau, au lieu de
messire Jean Tastereau, seigneur de la Grange, pour la
terre au lieu de la Sablière ou Paradis.

Terre des héritiers de messire Jean Bellin, seigneur
de la Boutaudière, au lieu de Pierre Bonneau, seigneur
du Chesne.

Terres qui furent autrefois aux Moymault, à présent à
dame Marie Ochier, femme de Messire Léon Lévesque,
seigneur de Javarzay : une obole et trois deniers de
cens.

Lireuil, seigneur de Chantegrelet, à cause de Catherine Ochier de La Robertière, sa femme, fille de Pierre
Ochier, le jeune, seigneur de la Robertière.

Terre de la Gourjaudière, appartenant à messire Jean
Granier, seigneur de Beauchesne.

Les héritiers de Louis Bonneau, seigneur de Loubigné,
au lieu de messire Daniel Bonneau.

Isaac Fraigneau, seigneur de Boisloudun, Suzanne
Lévesque de Fontmusset, veuve de François Guitteau,
seigneur de Parondeau, au lieu de Louis Lévesque de
Fontmusset, son père.

Les héritiers de messire Léon Bellin de La Boutaudière et de Marguerite Bonneau du Chesne, fille de
Pierre Bonneau du Chesne.

Messire Pierre Bonneau, écuyer, seigneur de la
Touche-Millet, au lieu de Jean Bonneau, son oncle, pour
une terre sise aux Champs-Viault: deux deniers de cens.

Les héritiers de Pierre des Hayes.

François Pasturault, à cause de Louise Girault de Moulineuf, sa femme, fille de Jérémie Girault, seigneur de Moulineuf.

Les héritiers d'Elie Nau, à cause de Nau, seigneur de la Pichonnerie.

Jean Guiochon, chirurgien, au lieu de Léon Lévesque, seigneur de Javarzay, avant Léon Lévesque, son père, seigneur de la Baronnière, avant Pierre Lévesque, seigneur de Maxien, son aïeul.

Le sieur Hoissard de la ville de Tours, au lieu de François Masson, à cause de Suzanne Ochier, sa femme, fille de Jacques Ochier, et Catherine Fraigneau, qui était fille de messire Abraham Fraigneau.

Joseph Tourit, seigneur de la Barrière, à cause de sa femme, fille de Suzanne Lévesque, fille de Pierre Lévesque, seigneur de Maxien.

Les héritiers de Jean Bonneau, seigneur de l'Homme.

Abraham Fraigneau de la Bourgougne, à cause de sa femme, Marie Lévesque de Javarzay, fille de Léon Lévesque, seigneur de Javarzay, et de Marie Ochier, fille de Pierre Ochier de la Robertière qui était au lieu de Fraigneau.

Gabriel Chabot, seigneur de Pouzeau, à cause de ses enfants, petits-fils de Pierre Ochier. Ledit Gabriel, époux de Suzanne Ochier, fille de Pierre de la Robertière.

Pierre Masson, seigneur de Châteauneuf.

Marie Bonneau du Chesne, veuve Fraigneau.

Joseph Tourit, seigneur de la Barrière et ses personniers héritiers de Françoise-Suzanne Lévesque, fille de Pierre Lévesque, seigneur de Maxien.

Pierre Bourdon, seigneur de Pré-Berland, au lieu de Daniel Bourdon, son père, fils d'Aaron Bourdon.

Marie Bourdon, veuve d'Isaac Bourdon.

La veuve et héritiers de Jacques Berland, seigneur du Coudré.

Mathieu Le Febvre, prêtre missionnaire, au bourg d'Exoudun. — René-André, curé, seigneur de la Pinotière, archiprêtre.

L'acte de réception d'hommages est du 24 décembre 1691. — David Liège, procureur de la dite Bodin.

P 435 5. — 16 août 1688. — Aveu et dénombrement du fief des dixmes du Puy de l'Erable, par François d'Orfeuille, chevalier, seigneur de Foucault, demeurant en sa maison noble de Lussaudière, mouvance de Lusignan. — Jallienne, prêtre, bachelier en théologie, curé de Saint-Pierre de Chey. — Le Puy de l'Erable, près de Chey. Ledit hommage du 23 août 1688.

P 437 4. — 12 juin 1701. — Dénombrement de Brieuil, paroisses de Chenay, Chey, Exoudun, Sepvret, mouvance de Lusignan, fait le 12 juin 1701, par Charles Garnier, chevalier, seigneur de Brieuil.

Tient de nous :

Jacques Bougouin, seigneur de Grand-Champ.

Jean Grenier, seigneur de Beauchesne.

Item. — Tient de nous, Catherine Garnier, notre sœur, au lieu de Jeanne Izambard et Jean Izambard.

Item. — Tient de nous, Marie Lévesque de Tourtron, à cause de Jacques Lévesque, seigneur des Maisons-Neuves et de Gascougnolle.

Daniel Hairaud au lieu de Daniel Hairaud, son père.

Pierre Chameau, de Niort (les héritiers de), dames Claude et Jeanne Chameau à cause de Jacques Chameau, leur père.

Les héritiers de Pierre Bonneau, seigneur de la Touche.

Isaac Fraigneau, seigneur de Boisloudun.

Item. — Tient Jehan Lévesque, au lieu de Léon Lévesque, son père, seigneur de Maxien.

Les héritiers de Jean Bonneau de la Touche.

Jean Garnier, seigneur de Beauchesne, à Poitiers.

Judith Bonneau, veuve de Jean Chabot, seigneur de la Manuillère.

Marie Bonneau, veuve Fraigneau.

Daniel Bonneau.

Les héritiers de Pierre Bougouin.

Charles Clément de la Boistrie, président en l'élection de Saint-Maixent.

Terre de Marthe Lauvergnat.

Jean Bonneau, seigneur de la Grange-Neuve, tient de nous.

Jonas Bonneau, aïeul de Daniel.

Tiennent Jacques Bougouin, seigneur de Grandchamp, et Jonas Bougouin.

Bois de Jérémie Giraud, seigneur de Moulineuf ou Moulin-Neuf.

Les héritiers de Gabriel Chabot, seigneur de Pouzeau.

Jacques Bertrand, prêtre, curé de Chey ; Félix Devilliers, prêtre, curé de Chenay, et Guillebreteau, prêtre, curé de Sepvret.

Le dit hommage de Brieuil eut lieu le 19 juin 1702.

Dame Anne Chevalier, veuve de François d'Orfeuille, seigneur de Foucault, avait formé opposition à la réception de l'aveu, lors de la dernière publication.

D'autres dénombrements du fief eurent lieu le 18 décembre 1486, par André de la Roche ; le 16 juin 1487, par Jeanne de Beaumenay, veuve dudit de la Roche ; le 11 janvier 1495, par Boniface de la Roche ; le 23 avril 1499, par Jeanne de Vezançais, veuve d'André de la Roche ; le 3 mai 1504, par Gabriel de Gaing ; le 14 janvier 1560, par François de Gaing ; le 8 juillet 1562, par autre François de Gaing ; le 22 juillet 1593, par Médard Garnier ; le 8 octobre 1614, par André-Médard Garnier ; le 21 mai 1624, par Charles Garnier.

P 436[1]. — 10 avril 1693. — Dénombrement de Curzay, mouvance de Lusignan, par Marie Mestayer, épouse de François de l'Hospital.

Item. — Tiennent les héritiers de feu messire Gaston de Vernou, chevalier, seigneur de Melzéard, le fief de Marconnay que tenait ci-dessous François Lévesque, seigneur de Marconnay.

Item. — Tient de moi, Moïse-Louis Guitteau, seigneur de Parondeau, le fief de la Pesjaudière, près Javarzay, paroisse de Bougon.

Item. — Tient de moi, Jean Girard, écuyer, seigneur de Foucault, le fief de la Proustière, par Menigoute.

Item. — Tient de moi, Gabriel Lévesque, chevalier, seigneur de Boisgrollier, le fief Pichier, autrement la Poullotterie, paroisse de Saint-Germier.

Item. — Tient de moi, Jean de Rechignevoisin, écuyer, seigneur de Guron, le fief de la Bertinière.

Item. — Tient de moi, François Constant, écuyer, seigneur de Mons, à cause de Anne Augron, le fief de la Barre, paroisse de Vasle.

Item. — Tient de moi, René de Cumont, chevalier, seigneur de la Barbotière, le fief appelé le Mérime, paroisse de Saint-Martin-du-Fouilloux. — Item. — La Fauvelière.

Item. — Tient de moi, Marc Jarno, écuyer, seigneur du Pont, le fief de Puissant, paroisse de Thénezay.

Item. — Gabriel Lévesque, chevalier, seigneur de Boisgrollier, le fief de la Chauvière, paroisse de Rouillé-Saint-Hilaire.

30 décembre 1694. — Dénombrement et aveu de Bourleuf, paroisse d'Avon, mouvance de Lusignan, par Madeleine Bodin, héritière de Théophile Bodin, chevalier, seigneur de la Barre, Saint-Saturnin, et dame Marguerite Sorin, fille de feu Bonaventure Sorin, chevalier, seigneur de la Bininière, et dame Marguerite de Saint-Georges, et encore les héritiers de Louise Sorin, veuve de Pierre Vasselot de Régné, aussi fille des dits Sorin et dame de Saint-Georges, en les qualités de dame d'Exoudun, le Crux, la Peyrate, Saugé, Bourleuf, encore de messire Henri de Chivré, chevalier, seigneur de la Barre de Chivré.

Terres d'Isaac Fraigneau, seigneur de Boisloudun. — Héritiers de René Poictevin.

Est tenue dans cet aveu une métairie sise à Loubigné, près Exoudun, qui appartient à messire Louis de Saint-Georges, chevalier, seigneur de Marsay, fils et héritier de feu Jacques de Saint-Georges.

Elisabeth Groisson, veuve de Beugnon (?), conseiller au présidial de Poitiers, au lieu de feu Pierre Groisson, son père.

Abraham Fraigneau.

Marie-Elisabeth Groisson, veuve de Beugnon, conseiller à Poitiers.

Jean Garnier de Beauchesne.

Isaac Fraigneau, seigneur de Boisloudun, à cause de Louise Bonneau, sa femme.

Daniel Bonneau.

Marguerite Groisson, veuve Palaste.

Jacques Tastereau, seigneur de Nouaillé.

Le seigneur du petit Javarzay à cause de la dame, sa femme, fille de Léon Bellin, seigneur de la Boutaudière.

Les héritiers de Pierre Ochier, seigneur de la Boutaudière.

Les héritiers et enfants de feu François Fradin, au lieu de Jacques Fradin.

Bontemps, archiprêtre d'Exoudun ; — Devilliers, curé de Chenay ; — Garçin, curé d'Avon ; — Michaud, curé de Saint-Martin de Pamproux ; — Marot, curé de Bougon. Le dit hommage est du 19 décembre 1695 ; — David Liège, procureur de Mme Bodin.

P 435 3. — 30 juin 1683. — Hommage de Sepvret, mouvance de Lusignan, par François Girard, écuyer, seigneur des Loges, ayant charge de Charlotte du Planty du Landreau, veuve de messire Charles Yonques, chevalier, seigneur de Sepvret, le 30 juin 1683. Palustre, lieutenant au siège royal de Saint-Maixent. La dite du Planty, demeure au château de Sepvret, même paroisse, et le dit Girard au château des Loges, paroisse de Saint-Vincent. Elle est tutrice de ses enfants. — Favier à Saint-Maixent.

P 438 2. — 17 juillet 1716. — Hommage lige par Charles Janvre, chevalier, seigneur de la Moussière, héritier de feu Daniel Janvre, écuyer, seigneur de la Bouchetière, représenté par Louis des Hayes, seigneur de Boisron, pour le fief de Boisberthier, paroisse d'Echiré. Au devoir de vingt-cinq sols à muance d'hommes (mouvance de Niort).

P 435 [5]. — 9 décembre 1689. — Hommage de Châteauneuf, paroisse de Vitré, mouvance de Melle, par Barthelémy Caillon, procureur, ayant charge de Pierre Masson, seigneur de Châteauneuf, y demeurant ; — Jean Liège, à Saint-Maixent ; — René Palustre, conseiller du roi, lieutenant particulier, enquêteur, commissaire examinateur de la sénéchaussée de Saint-Maixent.

P 435 [5]. — 10 mai 1690. — Aveu et dénombrement de Châteauneuf, mouvance de Melle, par Pierre Masson, seigneur de Châteauneuf, fils de Charles Masson et de Catherine Thrubert, y demeurant, paroisse de Vitré.
Ledit hommage du 27 juin 1690.

P 436 [1]. — 9 décembre 1693. — Hommage de Châteauneuf, autrement le Clerpe, mouvance de Melle, par Charles Masson, seigneur de Moucherais, tuteur des enfants mineurs de feu Pierre Masson, seigneur de Châteauneuf, et de Catherine Sacher, assisté de Gerbier, son procureur.

P 436 [1]. — 19 novembre 1694. — Levassier, curé de Vitré. — Acte d'hommage de Châteauneuf, paroisse de Vitré, mouvance de Melle, fait le 19 novembre 1694, par Gerbier, seigneur de Moucherais, curateur des enfants mineurs de Pierre Masson, seigneur de Châteauneuf, et de Catherine Sacher.

Suit l'acte de curatelle des dits enfants mineurs :

« Pardevant François Brunet, seigneur de l'Hommeau, conseiller du roi, lieutenant général en la sénéchaussée de Saint-Maixent, juge sénéchal civil et criminel de l'abbaye de Saint-Maixent,

« Messire Peign, seigneur de la Couture, comparaît ; lequel a dit qu'il a eu avis du décès de Catherine Sacher, veuve de Pierre Masson, seigneur de Châteauneuf, arrivé au village de Leigne, paroisse de Saint-Martin-de-Saint-Maixent, depuis quinze jours, qui a laissé trois enfants mineurs, savoir : Michel, âgé de 13 ans, — Pierre, âgé de 11 ans, Marie, âgée de 20 ans.

« Sont assignés aujourd'hui, à l'effet de leur nommer un curateur : Pierre Lambert, seigneur de Clouzy, demeurant à La Morinière, paroisse de Nanteuil. — Jacques Lambert. — Maixent Filleau, demeurant au bourg de Celles. — Jean Le Riche, seigneur de la Taillée, avocat à la senéchaussée à Saint-Maixent et y demeurant. — Jean Thebault, seigneur de la Dorinière, y demeurant, paroisse d'Exireuil. — Jean Guillemeau, le jeune, demeurant à la seigneurie du Plessis, paroisse d'Augé. — Messire Pierre de Jouslard, seigneur de la Recuzerie, demeurant à Chisseré, paroisse de Saivres, tous proches parents paternels et maternels.

« A aussi comparu, Jacques Lambert, seigneur de Charpre, demeurant à Celles, suivant l'ordre à lui donné et à son fils Jacques Lambert, docteur en médecine. Est nommé le dit Lambert, le 9 septembre 1693. »

P 438 [1]. — 23 mai 1716. — Hommage lige, par Michel Masson de Châteauneuf, du fief de Châteauneuf, paroisse de Vitré, mouvance de Melle.

P 438 [1] ou 438 [3]. — 18 avril 1722. — Hommage par Antoine Masson, seigneur de la Touche ; le dit Masson fils aîné d'Etienne.

P 438 [2]. — 13 juillet 1716. — Hommage lige par Etienne Blavoux Masson, seigneur de la Touche du Moulin de Drahée, paroisse de Saint-Pompaim, au devoir de rachat, mouvance de Vouvant.

P 438 [3]. — 20 mars 1720. — Hommage lige, par Catherine Rivollet ou Rivallet, veuve de Jacques Lambert, fils de Pierre Lambert, seigneur de Clouzy, comme mère tutrice de Françoise-Henriette (23 ans) ; — Marie-Appolline (16 ans) ; — Charles-Joseph (4 ans), leurs enfants, héritiers de feu Michel Masson. Remplacé par René Allard, le jeune, procureur pour le fief de Châteauneuf, paroisse de Vitré, mouvance de Melle, au devoir de cinq sols à mutation d'hommes. Ledit Michel Masson, demeurant à Saint-Maixent. — A. Gaultier, à Niort. — François Vauguyon, lieutenant général civil et criminel au siège de Niort.

P 438 ³. — 28 juillet 1727. — Hommage plein, par Catherine-Elisabeth Lambert, fille aînée de feu Jacques et de Catherine Lambert pour ses frère et sœurs, pour le fief de Châteauneuf, paroisse de Vitré.

P 435 ². — 5 juillet 1680. — Hommage de la Vauguyon, par Pierre Dieulefict, seigneur de Piétard, demeurant à Châtellerault, saisi sur messire Jacques Huart de Cossade, comte de Vauguyon. Les criées à présent seront poursuivies sur messire André de Bethmont de Cossade, et dame Marie Huart de Cossade, son épouse, pour Paul Brochard, Pierre Pocquelin. (Mouvance de la terre de Maubergeon).

14 décembre 1643. — Echange entre Jean Donat, écuyer, seigneur de la Vergne et de Jeu ? paroisse d'Ingrand, et dame Gabrielle de la Touche, son épouse, et honorable François Dieulefict, seigneur de la Bertinière, demeurant à Châtellerault. Auguste Donat, écuyer, seigneur de la Vergne, a pour fille Françoise-Madeleine Donat.

P 435 ³. — 8 janvier 1683. — Hommage de Boissimon, paroisse de Dangé, mouvance de Châtellerault, par Jacob de Chamois, seigneur de Boissimon, assisté de messire Jacques Sautereau, son procureur.

P 434 [4]. — 7 juillet 1727. — Hommage lige par François Fleuriau, veuve d'Elie de Chamois, seigneur de Boissimon, conseiller du roi, contrôleur au dépôt, demeurant en cette ville de Châtellerault, remplacée par Jean Chocquin pour ledit fief de Boissimon ou petit Pouligny, mouvance de Châtellerault, paroisse de Dangé, au devoir de douze sols et six deniers pour les loyaux aydes ; — Guestier, chirurgien ; — Louis Bouin, seigneur de Marigny et de Noyré, conseiller du roi, lieutenant particulier et assesseur civil au siège de Châtellerault.

P 435 [2]. — Dieulefict Jean, seigneur de la Bodinière.

P 435 [2]. — François Simon de la Bodinière, à cause de la dame de Beauvillain, sa femme, etc., pour l'héritage de la petite Lizière, paroisse de Saint-Gervais.

P 435 [1]. — Jean Dieulefict, seigneur de la Bodinière, et de Renée, sa femme.

P 435 [1]. — 16 septembre 1677. — Dénombrement du fief de Mougon, autrement Mothe-Claveau, par Arthemise de Nesmond, veuve d'Aubin Avice, écuyer, seigneur de Mougon, la Garde, demeurant à Niort, comme tutrice de leurs enfants, à hommage plein à cinq sols de devoir, à cinq sols de chambellage et à cinq sols d'ayde quand le le cas y advient.

Terres de François de Veillechèze.

Terres de Pierre Clément qui furent à Pierre Clément.

Terre qui fut à Louis Clément, seigneur de la Burgaillerie, qui fut à Pierre Clément, seigneur de l'Houmeau, Georges de Conty, écuyer, seigneur de Simalière, lieutenant des élus de Poitiers, seigneur de la Pilloterie.

Terre de Jean Gaugaing, écuyer, seigneur du Fresneau, Jacques Chalmot, écuyer, seigneur des Deffends, à cause de dame Chitton, sa femme. Antoine Jousselin, procureur en l'élection de Niort.

11 janvier 1669. — Hommage par Christophe Fauveau, prêtre, docteur en Sorbonne, official de Poitiers et prieur de Saint-Maurice-de-Gençay, pour le fief de la Jarrie, mouvance de Maubergeon.

P 438. — 1er février 1669. — Aveu par Christophe Fauveau, aliàs Fauvereau, prêtre, docteur en Sorbonne, official de Poitiers et prieur de Saint-Maurice-de-Gençay, relevant de Maubergeon, au devoir d'un homme de pied armé pendant quarante jours et quarante nuits, lorsque Sa Majesté a guerre entre les rivières de Loire et Dordogne, à chaque mutation. — (La Jarrie. — Bourg de Saint-Georges-les-Baillargeaux).

P 434 2. — 14 mai 1669. — Aveu et dénombrement de la seigneurie d'Aillé, paroisse de Saint-Georges-les-Baillargeaux et de Dissais, mouvance de Maubergeon, le 14 mai 1669, pour Marie Thomas, veuve de Jean Chaubier, conseiller du roi et élu en l'élection de Poitiers, comme tutrice de ses enfants.

Hommage lige au devoir et service aux propres ***, d'elle et de ses personniers.

Les héritiers de messire Fauveau, aliàs Fauvereau, official de Monseigneur l'Evêque de Poitiers, trois deniers de cens au devoir noble féodal et foncier pour une pièce de terre.

P 435 2. — 12 septembre 1682. — Hommage de la Jarrie, par Bonaventure Guyot, comparant par lui et ses cohéritiers dans la succession de Christophe Fauveau, alias Fauvereau, prêtre official de Poitiers, abbé de Notre-Dame et seigneur de la Jarrie, paroisse de Saint-Georges-les-Baillargeaux, mouvance de Maubergeon.

P 433. — 6 février 1669. — Hommage par dame Marie de Constant, dame de Challiers et y demeurant, paroisse de Saint-Martin, les Ouches, la Mothe-en-Melle, pour ce dernier fief, mouvance de Melle, représentée par Jacques Rousseau, le jeune, procureur.

P 433. — 15 février 1668. — Aveu de la Mothe de Melle et de la cour de Touché, par Marguerite de Constant, dame desdits lieux, veuve du seigneur de Groëstein, demeurant au dit château de Challiers, paroisse de Saint-Martin-les-Melle.

P 435 [3]. — 1er mars 1684. — Hommage de la Bretonalière, mouvance de Châtellerault, par Jean Texier, seigneur de Seneuil et du fief de la Bretonalière, conseiller du roi au présidial de Poitiers, le 1er mars 1684.

P 433. — 13 avril 1665. — Hommage de François Laurens, écuyer, seigneur de Beaulieu, conseiller du roi en ses conseils, président au siège royal de Niort, pour le fief de Chaumont en la ville de Niort.

P 435 [1]. — Aveu et dénombrement de la seigneurie du Bouchet, paroisse d'Aiffres, mouvance du château de Niort.

Girard, seigneur de Sainte-Maure, à cause de Malié Escotière.

Louis Laurens, écuyer.

Pierre Simon de la Touche.

Pierre Jourdain, seigneur de Boistillé, chevalier, mari de Françoise Angevin, fille et héritière de François Angevin, écuyer, seigneur du Vieux-Moulin et de Pallé.

L'hébergement de la Roche de Crissé, en la Roche de Pallé, paroisse d'Aiffres.

Louise de Villiers, femme de Simon de la Touche, bourg d'Aiffres.

Huet, prêtre, curé de la Trémouille.

Louis Clément, seigneur de la Burgaillerie, avant Pierre Clément, seigneur de l'Houmeau.

Jacques Chalmot, seigneur du Deffends.

Antoine Jousselin, procureur en l'élection de Niort, héritier de Jean Jousselin.

Nicolas Lamoureux, procureur au siège de Poitiers.

P 344 [2]. — 22 janvier 1669. — Aveu et dénombrement de la seigneurie du Bouchet, paroisse d'Aiffres, mouvance du château de Niort, par Jacques de Bremond. Hommage lige à dix livres de devoir à payer à muance d'homme quand le cas y advient et à un sergent de pied à faire la garde du château de Niort en temps de guerre quand le temps y advient, que j'en serai requis et qu'il en sera commandé pendant quarante jours et quarante nuits au dépens de moi et de mes personniers.

Terre d'André Clémanson qui fut à Louis Clémanson, seigneur de la Pagerie.

Métairie de la Marc à Pierre Bonneau, seigneur de la Garette, auparavant à François d'Abillon, seigneur de Pascournay.

Pré de Pierre Girard, seigneur de Sainte-Maure, à cause de Madeleine Escotière, sa femme, et auparavant à Blaise Escotière, et avant à Guy Escotière.

Pré des héritiers de Pierre Cochon, écuyer, seigneur de Martigné, qui fut auparavant à Jérôme de l'Espine. Les héritiers de Chalmot, seigneur de la Briaudière, à cause de sa femme qui était héritière de Jean Broussard, plus demoiselle Elisabeth Broussard, veuve de Philippe Chalmot, écuyer, seigneur de la Briaudière. — Jean Broussard. — Jean Boutet, au lieu de son père.

Plus Frédéric Rouslin, écuyer, seigneur de la Mortmartin et de Sainte-Mesme, au lieu de Louis Laurens, écuyer, seigneur du dit lieu, qui le tenait d'Antoine.

Dame Françoise Clémanson, veuve de Pierre Esserteau.

Louise de Villiers, veuve de Pierre Simon de la Touche. — La métairie de la Touche, bourg d'Aiffres.

P 434 [1]. — 12 mars 1673. — Le fief de la fontaine Espinet, appelé aussi l'Espinelle, appartenant aux héritiers Gamaliel Rocquart, à cause de Louise Laurens, fille de Bertrand Laurens qui était fils de Jacques. Dénombrement passé à Niort le 12 mars 1673.

Elisabeth Lévesque, veuve de Jean de la Fitte, écuyer, seigneur de la Barlette.

Hommage de la Suze, par la dite Elisabeth Lévesque, héritière de Jacques Lévesque, écuyer, seigneur de la Suze.

Héritiers de Marie Augron, appartenant à présent à Louis Augron, seigneur de Mailleron.

P 435 [3]. — 23 février 1684. — Hommage de la Suze, mouvance de la Rochelle, par Laurent de Ringère, procureur d'Elisabeth de Cowen, femme de Paul Levasseur, écuyer, seigneur de Fargot. La dite de Cowen, héritière, sous bénéfice d'inventaire, de feue Elisabeth Lévesque, sa mère, veuve en premières noces de Jacques Cowen, écuyer, seigneur de la Villedoré, et en deuxièmes noces de Jean de la Fitte, écuyer, seigneur de la Barlette.

Nota. — Il y a aussi la Suze, commune de Lezay, fief relevant de la Chatellenie des Marets, relevant de sa justice. Collection inédite de Beauchet-Filleau, registre 158.

16 juillet 1663. — Hommage par Louise Lévesque, veuve de Jacques Lévesque de Chesneau, chevalier, seigneur de Champeaux, mère tutrice de Marie de Chesneau.

P 434 [1]. — 21 août 1675. — Réception de dénombrement du fief des Grissais, relevant de Fontenay.

Gabrielle Martineau, veuve de Siméon François, sieur de Chaillezais.

Jean Brunet de la Bessaire.

Pierre François, seigneur du Temps.

Héritiers de François, seigneur du Temps.

P 436 [2]. — 8 mai 1697. — Dénombrement du fief Le Roy, alias Boislambert, paroisse de Montreuil, relevant de Fontenay-le-Comte, par Stéphanie Maire, femme d'Olivier de Pellard, seigneur de Montigny ; — Jardin de Gabriel Brunet, seigneur de Montreuil ; — Messire Pierre Martineau, seigneur du Port, avocat du roi, à cause de Jeanne Macault, sa femme, tient au denier du rachapt quand le cas adviendra, etc.

Le 15 mars 1599, le dit dénombrement avait été fait par Valentin de La Haye, écuyer, à cause de Marie Durand, sa femme.

P 435 [4]. — Hommage de Bizon-Treuil, paroisse de Chenay, mouvance de Lusignan, par Philippe-Charles Turpin, chevalier, seigneur, comte de Crissé, fils aîné et principal héritier de feue Madeleine Laurens de Beaulieu ; — assisté de Montheau, son procureur.

P 435 [4]. — 16 mai 1687. — Hommage de Chaumont, en la ville de Niort, mouvance dudit Niort, par Nicolas Gauvin, procureur d'Henri-Charles Turpin, chevalier, seigneur, comte de Vihiers ; — Jean Culven ; — Jean Gaultron, avocat en parlement, sénéchal de Targé.

16 mai 1687. — Autre hommage de Targé.

P 435 [4]. — Hommage de Beaumont, mouvance de Fontenay-le-Comte, par messire Joseph Roch de Chasteigner, chevalier, seigneur, comte de Saint-Georges-Touffou.

Item. — Le même pour la Mothe de Saint-Michel-le-Clou.

P 435 ². — 4 décembre 1682. — Hommage de Deffens, mouvance de Maubergeon, par Eléonore de Rochechouart, comtesse de Belin, Vaux, Vivonne, Cerigny, veuve de Jacques de Mesgrigny, chevalier, conseiller du roi en ses conseils, représentée par Louis Texier, son procureur.

P 435 ². — 10 juillet 1682. — Hommage de Mauvoisin, par Marie-Gabrielle Le Bonnin, veuve de François de la Béraudière, chevalier, seigneur de l'Isle et du Rouchet, tuteur de leurs enfants. — Mouvance de Châtellerault.

Hommage de Deffends, mouvance de Maubergeon, par Eléonore de Mesgrigny-Bonnivet, veuve de messire Philippe-Charles Turpin, chevalier, seigneur, comte de Crissé, assistée de Louis Texier. — Item, pour le fief Brun, mouvance de Maubergeon.

P 435 ⁵. — 21 mars 1691. — Hommage de Saint-Maxire, mouvance de Fontenay-le-Comte, par Louis Champigny, tuteur honoraire de demoiselle Turpin de Crissé, fille de feu messire Philippe-Charles, comte de Crissé, et de demoiselle Eléonore de Mesgrigny.

P 437 ². — 29 mai 1711. — Hommage de Targé, paroisse et mouvance de Châtellerault, pour messire Armand-Gabriel de Crux, écuyer, seigneur de Crux, de Montaigu, Targé, Saint-Maxire, Beaulieu, époux de Marie-Angélique-Eléonore-Damaris Turpin de Crissé, son épouse, demeurant au château de Montaigu. — Therriot, à Montaigu. — André Bonnin, seigneur de la Barbière, licencié ès-lois, avocat en la sénéchaussée et juge criminel du marquisat de Montaigu. — Jacques Bousseau, commis-greffier.

P 437 2. — 31 juillet 1711. — Hommage de Montoiron, même paroisse, mouvance de Châtellerault, par messire Pierre-Mathieu Babinet, commissaire, receveur général des deniers des saisies réelles de la sénéchaussée de Poitiers, étant aux droits de Jean Texier, commissaire aux saisies réelles pour ledit fief saisi sur Marie-Jeanne Turpin, veuve de messire Jean d'Argence, chevalier, seigneur du Soucy, à la requête des dames religieuses de Sainte-Catherine-de-Sienne, à Poitiers.

P 438 2. — 10 mars 1717. — Hommage plein, par Armand-Gabriel de Crux, chevalier, seigneur et marquis de Crux, Montaigu, Vieillevigne, Targé, Saint-Maxire, etc., pour le fief de Targé, paroisse de Targé, au devoir d'une maille d'or à une muance de seigneur, à cause de dame Turpin de Crissé, son épouse. (Mouvance de Châtellerault).

P 438 2. — 10 mars 1717. — Hommage lige, par Armand-Gabriel de Crux, etc., pour le fief de Chaumont, paroisse de Niort, au devoir d'un espagneul blanc, à muance de seigneur et d'homme.

P 435 4. — 3 décembre 1687. — Hommage de Prin, mouvance de Lusignan, par Jean Bellivier, chevalier, seigneur de Prin, assisté de Jacques Sautereau, son procureur.

P 435 4. — 28 novembre 1687. — Hommage de Mortagne-la-Vieille, mouvance du château de Rochefort, par René Aymer, seigneur du Corniou, et de la maison de Mortagne-la-Vieille, assisté d'Abraham Corbin.

P 436 2. — 10 juillet 1697. — Hommage du Corniou, paroisse du Corniou, mouvance de Parthenay, par René Aymer, seigneur du Corniou et de Germond, assisté d'Abraham Corbin, son procureur.

Item. — Pour Denezay, paroisse de Rouvre.

P 438 [2]. — 1er mars 1717. — Hommage lige, par Anne-Jacques, veuve de messire Charles de Moussy, chevalier, seigneur de la Contour, mère tutrice de leurs enfants mineurs, dont l'aîné est âgé de dix ans, d'après l'extrait baptistaire relevé par le sieur Delamazière, curé de Jouhé, pour le fief de Pruniers, paroisse de Pindray, au devoir de deux mailles d'or à muance de seigneur et d'homme, en qualité d'héritiers de messire Gaspard-Jacques, leur grand-père, attendu la renonciation faite par ladite dame à la succession.

P 435 [1]. — 25 février 1679. — Aveu du fief de Saint-Martin-l'Ars, par messire Jean Lambertye, chevalier, seigneur du Rouchet ou Bouchet, du Puy, de Mons, etc., comme procureur de Marie de Reignier, son épouse, demeurant à Saint-Martin-l'Ars, et dame d'atours de feu son Altesse royale Madame la duchesse d'Orléans et d'honneur de son Altesse royale de Guise, héritière bénéficiaire de feue Marie-Françoise de Meschinet, sa mère, dame d'atours et d'honneur de leurs Altesses royales, à foy et hommage et au devoir de dix sols et d'achat à muance de seigneur et d'homme.

P 435 [3]. — 8 mars 1684. — Hommage de la Baronnière, mouvance de Lusignan, par Louise d'Albin de Valzergues, veuve de Gabriel des Gittons, écuyer, seigneur de la Baronnière, assistée d'Abraham Corbin.

P 436 [1]. — 9 avril 1691. — Aveu et dénombrement de la Baronnière, paroisse de Vançais, mouvance de Lusignan, par dame Louise d'Albin de Valzergues, veuve de Gabriel des Gittons, seigneur de la Baronnière. Les héritiers de feu Philippe Rivard, maison du bourg à Saint-Sauvant, et Pierre Vadellet, écuyer, seigneur de Monanteuil.

Hommage fait par ladite dame, le 4 février 1692.

P 437 [1]. — 6 septembre 1702. — Hommage des droits honorifiques de la paroisse d'Aigonnay, élection de

Saint-Maixent, par Philippe Chalmot, chevalier, seigneur de Sainte-Ruhe, le Breuil d'Aigonnay, la Boulaye. — Item, par la paroisse de Beaussais.

P 437 [2]. — 19 février 1706. — Hommage du Chesne, paroisse de Prailles, mouvance de Chizé, par Pierre Pandin, écuyer, seigneur du Chail, demeurant au lieu noble de Lussaudière, paroisse de Prailles, son oncle. — Herbert, médecin à Melle, — Houlier, lieutenant général à Melle.

P 435 [2]. — Hommage de la Grande-Fiolle, mouvance de Lusignan, par Pierre Daguin, seigneur de Souchaut, tant pour lui que pour ses cohéritiers.

P 435 [1]. — 15 décembre 1688. — Hommage de la Vigerie, paroisse de Mayré-Levescault et autres, mouvance de Civray, aux droits de taille, pot de vin et le regard sur le *** et autres droits, par Charles de Puyvert, écuyer, seigneur de Chenay, fils et héritiers de Barthélemy de Puyvert des Gittons, chevalier, seigneur de Chenay. — Item. Terres de la paroisse de Vançais, mouvance de Civray.

P 437 [3]. — 4 mai 1716. — Dénombrement de Pamplies par Jacques Manceau, écuyer, seigneur de Pamplies, Boissoudant, la Girardière, le Fraigne et la Renaudière, demeurant en sa maison de la Renaudière, paroisse de Thorigny.

Charles de Chasteigner, écuyer, seigneur de la Rochenédon.

Item. — Aveu par Jacques Augron, seigneur des Grandes-Noues.

Item. — François Pidoux, chevalier, seigneur de la Rochefaton.

Item. — Dame Jeanne de Cumont, veuve de Guédin de Phélix, seigneur de la Fortière, comme tutrice de leurs enfants pour la Popinière, paroisse des Groseillers.

Item. — Adam, écuyer, seigneur de Saint-Denis, l'hébergement de Puyravault, paroisse de Saint-Denis.

P 438 [1]. — 21 mars 1716. — Hommage lige par messire Joachim-François de Montléon, père tuteur de demoiselle Anne de Montléon, sa fille, âgée de dix-huit ans, et de dame Madeleine Constant, sœur cadette de Marguerite Constant, toutes deux héritières de François Constant, seigneur de Monts, du fief de Monts, paroisse de Saint-Martin-de-Cloué, mouvance de Lusignan, au devoir de garder le dit château pendant quarante jours.

P 438 [1]. — 21 mars 1716. — Hommage lige par messire Jean-Joseph Maubué, écuyer, seigneur de Boiscoutault, du fief de Boiscoutault, paroisse de Chey, mouvance de Lusignan, au devoir de dix sols de chambellage à muance de ***.

P 438 [1]. — 20 avril 1716. — Hommage lige par Louis-Charles Vernou, chevalier, seigneur de Bonneuil, remplacé par Bidault, procureur au présidial de Poitiers, pour le fief de Bonneuil, paroisse de Saint-Génard, au devoir de soixante sols à titre successif de Louis Vernou de la Rivière.

P 438 [4]. — 3 mars 1724. — Hommage lige par dame Suzanne-Marie Béraudin, veuve de Louis-Charles de Vernou, chevalier, seigneur de Bonneuil, mère tutrice des sieur et demoiselles, ses enfants, remplacée par Louis Bidault, procureur. Ses enfants sont : Louis-Charles-Gabriel-Christophe, âgé de 19 ans ; Suzanne de Bonneuil, de 17 ans 1/2 ; Paule de Bonneuil, de 14 ans ; Henriette, de 8 ans. Pour le fief de Bonneuil, paroisse de Saint-Génard, mouvance de Melle, au devoir de soixante sols.

François-Gaëtan Fontaine, conseiller du roi et son lieutenant particulier au présidial de La Rochelle.

P 438 [1]. — 22 avril 1716. — Hommage plein par Louise de la Chagnay, épouse de François-Charles de Gillier, comte de la Villedieu, pour le fief de Javarzay, paroisse de Beaussais, mouvance de Melle, au devoir d'un double d'argent à mutation de vassal.

P 435 [4]. — 21 février 1687. — Hommage de la Bernardière, mouvance de Lusignan, par François de Nossay, chevalier, seigneur des Buons et du fief noble de la Bernardière.

P 438 [1]. — 23 mars 1716. — Hommage lige par Louis-Joseph de Nossay, chevalier, seigneur des Buons, remplacé par Louis Brault, procureur à Poitiers, du fief des Grands-Chastelliers, paroisse de Périgny, mouvance de Melle, au devoir de quarante sols pour l'estimation d'un *** d'or à mutation de vassal.

P 438 [1]. — 18 mars 1716. — Hommage lige par dame Catherine Cacault, veuve de messire Pierre de Nuchèze, chevalier, seigneur de Badevilain, tutrice et ayant la garde noble de Marc-Antoine, son fils, âgé de six ans, et de Marie-Catherine, sa fille, âgée de quinze ans, du dit fief de Badevilain, paroisse d'Usson, au devoir de cinq sols à muance de seigneur et d'homme, mouvance de Civray.

Hommage que doit Pierre de Nuchèze, écuyer, seigneur de Badevilain, pour le lieu de Poux, en la paroisse d'Usson, au denier d'un gant blanc.

P 438 [1]. — 24 février 1716. — Hommage lige par Antoine Presle, sieur du Plessis, conseiller du roi, lieutenant particulier au siège de Lusignan, pour le fief de la Bernardière, paroisse de Jazeneuil, mouvance de Lusi-

gnan, au devoir d'un éperon doré du prix de cinq sols,
pour mutation de vassal à seigneur. — Héliot, son procureur, demeurant à Poitiers, paroisse de Saint-Cybard.

P 435 [5]. — 30 août 1689. — Hommage de la Thibaudière, mouvance de Chizé, par Jacques Gerbier, ayant
charge de François Forcadel, écuyer, seigneur de
Blaruche (?) — La dite seigneurie saisie sur Louise-Marie
du Bourdet à la requête de Jean Le Roy, seigneur des
Forges, un des échevins de la ville de Niort demeurant
à Saint-Florent. La dite du Bourdet, veuve de François
d'Alloue, chevalier, cohéritier de messire Charles
d'Alloue, chevalier, comme mère et tutrice de leurs
enfants, demeurant au château de la Thibaudière. —
Philippe Gaugan, curateur aux causes des enfants
mineurs.

DEUXIÈME DIVISION

FAMILLE PICORON ET SES ALLIANCES

1re édition, 1er volume

1894

Jehan Picoron, seigneur des Champs, épousa Anne Chabirand, fille de Geoffroy Chabirand, seigneur de la Diestrie, et de Marie-Anne Cardin.

Pages 1 et 2.

Suivant contrat reçu à Fontenay-le-Comte, le 17 juin 1657, par Le Bouleux et Baudon ou Naudon, notaires, Auguste Picoron, seigneur de la Tour, gouverneur du château de Saint-Maixent, épousa Marie Brisseteau de Saint-Michel; par le même contrat, Geoffroy Picoron, seigneur de Bernegoux, et frère d'Auguste ci-dessus dénommé, se maria à Anne Brisseteau de Saint-Michel, sœur de Marie Brisseteau.

Ce contrat, aujourd'hui, étude de Me Clay, notaire à Fontenay-le-Comte, est ainsi :

« Sachant tous qu'en la cour du scel royal aux contracts, à Fontenay-le-Comte, ont esté présans et personnellement establis en droit et dument soubmis.

« Dame Anne Chabirand, vesve de feu noble homme Jean Picoron, vivant, sieur des Champs, et nobles hommes Geoffroy et Auguste Picoron, le premier, seigneur de Bernegoux, le second, seigneur de la Tour, tous les deux fils de la dite dame Chabirand et dudit feu, demeurant au bourg de la Ronde, en Aulnis,

« D'une part.

« Et dame Catherine Naudin, vesve de feu noble homme messire André Brisseteau, vivant, seigneur de Saint-Michel, advocat en parlement et au siège royal et sénéchaussée de cette ville.

« Et damoiselles Marie et Anne Brisseteau de Saint-Michel, leurs filles, demeurant ville de Fontenay,

« D'autre part.

« Entre lesquels dits Geoffroy Picoron et la dite Anne Brisseteau, et ledit Auguste Picoron et la dite Marie Brisseteau, ont estez faits les accords et convenances de mariage qui s'en suivent par l'advis, octoritez et consentement, sçavoir : les dits sieurs Picoron ; de la dite dame Chabirand, leur mère, et, encore, comme chargée de la procuration de noble homme messire Geoffroy Chabirand, sieur de la Diestrie, ayeul des dits proparlés, passé sous le scel de Maillezais, par Bienvenu, notaire, le quinzième jour de ce mois, attaché à ces présentes pour y avoir recours sy besoing est ; — Honorable homme Geoffroy Cadet, leur cousin germain ; — Catherine Chabirand, aussi leur cousine germaine ; — Dame Louise Simonneau, leur cousine, et messire Jacques Bonneau, aussi leur cousin.

« Et les dites damoiselles proparlées : de la dite dame Naudin, leur mère, et encore, de dame Renée Naudin, leur tante ; — de dame Louise Magault, veuve de noble homme Jean Brisseteau, absent ; — messire Charles Turpault, leur cousin, et encore, porteur de la procuration à la dite dame Magault, passée par Létard et Braud, notaires à Vouvant, datée du seixième et présent mois qui a estée aussi, demeurant, attachée à ces présentes ; — honorable Pierre Jousseaume, seigneur de la Goiraudière, et Jean Clisson, seigneur de Laubretière, leur cousin né de germain ; — noble homme Jacques Bernard, et aussi leur cousin ; — Jean de Gerson, leur parent, etc.

« Fait et passé au faubourg de Fontenay, le dix-septième de juin de 1657, après midi.

« Signé : G. Picoron ; — A. Picoron ; — Marie Bris-seteau ; — Anne Brisseteau ; — Jousseaume ; — De Clisson ; — J. Bernard ; — De Gerson ; — Marie Cardin ; — Prudence de Couvidon, etc. — Le Bouleux et Baudon, notaires. »

ANNEXE

« Personnellement establi au contrat de Maillezais :

« Sieur honorable homme Geoffroy Chabirand, seigneur de la Diestric, demeurant à la Porte-de-l'Isle, paroisse de Saint-Pierre-le-Vieux. Lequel a fait et constitué lui mandataire dame Anne Chabirand, sa fille, à laquelle il a donné entr'autres pouvoirs, de consentir les mariages de Geoffroy Picoron, seigneur de Bernegoux, avecq damoiselle Anne Brisseteau de Saint-Michel ; d'Auguste Picoron, seigneur de la Tour, avec damoiselle Marie Brisseteau, etc.

« Fait et passé au dit lieu de la Porte-de-l'Isle, maison de demeure du constituant, le quinzième jour de juin 1657. »

AUTRE ANNEXE

« Pardevant les notaires soubsignés à Vouvant, a été personnellement establie : Dame Louise Magault, veuve de feu honorable homme Jean Brisseteau, seigneur, demeurant à la Chervinière, paroisse de Saint-Supplice, laquelle a faict et institué son procureur, Charles Turpault.

« Auquel elle a donné entr'autre pouvoir, celui de con-sentir les mariages de Geoffroy Picoron, seigneur de Bernegoux, avecq dame Anne Brisseteau de Saint-

Michel, et d'Auguste Picoron, seigneur de la Tour, avec damoiselle Marie Brisseteau de Saint-Michel, ses petites filles, etc.

« Fait et passé au dit lieu de la Chervinière, le seizième jour de juin 1657. »

Auguste Picoron, fut baptisé le 13 avril 1628, église de Saint-Nicolas de Maillezais, et Geoffroy Picoron, mourut le 23 avril 1659.

Jehan Picoron, seigneur des Champs, fit donation en faveur d'Anne Chabirand, son épouse, et de Geoffroy Picoron, Pierre Picoron, Augustin Picoron et Florence Picoron, ses quatre enfants, suivant acte passé à Dampvix, le 21 mai 1647, par Fernon, notaire à Maillezais.

CHAPITRE PREMIER

Page 3.

Picoron Auguste, seigneur de la Tour, naquit à La Rochelle, en 1665 ; il épousa, en 1687, Elisabeth-Madeleine Houdry de la Violière, fille de Jean Houdry, seigneur de la Violière, conseiller élu en l'élection de Saint-Maixent, et de Madeleine-Elisabeth Thebault de Mons, cette dernière, fille de Charles Thebault de Mons, écuyer, seigneur de Lavaud et du Deffend, et de Madeleine d'Abillon, dont le contrat de mariage est signé : J. Houdry ; — Madeleine Thebault de Mons ; — De Jaulnay ; — Jacques Adam de Saint-Denis, chevalier ; — d'Aitz de Mesmy ; — Elisabeth Chauvin. Il a été passé par Piet, notaire à Saint-Maixent, le 18 avril 1663.

Ce contrat de mariage est ainsi :

« Sur le traité de mariage proparlé et qui au plaisir de Dieu s'accomplira, de messire Jehan Houdry, conseiller du roi et esleu en l'eslection de cette ville de Saint-Maixent, avecq damoiselle Magdeleine Thebault de Mons, fille de messire Charles Thebault de Mons, chevalier, seigneur de la Vau, et de défunte dame Magdeleine d'Abillon, les parties demeurant audit Saint-Maixent.

« Ont été faits les accords et conventions matrimoniales qui suivent, c'est assavoir que les dits sieur Houdry et damoiselle Thebault se sont promis et promettent prendre à femme et mari, pour entrer et demeurer, dès le jour de la bénédiction nuptiale communs en tous meubles acquêts et conquêts immeubles, aura la future espouse sur ses biens au désir de la coutume du Poitou, en l'attention duquel mariage le dit Houdry, pour l'amitié et affection particulière qu'il a pour la dite damoiselle Thebault proparlée, et en considération de sa jeunesse, luy a donné et donne la somme de six mille livres tournois, à prendre sur tous et chascuns des dits biens à condition, toutefois, que si ladite proparlée venait à prédécéder le dit sieur Houdry, sans hoirs procréés de leur chair, la dite somme de six mille livres retournera audit proparlé, etc.

« Tout ce que dessus a été respectivement voullu.

« Fait et passé au dit Saint-Maixent, en la demeure du dit sieur de la Vau, le dix-huitième jour d'avril, mil six cent soixante-trois, vers une heure après midy. Déclarant le dit sieur de la Vau, ne pouvoir signer à cause du mal des gouttes qu'il a à la main droite.

« Houdry ; — Magdeleine Thebault ; — de Jaulnay ; — Isaac Thebault ; — Jacques Adam, chevalier, seigneur de Saint-Denis ; — d'Aitz de Mesmy ; — Elisabeth Chauvin ; — Coudré et Piet, notaires. »

Jacques Adam, écuyer, seigneur de l'Estang et de Saint-Denis, épousa, en 1656, Elisabeth Chauvin, fille d'Arthur, seigneur de Verrières ou Verriers. Le 18 août ou avril 1663, il signait au contrat de mariage, ci-dessus copié, de Jean Houdry, avec Madeleine Thebault. Il fut maintenu noble par sentence de Barentin, du 1er septembre

1667. Il est dit habiter la paroisse de Saint-Saturnin de Saint-Maixent. Ses enfants furent : 1° François, né le 1er mars 1657 ; — 2° Charlotte, née le 7 février 1658 ; — 3° Madeleine, née le 4 février 1659 ; — 4° Jacques, né le 12 avril 1660, qualifié d'écuyer, seigneur de l'Estang, dans un acte d'amortissement d'une rente à lui due comme représentant Arthur Chauvin, son aïeul maternel, reçu Mazereau, notaire à Saint-Maixent, le 3 octobre 1733 ; — 5° Louise, née le 20 juillet 1661 ; — 6° Louis, né le 17 janvier 1663 ; — 7° Gabriel, né le 17 octobre 1666.

Jacques Adam, s'étant remarié avec Elisabeth Thebault, sœur de Madeleine, en eut encore : 8° Antoine, né le 24 janvier 1668 ; — 9° Marie-Anne ; — 10° Jean-Josué, né en 1670 ; — 11° Françoise, née le 27 février 1671 ; — 12° Marie-Madeleine, mariée par contrat du 2 septembre 1715, à Louis-Henri de Suyrot, chevalier, seigneur de Bois-Renault.

Mariage de Jacques Adam, chevalier, seigneur de l'Estang et de Saint-Denis, habitant la paroisse de Clavé, et de demoiselle Elisabeth Chauvin, avec permission de Pierre Thebault, prieur, curé de Thorigny, oncle d'Elisabeth Chauvin. Ce mariage a été fait à Saint-Maixent, le 6 juin 1656, dans la chapelle des Capucins, en présence de : Charles Thebault, seigneur de Lavault ; — François de Chièvres ; — Claude Adam ; — Françoise d'Orfeuille ; — François de Laage ; — Hélie. — (Registre de Saint-Saturnin).

Mars 1657. — François Adam, fils de Jacques Adam, chevalier, seigneur de l'Estang de Saint-Denis, et d'Elisabeth Chauvin. Parrain : Claude Adam, chevalier, seigneur du Pin ; marraine : Marie Thebault, veuve de feu noble Arthur Chauvin, seigneur de Verrières.

30 mai 1658. — Charlotte, fille des mêmes, reçue au baptême le 7 février de la dite année. Parrain : Charles Thebault, chevalier, seigneur de Lavault ; marraine : Charlotte Adam.

4 février 1659. — Madeleine Adam, fille des mêmes. Parrain : Michel Le Riche, seigneur des Groies ; marraine : Madeleine Thebault.

12 avril 1660. — Jacques, fils des mêmes. Parrain : Pierre Thebault ; marraine : Jacquette de Poix. (Saint-Saturnin).

23 juin 1659. — En présence des témoins ci-après désignés, ont été espousés Jean Goupillaud, escuyer, seigneur de la Touche, de la paroisse de Rom, et demoiselle Charlotte Adam, de cette paroisse. Ont assisté à ce mariage : Pierre du Retail, escuyer, seigneur de la Brozardière ; — Claude Adam ; — Suzanne du Retail ; — Charlotte Adam ; — Elisabeth Chauvin ; — Jacques Adam ; — Pierre du Retail. (Saint-Saturnin).

17 octobre 1660. — Baptême d'Elisabeth, fille de Jacques Adam, escuyer, seigneur de l'Estang, et d'Elisabeth Chauvin. (Saint-Saturnin).

4 octobre 1665. — Naquit ce jour un enfant, fils de Jacques Adam, escuyer, seigneur de l'Estang, et d'Elisabeth Chauvin, son épouse ; le baptême eut lieu le 12 du même mois d'octobre. Parrain : messire Gabriel Thybaud, seigneur de la Carte, chevalier de l'ordre de Saint-Jean de Jérusalem ; marraine : dame Aymée Lévesque. En présence de : Jacques Adam ; — Gabriel Thybault, chevalier, de la Carte ; — Aymée Lévesque. (Saint-Saturnin).

24 janvier 1668. — Ce jour, à Saint-Saturnin, fut baptisé un enfant, fils de Jacques Adam, escuyer, seigneur de l'Estang, et de dame Elisabeth Chauvin ; il fut nommé Antoine, par Antoine Jousseaume, escuyer, seigneur de la Chalonnière, et Françoise d'Orfeuille, ses parrain et marraine.

1er septembre 1669. — Baptême de Marie-Anne, fille des mêmes. Parrain : Charles d'Ollande, escuyer, seigneur du Vignault, et dame Marie d'Authon, veuve de messire René de Cumont, conseiller d'Etat. Ont signé : Jacques Adam ; — Charles d'Ollande ; — Marie d'Authon. (Saint-Saturnin).

Madeleine-Elisabeth Houdry de la Violière, épouse d'Auguste Picoron, seigneur de la Tour, était fille de Jean Houdry, conseiller du roi en l'élection de Saint-Maixent, seigneur de la Violière, et de Madeleine-Elisabeth Thebault de Mons, suivant acte de mariage ayant eu lieu à Saint-Maixent, église de Saint-Saturnin, le 29 avril 1663.

Elisabeth de Jaulnay, fille de noble Antoine de Jaulnay, contrôleur des armées navales de Sa Majesté, et de dame Elisabeth Houdry, de cette ville, fut baptisée à Saint-Maixent, le 9 août 1626. Le parrain fut : noble Jean Houdry, conseiller eslu pour le roi à Saint-Maixent, oncle paternel ; la marraine : Rébecca Pineau, veuve de deffunct François Aymon, seigneur de Chambord, maire provisoire de cette ville.

Le dimanche, douzième jour de septembre 1627, église de Saint-Saturnin, à Saint-Maixent, fut baptisé Antoine de Jaulnay, fils de noble Antoine de Jaulnay, contrôleur général extraordinaire des armées navales de Sa Majesté, et de demoiselle Elisabeth Houdry, de cette ville. Fut parrain : Bonaventure Bruslon ; fut marraine : dame d'Abillon, femme de maistre François Gerbier de la Chaillochère.

Le 2 juin 1626, église de Saint-Saturnin de Saint-Maixent, eut lieu le mariage d'Antoine de Jaulnay, de la ville de Senlis, avec Elisabeth Houdry, veuve de Louis Adam, escuyer, seigneur du Verger.

Le 19 octobre 1666, mariage en l'église de Saint-Saturnin, de Gabriel de Jaulnay, advocat au siège royal de Saint-Maixent, et de Catherine Aymon. Parmi les mêmes parents est Le Roy de Saint-Fleurand.

Une donation mutuelle eut lieu entre Jacques Adam, chevalier, seigneur de Saint-Denis et de l'Estang, et Elisabeth Chauvin, son épouse. — Arthur Chauvin, seigneur des Verrières et des Lessons, et Marie Thebault, mari et femme, se firent aussi donation réciproque suivant acte passé à Saint-Maixent le 30 mars 1632.

Pierre Thebault de Mons, chevalier, seigneur de Grosbois, gouverneur pour le roi de la ville et du château de Saint-Maixent, était époux d'Anne Vigier. Ils se firent donation réciproque suivant acte de Bontemps, notaire à l'Ile-d'Oléron, le 22 mars 1632. — Insinuation en 1636.

Antoine de Jaulnay, substitut des gens du roi au siège royal de Saint-Maixent, et Elisabeth Houdry, son épouse, se firent donation réciproque suivant acte de Texier, notaire à Saint-Maixent, le 17 août 1639.

René Houdry, seigneur de la Mainière, fit le 16 juin 1661, un acte reçu par Bruslon, notaire à Saint-Maixent.

Elisabeth Houdry, veuve d'Antoine de Jaulnay, conseiller du roi, assesseur à Saint-Maixent, fit donation en faveur d'Antoine de Jaulnay, seigneur de la Magnonière, par acte passé à Poitiers.

Elisabeth Houdry, veuve d'Antoine de Jaulnay, conseiller assesseur à la maréchaussée de Saint-Maixent, passa un acte, étude de Faidy, notaire à Saint-Maixent, le 24 mars 1667.

Elisabeth de Jaulnay, épouse de Paul Barotin, seigneur de la Barre, demeurant à Poitiers, comparut à un acte du 5 juillet 1716, au rapport de Lambert, notaire à Saint-Maixent, et de Gauthier, aussi notaire.

Madeleine d'Abillon fut mariée à Charles Thebault, seigneur de Lavault, et leur fille Madeleine épousa, le 29 avril 1663, Jean Houdry, élu à Saint-Maixent. (Greffe).

9

26 mai 1672, fut marraine à Augé, dame Renée de Toustin, épouse de Charles Thebault, escuyer, seigneur de Mons. Bruslon, curé.

Picoron de la Tour Catherine, épousa en premières noces, le 16 février 1690, à Saint-Maixent, Guillaume Symon, écuyer, seigneur de la Morillonnière, veuf de Marguerite Ferruyeau. Etaient présents au mariage qui eut lieu à Saint-Maixent, église de Saint-Léger : Estienne Viault, conseiller du roi ; — Auguste Picoron, seigneur de la Tour ; — Joseph Picoron, seigneur de la Pichonnière. Elle épousa, en deuxième mariage, le 4 septembre 1761, Jacques Bonneau, seigneur de Maintru et des Cervetières, lieutenant général au siège de Saint-Maixent, fils de Jacques Bonneau, seigneur de Maintru, et de Florence Boussereau ; ce mariage eut lieu église d'Aigonnay. Elle épousa, enfin, en troisième mariage, François France, écuyer, seigneur de la Voûte, veuf de Françoise Chaigneau, par acte de Ré, notaire à Saint-Maixent, le 13 avril 1715. Etaient présents : Catherine Symon de la Morillonnière, fille de la future, ainsi que Symon Guron de Rechignevoisin.

PREMIÈRE PARTIE

Page 5.

Picoron Auguste, seigneur de la Tour, naquit le 22 mai 1688. Le baptême eut lieu à Saint-Saturnin de Saint-Maixent. Furent parrain et marraine : Etienne Viault, conseiller du roi à Saint-Maixent, et Madeleine-Elisabeth de Mons. Il se maria à Marie d'Allègre.

Picoron René, seigneur de la Violière, marié à Renée Brunet de Sors, le 1er avril 1713. Renée Brunet de Sors, fille de Jacques Brunet, seigneur de Sors, mort à Saint-Maixent, le 5 juillet 1731, et de Catherine Agier.

Picoron de la Violière Catherine, se maria à Jacques-François Orry de la Coudre. Leur fils, Pierre Orry de la Coudre, épousa Marie-Hélène Texier de la Caillerie.

Pierre Orry, ancien gendarme de la garde du roi, ancien exempt de la maréchaussée de Saujon, en Saintonge, fils de Pierre Orry, conseiller du roi en l'élection de Saint-Maixent, et de Françoise Bonneau, se maria avec Esther-Marguerite Chasseloup-Laubat, fille de François Chasseloup-Laubat, capitaine général du guet, et de Marguerite Conges, demeurant à Marennes. Ce contrat de mariage fut passé, le 17 février 1773, par Marin, notaire royal.

François Chasseloup-Laubat est de la même famille que François Chasseloup-Laubat (comte et marquis), né à Saint-Sornin (Charente-Inférieure), qui fut général du génie, député de la Charente-Inférieure, ministre de la marine, sénateur en 1867.

Page 7.

Donation réciproque de Jean Picoron et Anne Frère, son épouse, demeurant à Cherveux, suivant acte passé par Faidy et Guerry, notaires audit lieu, le 21 avril 1641.

Donation entre Paul Bonnenfant, seigneur de la Vergne, et Marie Daguin, son épouse, par acte reçu à Fontenay, le 10 juin 1737 (?). — Mequin, notaire royal.

Page 11.

Du mariage de Françoise-Maixente-Evelina Faidy de la Violière et de Pierre Lévesque de Mons et des Maisons-Neuves, naquirent :

1° Pierre-Ernest Lévesque des Maisons-Neuves, marié à Niort en 1863, avec Marie-Amélie Martineau.
Dont :
Lévesque des Maisons-Neuves Pierre-Roger, marié à Angoulême, en 1896, avec Aline-Marie-Louise Cazier.

Dont deux enfants : Lévesque des Maisons-Neuves et de Mons Marie-Simone, née à Niort, le 1er novembre 1897, et Lévesque des Maisons-Neuves et de Mons Marie-Renée, née à Paris, le 2 juin 1901 (8e arrondissement), baptisée à Niort.

2° Antoine-Frédéric-Amédée Lévesque, né à Saint-Maixent, le 29 septembre 1843.

DEUXIÈME PARTIE

Page 13.

Contrat de mariage d'Isaac Ferruyau, fils de Pierre Ferruyau et de Louise Berland, avec Marie Bellet, fille de Sébastien Bellet et de dame Marie Tastereau. En présence de : Louis, — Pierre, — et François Ferruyau, frères du futur ; — de Jacques Ferruyau, seigneur de Boisbourdet, son oncle ; — de Jacques de Montagny, beau-frère de la future ; — d'Etienne et François Tastereau, ses cousins germains ; — de Jean Viault ; — Jacques Moussault ; François Brangier, aussi ses cousins germains ; — de Jean Lévesque, seigneur du Bizon et de la Touche, conseiller du roi, élu en l'élection de Niort ; — de Jacques Berland ; — Pierre Mousset, seigneur de Trémond ; — de Jacques Fradin, seigneur de la Morinière. — Fait à la Mothe-Saint-Héraye, le 29 avril 1641, par Poitevin et Tastereau, notaires.

Contrat de mariage de Guillaume Symon, écuyer, seigneur de la Morillonière, fils de Pierre Symon, seigneur de la Figerasse, et de dame Louise Huet, avec Marguerite Ferruyau, fille de Pierre Ferruyau, avocat au siège présidial de Poitiers, et de dame Renée Dubreuil. Passé à Poitiers, le 6 octobre 1684, et insinué le 16 décembre 1690.

Donation faite par Guillaume Symon, écuyer, seigneur de la Morillonière, héritier de Catherine Goyard, veuve de Pierre Rousseau, écuyer, seigneur de la Place ; Jacques des Anges, seigneur de la Beauté, père et légal administrateur d'Elisabeth des Anges, fils et fille dudit sieur des Anges, tous héritiers de ladite dame Goyard. Passé à Niort, le 3 août 1678, en faveur de Philippe Gaugain, écuyer, sieur de Saules, échevin de la ville de Niort, par Rousseau, notaire royal.

Enfants issus du mariage de Catherine Picoron de la Tour avec Guillaume Symon, écuyer, seigneur de la Morillonière.

Catherine Picoron de la Tour et Guillaume Symon de la Morillonière, eurent une fille : Elisabeth-Marie-Madeleine Symon de la Morillonière. Elle devint la femme de Pierre de Pons, écuyer, seigneur de la Coudre, par contrat de mariage de Girault, notaire à Lusignan, le 11 février 1711.

Page 14.

L'extrait de ce contrat de mariage est ainsi :

Contrat de mariage avec Mlle Elisabeth-Marie-Madeleine Symon de la Morillonière,

Fille de feu Guillaume Symon, écuyer, seigneur de la Morillonière, et de dame Picoron de la Tour,

Avec Pierre de Pons, écuyer, seigneur de la Coudre,

Fils de messire René de Pons, écuyer, seigneur de la Coudre, et de dame Marguerite Garnier de la Cormorand.

Passé le 11 février 1711, par Girault, notaire royal à Lusignan.

Furent présents :

Jean de Pons, écuyer, seigneur de la Caillaudrie, ou Caillaudière, oncle du futur.

Jean de Maubué, écuyer, seigneur de Bois-Couteau, son cousin germain.

Jean de Pons et Etienne de Pons, seigneur de Bois, cousins issus de germain.

René de Rechignevoisin, chevalier, seigneur de Guron, cousin issu de germain.

Charles Garnier, chevalier, seigneur du Breuil, cousin au même degré.

Louis Bellivier, écuyer, seigneur de Forêt, beau-frère de la future.

René Picoron, seigneur de la Violière, son cousin germain. (René Picoron, ascendant direct de Pierre-Roger Lévesque des Maisons-Neuves).

Pierre-François d'Orfeuille, chevalier, seigneur de Foucault.

Page 15.

L'union de Pierre de Pons et de Elisabeth-Marie-Madeleine Symon de la Morillonière, donna naissance à deux enfants :

1° De Pons Marie-Anne, épouse de François-Alexandre Estourneau, chevalier, seigneur de la Touche, officier au régiment d'infanterie de Chartres. Le contrat de mariage a été reçu par Moriceau, notaire à Niort, le 8 février 1750.

Voir pour la suite: *Famille Picoron*, 2° partie 1898. — Saint-Maixent, imprimerie Chaboussant. — 1ᵉʳ, 4ᵉ, 6ᵉ tableaux, pages 5, 6, 7, 10, 14, 48, 57. Et aussi, à la fin de ce volume, le tableau.

Page 17.

Mˡˡᵉ Renée-Jeanne de Fougères se maria avec le capitaine Clayton des Scots Guard, aide de camp du duc de Cambridge, à Dinard, en février 1900.

Le baron René-Maurice de Fougères, époux de Marie Berthe de Besplas, est mort à Dinard, en janvier 1900.

Page 19.

L'auteur de ce livre doit à l'extrême amabilité du marquis de Luppé, du château de Beaurepaire, petit-neveu, et aujourd'hui le représentant de la marquise de la Grange, née Caumont La Force, un exemplaire rare et précieux du livre intitulé : *Laurette de Malboissière.* — Lettres d'une jeune fille du temps de Louis XV, 1761-1766. Il le prie d'accepter ici ses remerciements et l'expression de sa reconnaissance.

Page 20.

Marguerite du Fresne de Virel, épousa Robert-Charles-Anatole-Fortunat de Bonchamp, à Paris, église Saint-Augustin, le 4 juin 1896.

André-Henri-Léon du Fresne, vicomte de Virel, officier d'infanterie, épousa Mlle Marguerite-Henriette-Marie-Thérèse Bagot de Blanchecoudre, à Paris, le 27 décembre 1896. Le mariage est béni à Paris, à Saint-Pierre de Chaillot, le 16 janvier 1897.

Léonine du Fresne de Virel, contracte mariage, à Paris, église Saint-Augustin, avec le comte de Poligny, en mars 1900.

Il est né un fils à Houville, en janvier 1895, du mariage du comte Etienne de Maleyssie avec Béatrice Burnett-Stears.

Page 27.

Alain de Rougé s'unit à Paris, église de la Madeleine, le 21 décembre 1898, avec Elisabeth Giquel, fille de Prosper Giquel, officier de marine, et de Mme Giquel, née de Riefs de Lavison. Le mariage a été béni par Monseignenr de Durfort, prélat de la maison de Sa Sainteté.

Page 29.

Le vicomte Camille de Rougé est décédé au château des Rues (Maine-et-Loire). Les obsèques ont été célébrées le jeudi 19 novembre 1896, à Chemillé-Changé.
Le vicomte Renouard de Sainte-Croix, veuf de Marie-

Louise de Rougé, est aujourd'hui général de brigade de cavalerie.

Sa fille, Cécile de Sainte-Croix, a épousé, le 29 octobre 1903, à Sainte-Clotilde, le vicomte de Saussaye, secrétaire d'ambassade.

Les fiançailles du comte Stanislas de Rougé, fils du comte de Rougé, avec Mlle Guillemette de la Rochefoucauld, fille du comte Guy de la Rochefoucauld et de la comtesse née de Rochechouart de Morthemart, ont été annoncées par le *Gaulois* du 5 mai 1905.

La maison de Rougé, originaire du duché de Bretagne, est une des plus anciennes et des plus considérables de l'ancienne chevalerie. Le château de Rougé fut détruit dans la guerre de 1173 contre Henri II, roi d'Angleterre. Olivier de Rougé se croisa en 1228. Après la bataille de Poitiers, en 1356, lorsque le roi Jean fut rendu à la France, Edouard d'Angleterre désira le sire de Rougé comme devant lui servir d'otage.

La maison de Rougé a eu des alliances avec la maison de France, le duc de Bretagne, les princes de Lorraine, les de Croix, les de Mortemart, Uzès, Lévis.

La comtesse de Rougé, duchesse d'Elbeuf, était la nièce de la maréchale de Créqui, née Catherine de Rougé du Plessis-Bellière, dont le tombeau est dans l'église Saint-Roch, à Paris.

Le 6 août 1896, eut lieu, à Paris, le mariage du marquis de Rougé avec Mme de Coniac. Le mariage a été béni à la nonciature. Mme de Coniac est née Martel et le marquis de Rougé était veuf en premières noces de Mlle de Colbert de Canet.

Page 31.

Le fils ainé d'Alexandre de Boisgelin et de Berthe de Clercq, appelé Louis-Marie comte Bruno de Boisgelin, né en 1859, épousa, le 4 mars 1889, Augustine-Jeanne-

Elisabeth Hennessy, morte en 1891. Elle était fille de Jacques-Richard-Maurice Hennessy et de Charlotte-Catherine Foussat et petite-fille de Mme Hennessy, née Sophie-Justine Durand de Mareuil, morte à Paris, âgée de 87 ans, le 10 novembre 1897.

Jean de Dieu Raymond de Boisgelin, archevêque d'Aix, fut le dernier abbé de Saint-Maixent. L'abbaye cessa d'exister le 24 février 1791, époque à laquelle les Bénédictins qui l'occupaient signèrent une déclaration par laquelle ils s'engageaient à renoncer à la vie commune pour vivre en particulier.

Pages 35 et 36.

Marie-Hélène de Lannefranque-Larrey, épousa, au chef-lieu de la commune de Breloux (Deux-Sèvres), en 1897, le lieutenant de dragons Lemaire. Sa sœur Marie-Valérie s'était mariée au même lieu, en 1896, au lieutenant de dragons Signol.

CHAPITRE II

Page 46.

Picoron Josué, seigneur de la Diettrie, épousa, le 18 janvier 1701, suivant contrat au rapport de Faidy, notaire à Saint-Maixent, Anne-Françoise de Veillechèze de la Chesnaye. Elle était fille de Jacques de Veillechèze et de Florimonde Brunet et eut pour parrain François de Veillechèze avec Anne Brunet pour marraine; le baptême eut lieu à Saint-Maixent, église de Saint-Léger, le 26 février 1671.

Jacques de Veillechèze et Anne-Françoise de Veillechèze, épouse de Josué Picoron de la Diettrie, demeurant à la Porte-de-l'Isle, paroisse de Saint-Pierre-le-Vieux, près Nieulles, en Vendée, se partagèrent la succession de Jacques de Veillechèze et de Florimonde Brunet, leurs père et mère, suivant acte reçu par Garnier, notaire à Saint-Maixent, le 11 septembre 1710. Dans ce partage, le droit d'aînesse est stipulé.

Pierre Brunet, seigneur de la Richardrie, René Picoron, seigneur de la Violière, Jacques de Veillechèze, président au siège royal de Saint-Maixent, Charles Barbarin, vicaire de Pamproux, sont présents à la curatelle des deux enfants mineurs de feu Josué Picoron, seigneur de la Diettrie, décédé à Pamproux en 1719, et d'Anne-Françoise de Veillechèze. Cette curatelle a été faite devant Pierre-Charles Tastereau, licencié en droit, sénéchal du prieuré de Saint-Maixent de Pamproux.

Picoron Marie-Anne de Bernegoux, se maria, en 1688, à Saint-Maixent, à Antoine Gallot de ***, premier médecin de la marine au port de Rochefort, conseiller du roi. Le mariage a eu lieu paroisse Saint-Léger, en présence de : Jeanne Gallot, veuve de Mathieu Vaillant, sénéchal de Chizé ; — Etienne Viault, seigneur des Coignasses, conseiller au siège royal de Saint-Maixent ; — Gilles Berthonneau, écuyer, seigneur de Lambertière.

Page 47.

Picoron Geoffroy, seigneur de la Diettrie, naquit à Saint-Pierre-le-Vieux, près Maillezais, le 20 janvier 1704, et mourut à Saint-Maixent, paroisse de Saint-Léger, en novembre 1769. Il fut nommé à la subdélégation par lettre de M. de Beaumont, intendant du Poitou, en mai 1748.

Une transaction survint entre Geoffroy Picoron et Jacques de Villiers, elle est ainsi :

Transaction entre Jacques de Villiers, avocat au siège royal de Saint-Maixent. Faisant tant pour lui que pour Catherine Gaultier, son épouse.

D'une part.

M. Geoffroy Picoron, conseiller du roi, maire perpétuel de la ville de Saint-Maixent, faisant tant pour lui que pour Elisabeth Orry, son épouse ; — Pierre Orry, conseiller en l'élection de Saint-Maixent; — Louis-Théophile Orry, premier conseiller au siège royal de Saint-Maixent, lieutenant particulier, assesseur criminel ; — Françoise Orry, veuve de Pierre de Villiers de Boisbourdet; — Renée Picoron, veuve de Pierre-Jacques Orry de la Ronde, mère tutrice de leur fils mineur; — Joseph-Bonaventure Orry, conseiller du roi et son procureur au siège royal de Saint-Maixent, et Louis Le Roy, avocat au présidial de Poitiers, veuf de Jeanne-Thérèse Orry, père et loyal administrateur de leurs enfants mineurs. Cette transaction a été passée par Ausinier et Bourbeau, notaires à Poitiers, le 15 août 1756.

Contrat de mariage de François-Théophile Orry, procureur au siège royal de Saint-Maixent, veuf de Catherine Sarzac, et fils de feu François Orry, et de Jeanne Martin, avec Catherine-Françoise Gaultier, fille de Louis Gaultier, greffier en chef de l'élection de Saint-Maixent, et de Françoise Lévesque. Fait à Saint-Maixent, le 7 février 1709, par Richard, notaire royal. Il résulte de ce contrat de mariage que Louis Gaultier s'était marié avec Madeleine-Calixte Faidy, par contrat du 14 décembre 1699, reçu par Lefèvre, notaire à Saint-Maixent.

Page 48.

Picoron de la Pergellerie, Marie-Esther, se maria à Pierre-Paul Deschamps, fils de René-Pierre-Charles Deschamps, président du tribunal du district de Bressuire, et de Renée-Victoire-Geneviève de Lavau, demeurant à Poitiers, place du Pilori.

Leur contrat de mariage reçu par Girard, notaire à Saint-Maixent, le 22 juin 1795, est ainsi :

Furent présents : le citoyen Pierre-Paul Deschamps, domicilié à Saint-Maixent,

La citoyenne Marie-Esther Picoron, majeure par la loi du 20 septembre 1792, et fille de défunt Pierre Picoron, président du tribunal du district de Saint-Maixent, et de Marie-Marguerite Chaigneau du Courtiou, demeurant en cette ville de Saint-Maixent.

Fait et passé audit Saint-Maixent, demeure de la future épouse. En présence et de l'avis des citoyens et citoyennes : Louis-Joseph Deschamps, frère germain du futur époux, et, du côté de la future épouse : Marie-Marguerite Picoron, sa sœur germaine ; — François Gilles de la Coudre, mari de la citoyenne Marie-Marguerite Picoron, et cousin germain de la future ; — Pierre-Jonas Chaigneau de Vergezay, oncle maternel ; — Françoise-Catherine Nosereau, son épouse ; — Jacques Gilles, suppléant du tribunal du district de Saint-Maixent, son cousin germain paternel, et Françoise-Elisabeth de Montru, son épouse ; — Marie-Charlotte-Annette-Désirée Chaigneau du Courtiou, sa cousine germaine maternelle ; — Louis Chaigneau de la Guyonnière, son époux ; — François-Théophile Devilliers de Boisbourdet, ancien capitaine d'infanterie, pensionné de l'Etat, ayant le cousin germain sur la future épouse, et Catherine-Aimée Girault de Crouzon, son épouse ; — Bonaventure-Jacques Picoron de la Violière, capitaine d'invalide, pensionné de l'Etat, Louise-Renée Picoron de la Violère, ces deux derniers cousins de la dite future épouse ; — le citoyen Louis-Charles-Philbert Oudin, époux de la citoyenne Louise-Renée Picoron ; — et, en présence d'Esthérine-Clarisse-Gélia Gilles de la Coudre, fille du citoyen Gilles de la Coudre, et de la citoyenne Marie-Marguerite Picoron.

Marie-Marguerite Picoron de la Pergellerie, sœur de Marie-Esther Picoron de la Pergellerie, qui fut mariée à Pierre-Paul Deschamps, épousa Elisabeth-François Gilles de la Coudre, fils de Jacques-Marie Gilles de la Coudre et d'Anne-Elisabeth Picoron, son cousin germain, suivant contrat de Caillon, notaire à Saint-Maixent, le 22 septembre 1793.

Tel est ce contrat :

« Pardevant les notaires à la résidence de Saint-Maixent, chef-lieu du district du département des Deux-Sèvres, soussignés.

« Ont comparu : citoyen Elisabeth-François Gilles de la Coudre, l'un des administrateurs du directoire du dit district, fils majeur du défunt Jacques-Anne Gilles de la Coudre, et d'Anne-Elisabeth Picoron.

« Et la citoyenne Marie-Marguerite Picoron de la Pergellerie, fille de Picoron, premier juge du tribunal de ce dit district, et de feue Marguerite Chaigneau, demeurant, l'un et l'autre, en la ville de Saint-Maixent.

« En présence et de l'approbation du dit citoyen Picoron de la Pergellerie, oncle du citoyen Gilles de la Coudre, et de la citoyenne Marie-Esther Picoron, sœur germaine de la dite future, épouse et cousine germaine du futur.

« Fait et passé au dit Saint-Maixent, demeure des citoyen et citoyenne futurs. Ont signé : Marie-Marguerite Picoron ; — Gilles de la Coudre ; — Picoron ; — Esther Picoron ; — Caillon, notaire. »

Elisabeth-François Gilles de la Coudre, né à Saint-Maixent, fut baptisé, église de Saint-Léger, le 20 février 1760. La marraine fut dame Françoise Bonneau, épouse de Pierre Orry, conseiller du roi en l'élection de Saint-Maixent, son oncle maternel. L'université de Poitiers lui accorda le 2 mai 1780 des lettres de bachelier en droit civil et canon ; le 11 juin 1781, des lettres de licencié en droit civil et canon ; le 1er avril 1781, un certificat de droit français. Il fut avocat du parlement, à Saint-Maixent, en 1781, et avocat, homme de loi au tribunal civil du district de Saint-Maixent, le 15 janvier 1791 ; administrateur du département des Deux-Sèvres en 1790 ; juge de paix à Saint-Maixent la même année ; commissaire national du tribunal du district à Saint-Maixent, en 1792 ; membre du directoire de Saint-Maixent. Il fut encore commissaire provisoire du directoire en 1795, et Bonaparte le nomma membre du conseil général des Deux-Sèvres en 1800. Il fut chargé de la surveillance de l'hôpital civil de la ville de Saint-Maixent, le 7 août 1802, nommé juge de paix lors de l'organisation en 1807 et président du canton de Saint-Maixent, 1808. Enfin, il fut invité à assister au couronnement de l'empereur Napoléon, par lettre spéciale du 21 octobre 1805.

Elisabeth-François Gilles de la Coudre, entra dans la famille Picoron, par son mariage avec Marie-Marguerite Picoron de la Pergellerie, devint par ce fait le parent de Françoise-Maixente-Evelina Faidy de la Violière, épouse de Pierre-Lévesque de Mons et des Maisons-Neuves. Il fut le protecteur, le conseiller dévoué de cette dernière dans toutes les circonstances de la vie et son fils, l'auteur de ce travail, remplit un devoir en rendant ici à sa mémoire un témoignage public de reconnaissance.

Picoron Marie-Esther, épouse Deschamps, et Picoron Marie-Marguerite, épouse d'Elisabeth-François Gilles de la Coudre, vendirent comme héritières de leur père, Pierre Picoron de la Pergellerie, suivant contrat de Girard, notaire à Saint-Maixent, sous la date du 27 pluviôse de l'an III, l'hôtel lui appartenant, à Saint-Maixent, et qu'il habitait. Il l'avait acquis de Marie-Gabrielle Chevalier de la Fuye, par contrat du 5 décembre 1772, dont Caillon, notaire à Saint-Maixent, a retenu la minute. Cet hôtel est aujourd'hui le presbytère de Saint-Maixent, rue du Palais, n° 32.

Messire Pierre Picoron de la Pergellerie, avocat à la cour et au siège royal de Saint-Maixent, épousa demoiselle Marie-Marguerite Chaigneau des Francs du Courtiou.

Ce contrat de mariage est ainsi :

« Pardevant nous, notaires à Saint-Maixent, soussignés,

« Ont comparu :

« Messire Geoffroy Picoron, seigneur de la Dietterie, conseiller du roi, ancien maire, subdélégué de Monseigneur l'intendant de la généralité de Poitiers au département du dit Saint-Maixent, veuf de dame Elisabeth Orry,

« Messire Pierre Picoron de la Pergellerie, avocat à la cour et au siège royal du dit Saint-Maixent, son fils, et de la dite feue dame Orry, son épouse, de lui dûment autorisée à l'effet des présentes, demeurant les deux en cette ville de Saint-Maixent,

« D'une part.

« Et demoiselle Marie-Marguerite Chaigneau des Francs du Courtiou, fille émancipée du sieur Louis Chaigneau, et de feue dame Marie-Louise Rouget, son épouse, dûment autorisée, demeurant au faubourg Châlons de cette ville, paroisse d'Exireuil,

« D'autre part.

« Tout ce que dessous les parties ont aussi voulu et dit, etc., jugées et condamnées par nous dits notaires. Fait et passé au dit faubourg de la ville de Saint-Maixent, dans le logement du sieur Rouget, en présence et consentement entre les dits sieur Picoron, père, et le dit sieur Rouget, de Messire Jacques-Geoffroy-François Picoron, licencié en droit, capitaine des milices de l'hôtel commun de cette ville, frère germain ; — Messire Jacques-Marie Gilles, et dame Anne-Elisabeth Picoron, son épouse, sœur et beau-frère germains du dit proparlé ; — Messire Pierre Orry, élu en l'élection de cette ville, oncle maternel, et de Françoise Bonneau, son épouse ; — Messire Louis-Théophile Orry, assesseur criminel et procureur au siège royal de cette ville, et dame Marie-Suzanne Chaigneau, son épouse ; — dame Marie-Gabrielle Texier, épouse de Messire Bonaventure-Joseph Orry ; — Demoiselle Catherine Sarzat, cousine et ayant le germain sur le sieur proparlé ; — Sieur Louis-François Chaigneau, seigneur du Courtiou, sieurs Pierre, Jonas et Estienne

Chaigneau, tous frères germains de la demoiselle proparlée ; — Messire Jacques-Estienne Rouget, conseiller du roi, lieutenant général de police honoraire au siège royal de Niort ; — Dame Jeanne-Marie Guerry, épouse du dit Pierre Rouget, oncle et tante maternels de la dite demoiselle proparlée ; — Demoiselle Anne-Marthe Rouget, cousine germaine ; — Jean-Louis Miget, cousin germain paternel ; — Messire Jean-Baptiste Baraton, conseiller et avocat du roi en la dite sénéchaussée et siège royal de cette ville, et dame Marguerite-Françoise Nicollas, son épouse ; — Messire Louis Cochon, prêtre, curé d'Exireuil (tous amis communs des parties).

« Leu et releu à toutes les parties, parents et amis qui y ont persisté et signé, le 23 septembre 1767, sur les trois heures du matin avant les épousailles. Babu et Ré, notaires.

Page 49.

Du mariage de Elisabeth-François Gilles de la Coudre, et de Marie-Marguerite Picoron de la Pergellerie, naquit : Gilles de la Coudre Catherine-Clarisse-Zélia, mariée à Charles-Louis de Laspaye, baron de Saint-Généroux, officier supérieur de cavalerie, chevalier de la Légion d'honneur et de Saint-Louis.

Voici le contrat de mariage :

« Pardevant Jean-Louis Gibaud et son collègue, notaires impériaux du canton de Saint-Maixent (Deux-Sèvres).

« Furent présents :

« M. Charles-Henri de Laspaye, majeur, propriétaire, fils puîné de Charles-Louis de Laspaye de Saint-Généroux, et de feu dame Louise-Henriette-Marie-Prudence Gaudouin, son épouse.

« Stipulant pour mon dit sieur, son père, en vertu de sa procuration du 27 de ce mois, passée par Réveillaut, notaire impérial résidant à Airvault.

« M. Charles-Louis de Laspaye de Saint-Généroux, propriétaire, majeur, fils aîné de mon dit sieur Charles-Louis de Laspaye de Saint-Généroux, et de la dite feu dame Gaudouin.

« Demeurant les dits sieurs de Laspaye de Saint-Généroux, père et enfants, au bourg et commune de Saint-Généroux, canton d'Airvault, arrondissement de Parthenay,

« D'une part.

« M. Elisabeth-François Gilles de la Coudre, ancien avocat, juge de paix du deuxième canton de Saint-Maixent, président du premier arrondissement du même canton et membre du collège électoral du département des Deux-Sèvres.

« Dame Marie-Marguerite Picoron de la Pergellerie, épouse de mon dit sieur Gilles de la Coudre, de lui autorisée à l'effet des présentes.

« Et demoiselle Esthérina-Clarisse-Zélia Gilles de la Coudre, fille unique, mineure, des dits sieur et dame Gilles de la Coudre et Picoron de la Pergellerie, d'eux autorisée.

« Demeurant les dits sieur, dame et demoiselle Gilles de la Coudre en cette ville de Saint-Maixent,

« D'autre part.

« Dont acte : Fait et passé au dit Saint-Maixent, demeure de la demoiselle future et de ses père et mère. En présence de : Dame Françoise-Elisabeth Boulay de Montru, veuve de Geoffroy-Jacques Gilles, avocat, tante par alliance de la demoiselle future dans la ligne paternelle et sa cousine dans les deux lignes ; — demoiselle Marie-Eulalie Gilles, cousine germaine de la future dans la ligne paternelle et sa cousine issue de germain dans les deux lignes ; — Pierre-Jonas Chaigneau de Vergezay, propriétaire, grand-oncle de la future dans la ligne maternelle ; — Dame Françoise-Catherine Nosereau, épouse du dit sieur Chaigneau de Vergezay, grand'tante par alliance, et encore sa cousine dans la ligne paternelle ;

10

— Dame Marie-Anne Pict, veuve de M. Antoine-Louis-François Chaigneau du Courtiou, grand'tante dans la ligne maternelle ; — Pierre-Antoine-Louis Chaigneau des Francs, propriétaire, oncle à la mode de Bretagne, de la demoiselle future dans la ligne maternelle ; — dame Marie-Charlotte-Désirée Chaigneau du Courtiou, veuve de M. Louis Chaigneau de la Guyonnière, tante à la mode de Bretagne dans la ligne maternelle ; — de Pierre-Antoine Chaigneau de Launaye, cousin issu de germain en la ligne maternelle.

« Tels sont les parties et présents qui ont signé :

« L'an mil huit cent dix et le vingt-neuf avril, après midi. »

Page 49.

Picoron de la Diétrie Anne-Elisabeth, se maria suivant contrat du 24 avril 1758, passé par Caillon, notaire à Saint-Maixent, avec Jacques-Marie Gilles de la Coudre, fils de Jacques-André Gilles de la Coudre, et d'Elisabeth de Veillechèze.

Ce contrat est comme suit :

« Pardevant nous, notaires royaux à Saint-Maixent, soussignés,

« Furent présents : Sieur Jacques-Marie Gilles de la Coudre, fils de défunt Jacques-André Gilles, greffier en chef de l'élection de Niort, et de dame Elisabeth de Veillechèze, émancipée par lettres du Prince. Et François-Estienne Bonneau, avocat au siège royal de Saint-Maixent, conseiller avocat du roi, de l'hostel de ville du dit lieu, mandat du curateur du dit sieur Gilles.

« M. Geoffroy Picoron de la Diettrie, conseiller du roi, maire perpétuel et subdélégué à Saint-Maixent. Dame Elisabeth Orry, épouse du dit sieur Picoron de la Diettrie, et demoiselle Anne-Elisabeth Picoron, fille des dits Picoron et dame Orry. Demeurant tous en la paroisse de Saint-Léger de Saint-Maixent, etc.

« Fait et passé au dit Saint-Maixent, demeure des dits
sieur et dame Picoron, en présence et de l'avis de la dite
dame de Veillechèze, tante maternelle du proparlé, — de
Bazile Juchault, son cousin, et de Marie-Jeanne Vallette,
sa femme ; — M. Pierre Orry, conseiller du roi, en
l'élection de Saint-Maixent, dame Françoise Bonneau,
son épouse ; — M. Louis-Théophile Orry, conseiller du
roi, assesseur criminel et premier conseiller au siège de
Saint-Maixent, le dit sieur Orry, oncle maternel de la
demoiselle Picoron ; — Sieur René-Pierre-François Orry,
garde du roi, fils du dit sieur Orry et de dame Bonneau.
Lu aux partis et parents qui se sont soussignés.

« L'an 1758, le 24 avril, à dix heures du soir. ·

« Ont signé : Gilles, — A.-E. Picoron, — Elisabeth
Orry, — Bonneau, — Picoron, — Florimonde de Veille-
chèze, — Françoise Bonneau, — Orry, — Orry, — P. de
Veillechèze, — Juchault, — Pierre Orry — d'Aniau, —
Babu et Caillon, notaires. »

Jacques-Marie Gilles de la Coudre et Anne-Elisabeth
Picoron de la Diettrie, eurent deux enfants :

D'abord : Gilles de la Coudre Geoffroy-Jacques, baptisé à Saint-Maixent, église de Saint-Léger, en février
1758, mort en 1809 ; il avait épousé Françoise-Elisabeth
Boulay de Montru.

Leur contrat de mariage est ainsi :

« Pardevant nous, notaires royaux à Saint-Maixent,
soussignés, furent présents : messire Geoffroy-Jacques
Gilles, avocat au parlement, fils du défunt messire
Jacques-Marie Gilles et de dame Anne-Elisabeth Picoron,
émancipé par lettres du prince, assisté et autorisé de
messire Pierre Picoron de la Pergellerie, avocat en parlement au siège royal de Saint-Maixent, subdélégué de
l'intendant du Poitou, son curateur aux causes,

« D'une part.

« Dame Marie-Catherine Vierfond, veuve de messire
Etienne-François Boulay de Montru, vivant, conseiller

du roi, élu en l'élection de Saint-Maixent, et demoiselle Françoise-Elisabeth Boulay de Montru, fille de la dite dame Vierfond et dudit feu Boulay de Montru, assistée et autorisée de messire Pierre Caillon, son curateur aux causes et, aussi, de la dite dame, sa mère,

        « D'autre part.

« Demeurant tous les dénommés ci-dessus, en la paroisse de Saint-Léger de cette ville de Saint-Maixent.

« Fait et passé au dit Saint-Maixent, demeure de la dite dame de Montru. En présence de l'avis et consentement de : Messire François Gilles de la Coudre, avocat au parlement, frère germain du dit futur ; — dame Marie-Marguerite et Françoise-Esther Picoron, cousines germaines ; — Bonaventure-Jacques Picoron de la Violière, chevalier de Saint-Louis, ancien capitaine aide-major d'infanterie, parent du dit futur en estoc maternel du quatrième au cinquième degré.

« Messire Jean-Alphonse Lévesque, dame Françoise Boulay de Montru, son épouse ; — Charles Aymon, lieutenant d'infanterie, dame Marguerite Boulay de Montru, son épouse ; — Pierre-François Boulay de Montru ; — Demoiselle Marie-Victoire Boulay de Montru, Pierre et Jean Boulay de Montru, clercs tonsurés, frères et sœur germains de la future épouse.

« Lu aux parties qui ont signé :

« L'an mil sept cent quatre-vingt-trois et le vingt-neuf juin, après midi. La dite demoiselle Boulay de Montru, émancipée par lettre du prince. Suivent les signatures. Ardy et Girard, notaires. »

Dont :

1° Gilles de la Coudre Marie-Eulalie, épouse d'Aymon de la Renortière, en 1810, née le 20 avril 1784.

Dont deux filles :

Aymon de la Renortière Elisabeth-Aglaé, épouse Boulogne, et Aymon de la Renortière Louise-Marguerite-Alix, née en 1813. Avec postérité.

Ensuite :

2° Gilles de la Coudre Elisabeth-François, né à Saint-Maixent, paroisse de Saint-Léger, en 1760, époux, le 22 septembre 1793, suivant contrat reçu par Caillon, notaire à Saint-Maixent, de Marie-Marguerite Picoron de la Pergellerie, sa cousine, fille de Pierre Picoron de la Pergellerie, président du tribunal, et de Marguerite Chaigneau du Courtiou, par contrat reçu Babu et Ré, notaires à Saint-Maixent, le 23 septembre 1767.

Page 50.

Picoron de la Diettrie Marie-Anne, épousa, suivant contrat à Saint-Maixent, le 12 avril 1725, au rapport de Lebreton et Vallette, notaires au dit Saint-Maixent, Gaspard-Julien Le Roy.

Ce contrat de mariage est ainsi :

« Pardevant nous ont comparu :

« Dame Elisabeth Pain, veuve de Gaspard Le Roy, vivant, officier à la Monnaye de La Rochelle, et messire Gaspard-Julien Le Roy, leur fils, demeurant en la ville de La Rochelle, paroisse de Saint-Barthélemy,

« D'une part.

« Dame Anne-Françoise de Veillechèze, veuve de Josué Picoron, seigneur de la Guétrie, et demoiselle Marie-Anne Picoron, leur fille, demeurant en cette ville de Saint-Maixent, paroisse de Saint-Saturnin,

« D'autre part.

« Lesquels Julien Le Roy et demoiselle Picoron ont promis de se prendre à mari et épouse, pour être unis et communs dès le jour de leur bénédiction nuptiale en tous biens meubles, acquêts et conquêts immeubles. Advenant dissolution de la communauté, soit par mort ou autrement, sera aux choix de la proparlée ou des siens de son estoc et ligne, de l'accepter ou d'y renoncer.

« Fait et passé audit Saint-Maixent en présence et de l'avis et consentement des parents des dits sieur et demoiselle proparlée.

« Le onzième avril mil sept cent vingt-cinq, heures de midi.

« Ont signé : Julien Le Roy ; — Elisabeth Pain, veuve Le Roy ; — Anne de Veillechèze ; — Marie Devallée ; — Veuve Picoron ; — Renée Brunet ; — Françoise Cottin ; — De Veillechèze ; — De Veillechèze . — Marie-Anne Picoron ; — De Veillechèze ; — Reynaud ; — Picoron ; — De Veillechèze ; — Catherine-Jacquette Bonneau ; — De Veillechèze ; — Le Berthon et Vallette, notaires royaux. »

Le mariage a eu lieu le 12 avril de la même année 1725 :

« Le 12 avril 1725, après la publication d'un ban à notre église paroissiale, j'ai, prêtre soussigné, curé à Saint-Saturnin-de-Saint-Maixent, reçeu à la bénédiction nuptiale et conjoint en mariage, en face de l'Eglise, messire Julien Le Roy et damoiselle Marie-Anne Picoron, . notre paroissienne. Ont assisté à leurs épousailles : Elisabeth Pain, mère du marié ; — Anne-Françoise de Veillechèze, mère de la mariée ; — Jacques de Veillechèze, procureur à ce siège, son oncle ; — messire René Picoron, seigneur de la Violière, conseiller élu dans cette élection, son cousin, et plusieurs autres qui se sont avec nous soussignés.

« Le registre est signé : Julien Le Roy ; — Marie-Anne Picoron ; — Anne de Veillechèze ; — Elisabeth Pain ; — J. de Veillechèze ; — Marie-Anne Berry ; — Renée Brunet ; — Jeanne de Veillechèze ; — Catherine-Jacquette Bonneau ; — de Veillechèze ; — de Veillechèze ; — C. Le Comte, curé de Saint-Saturnin. »

François d'Arcemalle, chevalier, seigneur de Fontroche, était fils d'Antoine d'Arcemalle et d'Henriette de Verteuil.

Page 54.

Jean-Jacques-Blaise d'Abbadie, était commissaire de la marine à Rochefort, commandant pour le roi de la

Louisianne et premier juge du conseil supérieur de cette colonie.

Le contrat de mariage de Jean-Jacques-Blaise et de Marie-Madeleine Harenger du Mesnil-Roland a été passé à Rochefort, le 26 avril 1761, par Ragau et Mérillon, notaires. Etaient présents à ce contrat : Françoise Renée-Harenger du Mesnil-Roland, veuve de messire René Gilbert de Chavagnac, seigneur de Biaigne, chevalier de Saint-Louis, capitaine des vaisseaux du roi, sœur de la future ; — demoiselle Suzanne Harenger du Mesnil-Roland, aussi sa sœur ; — Pierre-Armand-Louis Harenger du Mesnil-Roland, enseigne de vaisseau, son frère ; — Pierre-Gaspard de Chavagnac, officier de marine, son neveu ; — Corneille de Chavagnac, aussi son neveu.

Marie-Madeleine Harenger du Mesnil-Roland, devenue veuve, se remaria avec Gabriel-François Barton de Montbas, officier de marine, fils de Pierre-Louis de Montbas et d'Anne-Marguerite Forien de Saint-Juirs. Etaient présents au contrat de mariage : du chef de l'épouse : Pierre Harenger, écuyer, seigneur du Mesnil-Roland, chevalier de Saint-Louis, capitaine de vaisseau du port de Rochefort, son père ; — Dame Françoise-Renée Harenger du Mesnil-Roland, veuve de René Gilbert, comte de Chavagnac, chevalier de Saint-Louis, capitaine de vaisseau, sa sœur ; — Messire Joseph-Frédéric de Chavagnac, garde de marine ; — Dame Suzanne-Jeanne de Chavagnac, Louise-Marie de Chavagnac, Pierre-Gilbert-Alexandre, comte de Chavagnac, enseigne de vaisseau, ses neveu et nièces. Le contrat de mariage fut reçu par Gaultier et Mérilhac, notaires à Rochefort, le 18 octobre 1771.

Marie-Madeleine Harenger du Mesnil a eu de son second mariage une fille.

Page 56.

Le comte Odon Montesquiou, seigneur de Fézensac, a eu pour enfants :

1° Le comte Georges de Montesquiou de Fezensac, qui épousa Suzanne de Chavagnac ;

2° Le comte Ferdinand de Montesquiou de Fezensac ;

3° Hélène de Montesquiou de Fezensac, mariée, en 1897, au prince Gérard de Lucinge-Faucigny, troisième fils du prince Gérard de Lucinge-Faucigny et de la princesse, née de Sesmaisons. Le mariage fut béni à Paris, église de Saint-Honoré-d'Eylau, le 29 juin 1897.

Page 61.

Joseph Picoron de la Pichonnière eut une fille : Picoron Marie de la Pichonnière, née en 1711, baptisée à Saint-Sauveur de La Rochelle, avec Josué Picoron pour parrain et Marie-Anne Naudeau ou Raudeau pour marraine. Elle épousa Billaut des Brosses, prévôt général du pays d'Aunis, demeurant au Bourgneuf, près la Rochelle, où elle mourut en 1794.

CHAPITRE III

Pages 63 et 64.

Françoise Brisseteau de Saint-Michel, épousa Etienne Viault, seigneur des Coignasses, conseiller au siège royal de Saint-Maixent. Elle eut de ce mariage deux enfants :

1° Françoise Viault des Coignasses, qui naquit à Saint-Maixent et fut baptisée, le 14 novembre 1672, église de Saint-Léger de cette ville. Le parrain fut Jean Viault, seigneur des Marchollières, et la marraine Marie Coustineau. Elle se maria à Saint-Maixent, le 27 avril 1699, à Jean Arnauldet, veuf de Françoise Roy ; furent présents au mariage : Estienne Viault, père ; — Louis et Claude Arnauldet, frères de l'époux ; — Philippe Arnauldet, son oncle.

2° Philippe Viault, seigneur de Torsay, habitant la paroisse de Saint-André de Niort, qui épousa, en juin 1618, à Saint-Maixent, paroisse de Saint-Saturnin, Perrette Greffier.

Donation entre Helenus Coustineau, avocat au parlement et siège de Saint-Maixent, et dame Marie Viault, son épouse, passée à Saint-Maixent, le 16 mars 1638, par Franc, notaire. Marie Viault, devenue veuve, mourut à 84 ans le 19 février 1701.

De Cumont Jean, écuyer, seigneur de Pansacre, époux, en 1623, d'Anne Gouault, fille de Pierre Gouault et de Marthe Viault.

Jean Viault, épousa Marie Gerbier, suivant contrat reçu par Lefranc, notaire à Saint-Maixent, le 29 septembre 1641.

Testament de René Viault, chevalier du Breuillac, en faveur de Jacques ; — Louise ; — François ; — René ; — Amable ; — Charlotte ; — Jean ; — Louis ; — Madeleine ; — Pierre et Thomas de la Lande. Passé à Menigoute, le 20 février 1643, par Rondier, notaire.

Jean Viault, fils de Jacques Viault et de Françoise Chollet, veuf de Marie Gerbier, épouse honnête fille Marie Cassin, fille de feu Isaac Cassin, seigneur de Virzay, conseiller secrétaire du prince de Condé, et de Jeanne Palustre, suivant contrat passé à Saint-Maixent, le 15 novembre 1644, par Rousseau et Boucher, notaires.

Mariage de Michel Le Riche, seigneur des Groies, capitaine au régiment de Chouppes, avec Jeanne Viault, fille de Jean Viault et de feue Marie Gerbier, passé à Saint-Maixent, le 6 avril 1667, par Charruyer et Faidy, notaires.

« Pardevant nous a esté présentement establi et soumis Michel Le Riche, le jeune, sieur des Groies, cy-devant capitaine au régiment de Chouppes,

« D'une part.

« Et maistre Jean Viault et Jeanne Viault, sa fille, et de défunte dame Marie Gerbier.

« Demeurant les parties en cette ville de Saint-Maixent,

« D'autre part.

« Lesquels Le Riche et Viault, fille, de l'adveu et consentement, le dit sieur Le Riche, de messire Jean Le Riche, sieur de la Charruellière, aussy advocat, son frère, et la dite Viault, du dit messire Jean Viault, son frère. Et encore de maistre Estienne Viault, aussi advocat, au parlement audit Saint-Maixent, frère aîné de la dite Jeanne et de messire Pierre Coustineau, sieur de Goguelays, conseiller du roi et eslcu en l'élection de cette ville, son beau-frère, et d'autres parents et amis, pour ce, assemblés, ont promis par le traité de leur mariage de se prendre à mari et femme pour être en communauté de tous biens, meubles acquêts et conquêts immeubles, etc. »

Il est parlé d'une somme due par le père de la proparlée à cette dernière comme provenant de sa tante dame Suzanne Chaignon.

Viault père renonce au testament qui lui a été fait par la dite défunte Gerbier, sa seconde femme.

Les futurs conjoints s'engagent à payer à Viault père une rente viagère en blé qui lui sera fournie par les métayers de la métairie de la Chaillochère, appartenant à la proparlée.

Le sieur des Groies, futur, fait une donation à sa future.

« Fait et passé au dit Saint-Maixent, en la maison de demeure du dit sieur Viault, leu et donné à entendre aux dites parties qui se sont soubscrites, le sixième jour d'avril mil six cent soixante-sept, après midi.

« Michel Le Riche; — Le Riche; — Jeanne Vyault; — J. Le Riche; — Marguerite Ochier; — François Chevalier; — Anne de La Fitte; — P. Cassin; — Antoine

Jousseaume ; — Viault ; — Coustineau ; — Pasturault ; — Jean Viault ; — Marie Viault ; — Gogué ; — Elisabeth Devallée ; — Moulinier ; — Claude Adam (de Puyravault) ; — Gerbier ; — Gerbier, prêtre ; — Catherine Gerbier ; — Marie Gerbier ; — Catherine Chaignon ; — Philippe Gerbier ; — P. Gerbier ; — J. de Neufville ; Isaac d'Aitz (Mesmy) ; — des Crevans ; — François d'Orfeuille ; — Chamier et Faidy, notaires. »

Donation faite par Helenus Coustineau, seigneur du Courtiou, avocat au siège royal de Saint-Maixent, et dame Marie Viault, son épouse, à Georges Coustineau, leur fils, qui se disposait à entrer dans l'état ecclésiastique, de la pension de 1,200 livres, passée par Chaumier, notaire, insinuée le 10 janvier 1671.

Contrat de mariage de Michel Le Riche, seigneur de la Groie et échevin, conseiller de la commune de Saint-Maixent, veuf de dame Jeanne Viault, avec Catherine Gogué, fille d'Hilaire Gogué, avocat au parlement et au siège royal de Saint-Maixent, et de dame Catherine Bonneau. Passé à Saint-Maixent, le 7 mai 1677, par Garnier, notaire.

Jeanne Viault, épouse de Michel Le Riche, seigneur des Groies, décédée à Saint-Maixent, le 14 juillet 1676.

Jean Viault, seigneur des Marchollières, décéda à Saint-Maixent, le 6 septembre 1678.

Contrat de mariage de Maixente Le Riche, fille de Michel Le Riche, seigneur des Groies, et de Jeanne de Veillechèze, avec Pierre de Jouslard, écuyer, seigneur de la Retuserie, fils d'Etienne de Jouslard, écuyer, et de Marie Chollet. — Saint-Maixent, le 27 février 1685, Charruyer, notaire.

Donation mutuelle entre Jean Chaignon et dame Marguerite Viault, mari et femme, passée à Saint-Maixent, le 3 janvier 1689, par Faidy, notaire.

Donation faite par Louis Viault, chevalier, seigneur du Breuillac et de Pressigny, et dame Françoise des Francs, son épouse, en faveur d'Anne Viault, leur petite fille, de la somme de dix mille livres à prendre sur leurs successions, passée au Petit-Chêne, le 13 septembre 1733, par Baraton, notaire à Parthenay.

Donation faite par Marie-Renée Viault, du Breuillac, dame de Danzay, Saint-Georges-de-Noisné, la Proustière, Asnières et autres lieux, en faveur de Jean-Marie Viault, chevalier, seigneur de Pressigny, son neveu, fils de Louis Viault, chevalier, seigneur du Breuillac, Verruyes, Mazières, Saint-Christophe-sur-Roc, Vouhé et de la Roussière, frère de la donataire, ainsi que de la terre et seigneurie de Danzay. — Passé à Saint-Maixent, le 16 février 1736, par Nosereau, notaire royal.

Le 12 juillet 1672, Françoise Viault était veuve de Pierre Coustineau, seigneur de Marcusson. En 1673, Pierre Coustineau, seigneur de Marcusson, conseiller du roi en l'élection de Saint-Maixent, assiste, à Saint-Saturnin, au mariage de son cousin, Louis Maboul, écuyer, seigneur de la Gabauge, conseiller du roi en l'élection et lieutenant criminel à Niort, avec Catherine Lévesque, âgée de 45 ans, veuve de Charles Clément, seigneur de la Boistrie, lieutenant particulier au siège de Niort.

Avant d'être aux Coustineau, Marcusson avait appartenu à la famille Toustain du Manoir.

A Augé, le 6 janvier 1672, Louis Maboul, escuyer, seigneur de la Gabauge, avait été parrain, Catherine Lévesque, épouse de Charles Clément, seigneur de la Boistrie et du Grand Breuil de Praille, conseiller du roi et son lieutenant général au siège royal de Saint-Maixent, étant marraine.

Archives nationales

P. 436 [2]. — Pierre Viault, écuyer, seigneur de la Reigle, paroisse de Béceleuf, mouvance de Parthenay, et Marie Goguet, son épouse, demeurant à la Reigle, paroisse de Saint-Maurice-de-Béceleuf.

P. 436 [2]. — 27 août 1698. — Hommage de la Prévezalière, paroisse de la Chapelle-Seguin, mouvance de Secondigny, par Daniel Prevost, écuyer, seigneur de Létorière, en qualité de propriétaire, à droit successif, d'Anne Viault, sa mère.

P. 436 [4]. — 6 août 1700. — Hommage de Pressigny, paroisse de Verruyes, mouvance de Parthenay, par Louis Viault, chevalier, seigneur du Breuillac, fils et héritier de feu René Viault, chevalier, seigneur du Breuillac, assisté de Chevrelière, son procureur.

P. 436 [4]. — 19 novembre 1700. — Hommage de la Roussière, paroisse de Verruyes, mouvance de Parthenay, par Marguerite-Georgette Viault, assistée de Tranchant, son procureur.

P. 436 [2]. — 27 août 1698. — Hommage de la Prévezalière, paroisse de la Chapelle-Seguin, mouvance de Secondigny, par Daniel Prevost, écuyer, seigneur de Létorière, en qualité de propriétaire à droit successif, d'Anne Viault, assisté de Joseph Dupont, son procureur.

FAMILLE BRUNET DE SORS

Jacques Brunet, seigneur de Sors, substitut du procureur du roi de l'élection, commissaire enquêteur au siège royal de Saint-Maixent, fut échevin de cette ville de 1717 à 1731. Il avait épousé Catherine Agier, et mourut à Saint-Maixent, le 5 juillet 1731.

Ils eurent pour enfants :

PREMIÈREMENT

Renée Brunet de Sors, mariée le 1er avril 1713, à René Picoron, seigneur de la Violière, conseiller du roi en l'élection de Saint-Maixent, né le 5 avril 1692, mort le 3 mai 1755. Il est qualifié seigneur de la Violière dans l'acte de décès de son fils, dressé à Saint-Maixent le 1er mai 1808.

De ce mariage naquirent quatorze enfants :

1° Picoron de la Violière Renée, qui naquit le 5 février 1716.

2° Picoron de la Violière Catherine, née le 6 janvier 1718, mariée à Jacques-François Orry de la Coudre. Leur fils, Pierre Orry de la Coudre, épousa Marie-Hélène Texier de la Caillerie.

3° Picoron de la Violière Charles, né le 3 janvier 1719.

4° Picoron de la Violière Catherine-Renée, venue au monde le 3 juin 1720.

5° Picoron de la Violière Jean-Théophile, né le 16 décembre 1721.

6° Picoron de la Violière Jacques-Bonaventure, seigneur de la Violière, né le 6 août 1724. Il fut chevalier de l'ordre militaire et royal de Saint-Louis, capitaine adjudant-major au régiment royal de Berry-Infanterie, capitaine de première classe de l'ordre royal des Invalides. Il épousa, le 17 janvier 1764, Madeleine Lévesque, et mourut sans enfant à Saint-Maixent, le 1er mai 1808, âgé de 84 ans.

7° Picoron de la Violière Françoise-Catherine-Elisabeth, née le 19 novembre 1725.

8° Picoron de la Violière Geoffroy-René, né le 20 novembre 1726.

9° Picoron de la Violière Pierre-René, né le 11 mars 1728.

10° Picoron de la Violière Marie-Elisabeth, née le 20 janvier 1731.

11° Picoron de la Violière Julien-Anne-Louis, né le 1er décembre 1732, prêtre chapelain de Sainte-Marie-Madeleine de Saint-Maixent et de Chaurais.

12° Picoron de la Violière Louise-Renée, née le 17 mai 1735, mariée à Louis-Charles-Philibert Oudin.

13° Picoron de la Violière Jean-Louis, né le 7 mai 1738.

14° Picoron de la Violière Madeleine, épouse de Louis-Pierre Faidy, qui prit le nom de Faidy de la Violière que ses descendants continuèrent à porter.

Leur contrat de mariage fut reçu par Caillon, notaire à Saint-Maixent, le 26 avril 1758.
Il eut lieu en présence de :
Demoiselles Catherine et Françoise Faidy, sœurs du proparlé,
Messire Julien-Anne Picoron de la Violière, prêtre-chapelain de Sainte-Marie-Madeleine de Saint-Maixent et de Chaurais, frère germain de la dite demoiselle de la Violière proparlée,
Messire Geoffroy Picoron de la Diettrie, conseiller du roi, maire perpétuel et subdélégué à Saint-Maixent de l'intendant du Poitou, cousin issu de germain de la dite proparlée,
Et messire François Daguin de la Roche, conseiller du roi, aussi maire perpétuel de Saint-Maixent, époux de Marie-Louise Brunet, qui est cousine germaine maternelle de la dite proparlée.

Cette union donna naissance à :
Julien-Louis-Joseph Faidy de la Violière, capitaine au 19e régiment de chasseurs à cheval, officier d'ordonnance

du général Marceau, chevalier de la Légion d'honneur et
décoré du Lys.

Il naquit le 7 avril 1759, et mourut le 12 mai 1837 à
Saint-Maixent. Il avait épousé, en premier mariage,
Marie-Thérèse Chevallereau de la Sonnerie, dont il eut
une fille, Françoise-Geneviève Faidy de la Violière, née
en 1789, décédée sans enfants après s'être mariée deux
fois. Le second mariage de Julien-Louis-Joseph Faidy
de la Violière eut lieu avec Marie-Elisabeth Vallette,
veuve de Jean-Charles Chaigneau de la Guyonnière,
dont elle avait eu une fille, Justine Chaigneau, mariée
à M. Guéritault, habitant Poitiers. Ce second mariage
de Julien-Louis-Joseph Faidy de la Violière est en
date, à Saint-Maixent, du 21 nivôse an X, et en
naquirent :

1° Antoine-Frédéric Faidy de la Violière, qui se maria,
d'abord, à Champdeniers, avec Marie-Placide Citoys
de ***, décédée à Saint-Maixent le 31 janvier 1848 ;
ensuite, à Niort, en 1850, avec Marie-Anne-Isaure de La
Roy de Lorme. Il mourut à Saint-Maxire (Deux-Sèvres),
le 29 juillet 1878, ne laissant pas de postérité.

2° Françoise-Maixente-Evelina Faidy de la Violière,
née à Saint-Maixent le 4 mai 1807, morte le 17 décembre
1875. Elle se maria, à Saint-Maixent, le 12 mai 1834,
avec Pierre Lévesque des Maisons-Neuves et de Mons,
veuf d'Aline Girard.

Du mariage de Françoise-Maixente-Evelina Faidy de
la Violière et de Pierre Lévesque des Maisons-Neuves
et de Mons, deux enfants :

1° Pierre-Ernest Lévesque des Maisons-Neuves et de
Mons, né à Saint-Maixent le 1er janvier 1837, marié à
Niort le 11 août 1863, avec Marie-Amélie Martineau,
née à Niort en 1838.

Ils eurent un fils unique Pierre-Roger Lévesque des
Maisons-Neuves, né à Saint-Maixent le 14 mai 1864. Il
se maria à Angoulême (Charente), le 18 avril 1896, avec

Aline-Marie-Louise Cazier, née à Reims (Marne), le 25 août 1875.

Ce mariage vit naître, à Niort, le 1er novembre 1897, Lévesque des Maisons-Neuves et de Mons Marie-Simone, et, à Paris, le 2 juin 1901 (8e arrondissement), Lévesque des Maisons-Neuves et de Mons Marie-Renée.

2° Lévesque des Maisons-Neuves et de Mons Antoine-Frédéric-Amédée, célibataire, décédé à Paris (XIIe arrondissement), le 20 septembre 1906.

SECONDEMENT

Pierre Brunet de Sors, époux de Madeleine Sarrazin. De ce mariage naquit :

Brunet de Sors Marie-Louise, épouse, à Saint-Maixent, le 16 novembre 1742, de François-Laurent Daguin, seigneur de la Roche-Naide, né le 1er décembre 1718 ; il fut conseiller du roi et maire de Saint-Maixent en 1741 (alternatif) et perpétuel en 1758. Il fut renommé, par brevet du roi, le 13 juillet 1775 et aussi en 1780 et 1790. En 1787, il fut député du Tiers-Etat à l'assemblée provinciale du Poitou, et décéda le 22 messidor an VIII (1800).

Leur acte de mariage est ainsi :

« Mariage de messire François-Laurent Daguin, seigneur de la Roche-Naide, bachelier en droit, fils de feu messire François Daguin, seigneur de la Roche-Naide, et de dame Elisabeth Perot, autorisé de la dite dame sa mère, demeurant l'un et l'autre paroisse de Saivres. La dite dame Perot, mère, présente et soussignée.

« Avec demoiselle Marie-Louise Brunet, fille de messire Pierre Brunet et de feue Madeleine Sarrazin, autorisée du dit sieur Pierre Brunet, son père, avec lequel elle demeure, paroisse de Coustières.

« Signatures : Marie-Louise Brunet ; — Brunet ; — Daguin de la Roche-Naide ; — Elisabeth Perot ; — Brunet ; — Thibault de Neuchaise ; — Perot ; — Pairault ; — Brunet.

« Ledit mariage a été fait par moi soussigné Daguin, prêtre, curé, à Saint-Maixent, le 26 novembre 1742. »

François-Laurent Daguin, seigneur de la Roche-Naide, et Marie-Louise Brunet de Sors, eurent seize enfants :

1° Daguin de la Roche-Naide Elisabeth-Marie, née en 1743, morte en 1828, qui épousa Jean-David Gaudin, seigneur des Maisons-Neuves.

2° Daguin Pierre-Geoffroy, écuyer, seigneur du Coudray, né à Saint-Maixent, le 20 janvier 1746, avec Geoffroy Picoron de la Diettrie, conseiller, maire ancien, pour parrain ; il servait, en 1775, dans les gendarmes de la garde du roi. Il habitait le Coudray-Chauvin, près Pamproux (Deux-Sèvres), quand il épousa Elisabeth Poignant, fille d'Etienne-Joseph, seigneur de la Séguinière, et de Marie-Catherine de Sauzay.

Ils eurent :

Daguin Pierre-Louis, seigneur du Coudray, marié le 13 septembre 1819, suivant contrat de Pelletan et Blanchard, notaires à Vitrac et Mazerolles (Charente), avec Thérèse Roux de Reilhac, fille de François et de Marie Fleurance de Chevreuse.

Dont :

Daguin François-Charles, seigneur du Coudray, marié le 17 avril 1849, avec Marie-Anne de Jouslard, fille d'Aimable Lubin de Jouslard et de Marie-Adélaïde Garnier de Coussières.

De cette union :

A. Daguin du Coudray Louis, né le 21 janvier 1850, mort en 1854, 8 septembre.

B. Daguin du Coudray Marie-Elisabeth, née en 1855, mariée, le 20 janvier 1880, à Edouard Gardrat, décédé. Il y a postérité.

C. Daguin du Coudray Gabrielle, née le 12 octobre 1863, morte en 1866, le 26 mai.

D. Daguin Marie-Thérèse du Coudray, née le 6 février 1851, mariée en 1870, 25 avril, avec Charles-Edmond de Jouslard, son oncle, né le 12 juillet 1840, demeurant à Chisseré, commune de Saivres.
De ce dernier mariage :

A'. De Jouslard Gabrielle-Marie-Thérèse, née le 16 janvier 1871, épouse, le 25 septembre 1894, de Jules-François-Alexandre Palustre de Montifaut.
Dont :
Jeanne-Marie-Josephe Palustre de Montifaut, née le 11 mars 1896, et Bernard-Joseph, mort enfant.

B'. De Jouslard Marie-Charles-Edmond, né le 20 novembre 1872, marié le 21 avril 1897, avec Hélène-Marie Palustre de Montifaut. Cette dernière, sœur de Jules-François-Alexandre Palustre de Montifaut.
Dont :
De Jouslard Hubert, né le 29 juin 1900.
Odette, née le 20 mars 1898.
Solange, née le 2 novembre 1902.

C'. De Jouslard Marie-Radegonde, née le 27 mai 1875.

4° Daguin de la Roche-Naide Jacques-Augustin, écuyer, seigneur de la Vallée (Dompierre en Aunis), né en 1747. Gendarme de la garde du roi en 1771, il prit sa retraite à Lunéville, le 2 septembre 1779. Il s'unit à Françoise-Angélique Guillotin.
Dont :

Daguin de la Roche Augustin-Jean-François, décédé en 1827, marié à ***.

Dont :

A''. Daguin de la Roche Augustin-François, décédé en 1845, sans postérité.

B''. Daguin de la Roche Joseph, né en 1807, mort en 1889, époux de ***.

Ce mariage vit naître Pulchérie Daguin de la Roche, mariée à Viaud.

C''. Daguin de la Roche Marie-Adèle, née à Dompierre (Charente-Inférieure), le 12 décembre 1807, décédée à Saivres, près Saint-Maixent. Elle épousa, le 22 octobre 1834, Palustre de Montifaut François-Léon, né à Saint-Maixent, le 19 novembre 1800, garde du corps, surnuméraire dans le compagnie d'Hoiré le 24 décembre 1815, avec rang de sous-lieutenant, lieutenant à la même compagnie le 1er juillet 1820, garde du corps de 1re classe le 26 juin 1822, capitaine le 1er juillet 1828, compagnie de Croix. Il a accompagné Charles X à Cherbourg en 1830, fut mis, le 25 août, en congé illimité à Saint-Lô, puis renommé capitaine de cavalerie le 1er octobre suivant. Il passa, le 16 décembre 1830, capitaine au 50° de ligne, fit en cette qualité le siège d'Anvers, en 1832, et mourut à Metz le 13 juin 1837.

Ce mariage eut deux enfants :

A'''. Palustre de Montifaut Jules-Léon, qui fut commandant de mobilisés en 1870, maire de Fontevrault (Maine-et-Loire), se maria le 22 juillet 1862, avec Arsène-Eugénie Courtade.

Ils eurent :

1° Hélène-Marie-Arsène, morte enfant ;

2° Jules-François-Alexandre, né à Fontevrault, marié le 25 septembre 1894, avec Gabrielle-Anne-Thérèse de Jouslard, fille d'Edmond de Jouslard et de Marie-Thérèse

Daguin de la Roche. Tous déjà nommés dans ce travail.

Les enfants des époux Jules-François-Alexandre Palustre furent : Jeanne-Marie-Josèphe, née le 11 mars 1896, au Coudré ou Coudray, commune de Pamproux (Deux-Sèvres); Bertrand Joseph, mort enfant.

3° Bernard-Joseph, archiviste à Perpignan.

4° Hélène, mariée le 21 avril 1897, avec Marie-Charles-Edmond de Jouslard, fils d'Edmond et de Marie-Thérèse Daguin des Roches, tous aussi déjà dénommés. Hélène Palustre et Marie-Charles-Edmond de Jouslard, eurent : Hubert, né le 29 juin 1900.

B'''. Palustre de Montifaut Louis-Marie-Léon, né à Saivres, le 4 février 1838, avocat, hommes de lettres, chevalier de la Légion d'honneur.

Il se maria, le 12 janvier 1869, avec Marie-Augustine-Félicie-Marguerite Palustre, dont il n'a pas eu d'enfant. Il est décédé, le 26 octobre 1894, à Groison, commune de Saint-Symphorien, banlieue de Tours.

FAMILLE AGIER DE GRANDCHAMP

Guy Agier, sieur de Grandchamp, naquit à Sommières-du-Clain, le 7 août 1636, localité qui fut le berceau de la famille Agier et d'où sont sortis les Agier de la Renaudière, de la Saulais, de la Bataillère, de la Barre, de la Touretière et de Grandchamp. Il était enfant d'Antoine Agier de Grandchamp et de Jeanne Perrochon.

Il se maria deux fois : 1° à Suzanne Hugeau, dont plusieurs enfants morts en bas âge; — 2° à Jacquette de la Faye, dont : Madeleine, née le 5 février 1686; —

Suzanne, née le 25 février 1696, filleule de Pierre Agier, demeurant à Saint-Maixent, et de Jeanne Loyseau, épouse Agier ; — Guy, qui suit :

Agier Guy, procureur au siège royal de Saint-Maixent, où il épousa, le 1er septembre 1711, Françoise Bernardeau de la Briaudière.

Dont deux enfants :

Agier Louise-Renée, mariée le 3 mai 1740, avec François-Etienne Bonneau, seigneur des Cervetières et de Leigné, né en 1712, avocat au parlement, juge sénéchal de l'abbaye de Saint-Maixent, assesseur au siège de cette ville, échevin en 1768 et 1770, installé avocat du roi le 13 juillet 1750, charge supprimée en 1765.

Elle est morte sans postérité.

Agier François, procureur au siège royal de Saint-Maixent, le 11 décembre 1724, époux de Marie Avrain. Il mourut à Saint-Maixent le 23 juin 1755, et fut inhumé à l'église Saint-Léger.

Dont deux enfants :

Charles-Guy-François Agier et Guy Agier.

Premièrement. — Charles - Guy - François Agier, naquit à Saint-Maixent le 29 août 1753. Il fut nommé le 9 juillet 1784, lieutenant général de la sénéchaussée de Saint-Maixent, procureur du roi de l'hôtel de ville, député du Tiers-Etat aux états généraux de 1789, membre de l'Assemblée constituante, commissaire du gouvernement, procureur impérial, procureur du roi jusqu'en 1827, époque à laquelle il prit sa retraite et fut nommé président honoraire du tribunal de Niort.

Il se prononça, en 1790, pour la suppression des ordres religieux et ce fut sur sa proposition que le nom de Commune fut substitué à celui de Paroisse. Lorsque Louis XVI fut ramené prisonnier de Varennes à Paris, il combattit la motion de Robespierre, qui demandait que le roi fut mis en jugement. Après la session de l'Assemblée constituante, il fut nommé membre de la cour de cassation, mais refusa. Incarcéré pendant la Terreur, il ne fut rendu à la liberté qu'après le 9 thermidor.

Son décès arriva le 30 mai 1828, laissant, disent MM. Beauchet-Filleau, dans leur ouvrage, la réputation d'un magistrat intègre et d'un homme politique plein de modération.

Trois enfants naquirent de son mariage : François-Marie, qui suit ; — Julien, qui embrassa la carrière des armes ; — Saint-Aubin Agier, entrepositaire des tabacs à Niort, puis directeur des Contributions indirectes à Soissons, mort vers 1830.

François-Marie Agier, naquit le 1er juillet 1791, à Saint-Maixent, où il fit ses premières études qui furent brillantes. En 1810, il remplissait les fonctions de procureur général près la cour de Paris.

Lors de la rentrée des Bourbons, en avril 1814, Agier, dévoué à la famille royale, à la tête des jeunes gens, parcourut les rues de Paris avec des drapeaux blancs. Arrivé à la place Louis XV, à l'endroit où Louis XVI avait porté sa tête sur l'échafaud, Agier s'arrêta et s'écria : « A genoux, Messieurs, sur cette place où Louis XVI fut rendu à la vie immortelle ! A genoux devant Dieu qui seul a pu produire le miracle de notre délivrance. » Agier vota contre l'adresse que la cour de Paris voulait envoyer à Napoléon après le 20 mars et coopéra en 1819 et 1820 à la rédaction du *Conservateur*. Destitué sous le ministère Decazes, M. Agier rentra bientôt à la cour royale de Paris sur la demande adressée par ce corps à M. le Garde des Sceaux, et y fut nommé conseiller en 1822.

Président du collège électoral de Parthenay en 1824, il fut élu député des Deux-Sèvres et réélu en 1827. Il fut vice-président de la Chambre des députés et, en 1828, candidat à la présidence. Le 15 mars 1830, il prononça un discours, ne laissant aucun doute sur le revirement de ses opinions politiques et signa l'adresse des 221. Il provoqua le coup d'état qui fut le prétexte de la Révolution de 1830.

Les électeurs des Deux-Sèvres ne lui continuèrent pas son mandat en 1831, et la garde nationale de Paris ne le maintint pas à la tête d'une légion. Il resta simple conseiller à la cour de Paris.

Suivant contrat reçu par Lévesque, notaire à Saint-Maixent, le 9 septembre 1833, François-Marie Agier fit une donation immobilière en faveur de Charlotte-Eponine Agier, sa nièce, fille de Saint-Aubin Agier, directeur des contributions indirectes de l'arrondissement de Soissons. François-Marie Agier et Saint-Aubin Agier, étaient frères, comme fils de Charles-Guy-François Agier, dont ils étaient seuls héritiers. Ce dernier mourut à Niort. L'immeuble donné appartenait au donateur pour l'avoir eu de son père à titre de donation entre vifs, par contrat au rapport de Mᵉ Chevrier, notaire à Paris, le 26 janvier 1824.

Secondement. — Agier Guy, frère de Charles-Guy-François, comme il a été dit, procureur au parlement de Paris, eut pour enfants : 1° N... ; — 2° Pierre-Jean, qui suit :

Agier Pierre-Jean, naquit à Paris le 28 décembre 1748. Nommé en 1789, député suppléant de Paris pour le Tiers-État, il fut porté par l'Assemblée nationale sur la liste des candidats pour la place du gouverneur du Dauphin, et fut nommé après, président du Conseil des dix, puis, vice-président du tribunal d'arrondissement, siégeant aux Petits-Pères dont il fut président en 1792, fut mis à la retraite pour avoir refusé de prêter le serment de liberté et d'égalité en août 1792, puis, nommé en 1795, commissaire national près le tribunal du Vᵉ arrondissement, et plus tard, président du tribunal révolutionnaire régénéré. Il fut, sous le Consulat, juge à la cour d'appel de Paris, et, en 1802, président de cette cour et maintenu dans ces fonctions par Louis XVIII, le 18 septembre 1815. Il mourut à Paris le 22 septembre 1823, laissant de nombreux ouvrages remarquables. Dupin jeune a publié dans l'*Annuaire de Mahul*, 1823, une notice très louangeuse sur Agier.

Extrait du *Dictionnaire* de Beauchet-Filleau, de l'*Histoire de Niort* de Briquet et de documents personnels.

DEUXIÈME DIVISION

FAMILLE PICORON ET SES ALLIANCES

1re édition, 2e volume

1898

CONTINUATION

Page 15.

Jean Duchesne, écuyer, seigneur de Vauvert, portait : d'azur à trois glands d'or, deux et un.

Armorial de France d'Hozier. — *Election du Poitou*, page 274.

M. et Mme Alfred-Théodore Bellivier de Prin, eurent trois enfants : 1° Madeleine-Marie-Françoise, née au château de Bournais, canton de l'Isle-Jourdain, le 18 janvier 1899 ; 2° Marie-Thérèse-Yvonne-Françoise, née à La Rochelle le 17 avril 1902 ; 3° Elisabeth-Marie-Françoise, née au château de Bournais, le 23 mars 1904.

Marguerite-Elisa-Marie de Gourville, née à La Rochelle le 15 avril 1875, mariée à la Rochelle le 3 avril 1902, à Dubois de la Patellière Félix-Marie, lieutenant au 7e hussards, né le 27 septembre 1872 au château de la Pairie, commune de Saint-Julien-des-Conulles (Loire-Inférieure), de Félix-Charles de la Patellière et de Isabelle-Eugénie-Marie Legrand de Liraye. Dont une fille : Anne-Marie-Elisabeth-Madeleine Dubois de la Patellière, née à Valence-sur-Rhône, le 27 novembre 1904.

Page 21.

Contrat de mariage de de Pons, comte de Roquefort, seigneur de Quairay, fils de Jean-Jacques de Pons, marquis de La Caze, baron de Thors, et de Charlotte de Parthenay, demeurant au château de Quairay, paroisse de Saint-Gelais, avec Henriette Vigier, fille d'Henri Vigier, chevalier, seigneur de Seignelé, et de Marie de Queux, dame de Seignelé et de Massac, demeurant au dit Massac. En présence de Charles Vigier, chevalier, seigneur de Massac, frère de la future ; — Suzanne Vigier, sa tante paternelle ; — Suzanne d'Abillon, sa cousine. — Acte passé à Massac, le 30 novembre 1651, par Gaboreau.

Un Charles de Sermanton, écuyer, seigneur de la Chevinière, habitait Saint-Maixent au XVIIᵉ siècle. Il portait : D'azur à un chevron d'argent, accompagné de trois crousilles, de même, deux en chef, une en pointe. *Armorial du Poitou.* — D'Hozier. — *Election de Saint-Maixent*, page 281.

René de Pons, écuyer, seigneur de Fief-Richard, se maria, le 14 janvier 1431, avec Catherine Sermanton.

Page 23.

Marie Brunet, veuve de François de Laage, portait : De gueule à une fasce d'or, accompagnée de trois croissants d'argent, deux en chef, un en pointe.
Armorial de France. — Généralité du Poitou, page 274.

Page 26.

Une Jeanne du Tiers, née le 20 juillet 1665, fut mariée, le 17 février 1686, à Alphée de Monéis, cheva-

lier, seigneur d'Ordières, inhumée à Châtain le 11 mars
1703. Elle était fille de Paul du Tiers, écuyer, seigneur
du Chaillou ou Chillou (Chey, Deux-Sèvres), et de Marie
Collin, fille de Jacques Collin, seigneur de Pinavin, et
de Jacquette Greffier.

Page 27.

L'abbé d'Angély fut vicaire de Saint-Roch en 1886,
vicaire de la Madeleine en 1900, où il mourut quelque
temps après, il était né le 7 novembre 1846. Sa sœur,
Marie, est née le 20 mars 1848, et s'est mariée le 18 avril
1862 à Anatole Roger ; son frère, Maurice, né le 15 avril
1852, s'est marié le 18 avril 1881 avec Marguerite
Dupuy.

Page 34.

Un James de Frégnaudie portait de gueules à un
dauphin couché d'or.
D'Hozier. — *Poitou*, page 28.

Page 41.

« Le contrat de mariage de Samuel de Pons est ainsi :
« Contrat de mariage de Samuel de Pons, écuyer, sei-
gneur de la Cour et de Villemorin, veuf de feue Renée
Vincent.
« Avec demoiselle Jeanne d'Annemarie, fille de Jean
Joachim d'Annemarie, écuyer, seigneur de la Brousse, et
de Polyxène de Pressac.
« En présence de :
« Pierre de Pons, écuyer, seigneur de la Perrière, et de
Mathias de Pons, écuyer, seigneur de la Caillerie, frère
du pourparlé ; — René de Sermenton, écuyer, seigneur
de Pré-Roux, et de dame Jeanne de Coursay, frère et belle-
sœur de la future : — Moïse de Pons, écuyer, seigneur
de la Coudre ; — Antoine de Pons, écuyer, seigneur
de la Caillaudrie ; — de Pons, écuyer, seigneur de
la Brunette ; — René Gonard, écuyer, seigneur de la

Tourblanche ; — Jean Bonnetyes, écuyer, seigneur de la Couture et dame Madeleine de Bosquevert, son épouse ; — René Lecomte, écuyer, seigneur de la Cachetière ; — Thomas Dupuy, écuyer, seigneur de la Breillerie ; — Charles de Sermenton, écuyer, seigneur de Péré. — Passé à la Fauchère, le 16 avril 1646, par Chollet et Guilbard, notaires. »

Page 45.

Claude de Pons, écuyer, seigneur du Coustumier, épousa, le 21 avril 1694, à Saint-Maixent, église de Saint-Saturnin, Marguerite de Veillechèze, fille de Pierre de Veillechèze et de Maixente Palustre.

Page 78.

Louise de Lescours et Louis de Saint-Georges, seigneur de Marsay, mariés en 1676, habitaient leur château de Marsay, non loin de Mauzé, en Aunis, qui fut maintes fois, pendant les guerres de religion, le refuge des protestants. Ils eurent six enfants : 1° Charles-Hector, né à Paris en 1688 ; il entra au service de l'électeur de Hanovre, mais abandonna bientôt la vie militaire pour se marier avec une demoiselle de Callenberg, et vivre dans la retraite. Sa mort eut lieu à Ambleden en 1755. — 2° Hélène. — 3° Charlotte. — 4° Louise, qui se maria en Hanovre. — 5° Marianne, devenue en Hollande l'épouse d'un réfugié pour cause de religion, Bas-Poitevin, Pierre Sonnet du Bois-Ménard. — 6° Armand-Louis, fils aîné, qui naquit au château de Marsay en 1680. Il resta en France avec son père malade quand sa mère sortit du royaume avec ses cinq autres enfants et se réfugia à Genève où elle mourut. Son père, étant venu lui-même à décéder en 1701, il se voua à l'administration de sa fortune, faisant passer ses revenus à l'étranger pour sa famille. Après la mort du roi de France, il obtint, en 1716, la permission de faire un voyage en Allemagne et se rendit à Zell, où il épousa Madeleine de Schutz, fille d'un ancien ministre de l'élection de Hanovre, et mère du baron Bernstorff, l'un des conseillers les plus écoutés de Georges Ier. Il entra au service de la Grande-Bretagne, fut chargé d'affaires du gouvernement anglais, à Genève, dont il fut reçu citoyen. Nommé ministre auprès du corps helvétique à Berne en 1734, il conserva ses fonctions jusqu'en 1738, époque à laquelle il retourna à Genève. Sa terre de Nieuil déjà vendue, il se défit aussi en 1741 de celle de Marsay, pour acheter celle de Changins dans le canton de Vaud. Il décéda le 29 décembre 1762. Les deux enfants qu'il avait eus de Madeleine Schutz, sa première femme, étaient morts avant lui. Il laissa d'Henriette de Mestral, sa seconde femme, qu'il avait épousée en 1724, deux fils : Gabriel-Louis et Henri-Auguste.

Gabriel-Louis, naquit à Genève le 15 mai 1727, vécut en Hollande où il fut gentilhomme de la Chambre, puis chambellan et, enfin, maréchal de la cour. Il se retira ensuite à Changins, où il mourut célibataire en 1801.

Henri-Auguste, vit le jour le 7 novembre 1728, servit aussi en Hollande, où il épousa sa cousine, Gabrielle de Mestral. Il fut capitaine de dragons et mourut en 1809, laissant trois fils, dont un seul, le cadet, Gabriel-Henri, lui survécut.

Gabriel-Henri, né le 22 avril 1770, entra comme enseigne dans les gardes hollandais, fit en 1793 la campagne de Flandre pendant laquelle il fut blessé. Il venait d'être nommé gentilhomme de la chambre du Stathouder Wathoudor lorsque les Français envahirent la Hollande. En 1798, il rentra au service de la famille d'Orange, et après la paix d'Amiens, la douairière d'Orange voulut le nommer gouverneur de ses petits-fils, mais il retourna en Suisse où il épousa, en 1805, Catherine de Carteret, fille du contre-amiral Philippe de Carteret. Mort à Edimbourg en 1826, il laissa trois enfants : Augusta, mariée à Albert de Mestral ; — Elisabeth, épouse d'Elout de

Soeterwoude, qui fut membre des Etats généraux de Hollande ; — Alexandre-Henri.

Alexandre-Henri de Saint-Georges de Marsay, naquit en 1807 ; attaché à la maison d'Orange, il s'enrôla dans l'armée hollandaise pour combattre la Belgique et fit la campagne de 1830 et 1831. Il fut élu en 1847 président de la Société évangélique de Genève. De son mariage avec Miss Elisabeth-Sophie Heigham, qu'il épousa en 1835 et perdit en 1855, sont nés trois enfants : Elisabeth ; — Maralina ; — William.

Page 94.

Charles-Grégoire, marquis de Beauchamp, seigneur de Champfleury et du Grand-Fief, mort comme il vient d'être dit, à Paris, le 5 mai 1817, laissa une fille unique, de *** d'Arberg, Anne-Louise-Catherine et non Marie, née à Londres dans la famille de sa mère, originaire de Liège en septembre 1772, morte à Saint-Valéry-sur-Somme en 1854. Elle avait épousé en janvier 1794 (contrat du 9 nivôse an II), Auguste-Antoine Renouard, célèbre comme bibliophile, éditeur. Cinq enfants naquirent de ce dernier mariage :

Premièrement. — Auguste-Charles Renouard, qui vit le jour, à Paris, le 11 octobre 1794, mort au château de Thors le 17 août 1878, sénateur inamovible, grand'croix de la Légion d'honneur, ancien pair de France, ancien député de la Somme, ancien conseiller d'Etat, ancien procureur général à la Cour de cassation, membre du Conseil des princes d'Orléans, membre de l'Institut. Il s'était marié en 1821, à Louise-Françoise-Adèle Girard, fille de Pierre-Simon Chevalier Girard, membre de l'Institut, ingénieur en chef des ponts et chaussées, ancien ministre de l'intérieur pendant l'occupation d'Egypte, et de Véronique-Philippe Ricot.

Dont trois enfants :

Primo. — Alfred-Augustin Renouard, né à Paris le 13 février 1822, mort à Paris le 15 avril 1853, marié à Eugénie-Joséphine-Marguerite des Marest, fille d'Alfred-Joseph-Hector des Marest, banquier, et d'Adèle-Louise-Geneviève-Andrée de Champcour.

Ces derniers eurent quatre enfants :

A. — Jeanne-Louise-Adèle, épouse le 18 juillet 1887 de François-Jules Ogier. — Dont postérité.

B. — Suzanne, mariée le 4 avril 1883 à Henri-Antoine Beau, morte le 9 avril 1889. — Dont postérité.

C. — Philippe-Ernest-Augustin (de la typographie Chamerot-Renouard, 19, rue des Saints-Pères), né à Paris le 25 octobre 1862, marié à Paris le 16 mars 1893, avec Valérie-Anna-Sophie-Henriette Meunier, fille de *** Meunier et de Valérie Lecompte.

Dont :

Simone-Eugénie-Valérie, née à Paris le 15 avril 1894.

Jacques-Valéry-Eugène-Augustin, né à Paris le 11 juillet 1896.

D. — Jacques-Casimir Renouard, né le 30 juillet 1872, mort le 7 mai 1877.

Secondo. — Léon Renouard, né en 1826, mort le 3 juillet 1829.

Tertio. — Eugénie Renouard, née en 1827, morte le 7 juin 1884, mariée le 14 juillet 1849, à Didier-Dominique-Alfred Richet, membre de l'Institut.

Dont :

A'. — Charles-Robert Richet, marié en 1878, à Amélie Aubry. — Dont sept enfants.

B'. — Louise, mariée en 1873, à Charles Buloz, sans postérité.

Secondement. — Eugénie Renouard, née en 1796, mariée en 1813, à Jean-François-Emmanuel-Constant Ricot. — Dont postérité.

Troisièmement. — Jules Renouard, né en 1799, mort le 20 février 1854 : marié : 1° à Adèle Cunin-Gridaine ; 2° à Antoinette-Amélie Talabot.
Dont :

Primo. — Premier lit. — Jules-Léopold Renouard, né à Paris le 27 juillet 1833, ancien sous-gouverneur de la Banque de France, ancien gouverneur du Crédit foncier, marié en 1858, à Marguerite de la Motte.
Dont :

A". — Elisabeth-Marie Renouard, épouse en 1879, de *** Gérard, vicomte de Dampierre. — Sans postérité.

B". — Pierre Renouard, né en 1862, mort le 15 avril 1883.

C". — Catherine, unie en 1891 à François Ramay, baron de Suguy. — Sans postérité.

Second lit. — Jules Renouard, né en 1839, mort en 1854.

Secondo. — Alice Renouard, née en 1840, mariée en 1867, à Alexandre Jabet. — Sans postérité.

Tertio. — Georges-Jules Renouard, né en 1843, mort le 21 janvier 1897, marié deux fois : 1° à Victorine Mante, morte en 1872 ; 2° à Fanny-Valentine, baronne Haussman.
Dont : Paul-Marie-Victor Renouard, enfant du premier lit, né le 4 avril 1872, mort le 10 avril 1890.

Quarto. — Marie, née en 1848, mariée à Alfred Borget, sans postérité.

Quinto. — Hélène Renouard, née en 1850, mariée en 1871 à Henri Lamy de la Chapelle. — Dont postérité.

Quatrièmement. — Paul Renouard, né en 1802, mort à Versailles le 15 juillet 1871, marié à Elisa Durand.
Dont :
Lucie Renouard, mariée à Georges Boulanger, ancien ministre de la guerre. — Dont postérité.

Cinquièmement. — Hippolyte Renouard, mort sans alliance.

Page 110.

Junien-Charles de Lescours est mort en 1891. De son mariage sont nés : Joseph-Léon-Raoul de Lescours et Marie-Henriette de Lescours, épouse en 1890, de Favier de la Tour, officier.

NOTICE

Sur les principales localités dont il est parlé dans l'ouvrage « Recherches sur la famille Lévesque, de Saint-Maixent (Deux-Sèvres), et ses alliances », 2ᵉ édition, 2 volumes. — Saint-Maixent, imprimerie F. Chaboussant, 1901. — Seigneuries, fiefs, maisons nobles, dont la famille Lévesque et ses alliés ont porté le nom (1).

A

AGIER. — Domaine à Faye, commune de Nanteuil, possédé au XVIIIᵉ siècle par la famille Agier.

AIFFRES. — Voir au mot Beaulieu.

AIGONNAY (Gascougnolle d') (Deux-Sèvres). — Fief relevant de Melle, 1363. — Aigonnay, canton de Celles, dépendant de l'archiprêtré d'Exoudun et de l'élection de Saint Maixent.

ALLERY, commune de Vallans (Deux-Sèvres). — Château, maison noble et seigneurie. Cette seigneurie relevait du duché de Rohan-Rohan, 1710. — Thibault d'Allery époux d'Anne d'Orfeuille en 1455, page 147.

------

(1) Extrait du *Dictionnaire topographique des Deux-Sèvres*, de Bélisaire Ledain, publié par Alfred Dupond, archiviste actuel des Deux-Sèvres, de celui de M. L. Redet, ancien archiviste de la Vienne, des travaux de MM. Beauchet-Filleau, d'archives publiques et privées.

Lorsque dans cette notice sont indiqués des renvois à des pages, ces pages sont celles de l'ouvrage ci-dessus relaté en deux volumes par Ernest Lévesque, intitulé : *Recherches sur la famille Lévesque de Saint-Maixent (Deux-Sèvres), et ses alliances*, 2ᵉ édition. — Saint-Maixent, imprimerie F. Chaboussant, 1901.

ANTE, commune de Sainte-Pezenne et Niort. — Ante, 1260 (Hommage d'Alphonse de Poitou). — Ante, 1504 (Arch. D.-S., E. 24). — Anthe, 1616 (Arch. D.-S., E. 213). — Jacques Laurens, écuyer, seigneur de Beaulieu et d'Ante, page 351 (voir la table aux noms des Laurens).

ARDILLEUX, commune de Chef-Boutonne. — *Villa quæ dicitur Arzilocus*, 990. — Ardilleux, 1483. — Adilleux, 1716. — Châtellenie et haute justice s'étendant sur une partie du bourg et de la maison noble de Sérigné et vassale du château de Chef-Boutonne. Il y avait au bourg l'hébergement et maison noble, terre et seigneurie de la Bataille en Ardilleux.

ARIOMANT. — Les Costes d'Ariomant et de Goux, commune de la Couarde, 1657. (Société des Archives, papiers de Bernay). Voir Goux.

Birot d'Ariomant Marie-Anne, épouse de Jean-François Clément de la Boistrie, pages 39, 75 et 264.

Birot d'Ariomant César-Henry, seigneur des Costes, de Goux, de la Chevallerie et de Beauregard.

Birot d'Ariomant Charlotte, se maria avec Charles Janvre, chevalier, seigneur de l'Estortière. Elle était sœur de Marie-Anne d'Ariomant, épouse de Jean-François Clément, seigneur de la Boistrie, arrière-cousin de Pierre-Roger Lévesque des Maisons-Neuves.

Birot d'Ariomant, conseiller du roi, premier assesseur au siège royal de Saint-Maixent.

ARTHENAY, commune de Vouillé (Deux-Sèvres), — 1579, Dom Fonteneau, tome xx. — Arthenay, 1690.

Louis de Vernou-Bonneuil, seigneur de la Rivière et Arthenay, page 458.

AUBIGNÉ (Chef-Boutonne). — François Nau.

AUBIGNY-CHATEAU, commune d'Exireuil. — Aubigné, 1218. *Dominus de Albiniaco*, 1294, Cartulaire des Châtelliers. — Aubigny, 1431 (Histoire des châteaux). —

Châtellenie, puis baronnie, réunie à la fin du XVIe siècle à la seigneurie de Faye, paroisse de Nanteuil, pour former la baronnie d'Aubigny et Faye.

Augé (Deux-Sèvres). — 1080, Cartulaire de Saint-Maixent. *Ecclesia de Agec*, 1110 (Dom Fonteneau, 15). — La châtellenie relevait de l'abbaye de Saint-Maixent. La paroisse dépendait de l'archiprêtré, de la sénéchaussée et de l'élection de Saint-Maixent.

Constantin Asse, écuyer, seigneur d'Augé.

François Aymer, écuyer, seigneur de la Cour d'Augé. (Voir à la table au nom d'Aymer).

René Miget, seigneur de Florence, demeurant au château d'Augé, fait dénombrement de Florence à Louis de Saint-Georges, chevalier, le 12 novembre 1602. — Hébergement de Burgon, appelé vulgairement Florence.

Aussy, page 202.

Availles, commune de François (Deux-Sèvres). — Château. Availles, 1390, Cart. des Châtelliers. Availles, 1438, Font. XVI. Availles, 1450, page 454.

Avançon, commune d'Exireuil (Deux-Sèvres). — Avançon était un fief possédant un château avec dépendances ayant haute, moyenne et basse justice en 1789. La famille de Castellane l'a possédé de 1711 à 1754. La famille Taunay, à qui il appartient maintenant, le tient de la famille de Chièvres.

Avançon relevait de la châtellenie de Saint-Maixent. De Chièvres d'Avançon.

Averton, 321.

Azay-le-Brulé (1er canton de Saint-Maixent). — *Abziacum in vicaria afriacense in pago Pictovo*, 948, Cart. de Saint-Maixent ; *Sanctus Barthelemeus* d'Azay, 1110 (id.). — Azay-les-Saint-Maixent (Pouillé de 1782). La cure d'Azay était à la nomination de l'abbé de Saint-

Maixent et la prévôté relevait de cette abbaye. Azay était compris dans l'archiprêtré, sénéchaussée et élection de Saint-Maixent.

ARÇAIS, canton de Frontenay (Deux-Sèvres). — *Archaicum*, 1178 ; *Arcaicum*, 1188 ; *Arcoyum*, 1223 ; *Arceium*, 1226 ; *Archayum*, 1241 ; Arçais, 1261 ; *Arseium*, 1300 ; *Arczaium*, 1305 ; Arsay, 1404 ; Arsay, 1473. — Il y avait au XIIe siècle à Arçais deux églises : Saint-Hilaire et Saint-Cyr. La cure de Saint-Cyr était à la nomination du chapitre de Saint-Hilaire de Poitiers et la seigneurie relevait du château de Niort. Arçais était de la dépendance du diocèse de Saintes, de la sénéchaussée et de l'élection de Niort. Arsay, 1404 (G. Gauthier, des Bénéfices).

B.

BADEVILAIN. — Château d'Usson. — Badevilain, 1465, fief des Granges-d'Usson. — Badevilain, 1481, prieuré de la Grande-Chaume. — Badevilain, 1498, fief de Badevilain. — Ancien fief du comté de Civray.

De Nuchèze Etienne-René, seigneur de Badevilain. (Voir page 337 et table au nom de Nuchèze).

BAGNAULT, commune d'Exoudun (Deux-Sèvres). — Remonte à une haute antiquité. Il est cité en 917 dans le jugement de Frottier, évêque de Poitiers, contre Doctrumne, curé d'Exoudun, au sujet de dîmes sises au lieu de Baniolo, appartenant au petit monastère de Pranzay, dépendance de Noaillé. Un don fut fait à Saint-Maixent, vers l'an 955, d'héritages sis *in Pago Briocinse, in vicariâ Exulduniense, in villa Banole*. En 964, *villa Banole in vicariâ Exulduniense, in pago Briocense*. Don à la ville de Saint-Maixent, par Robert et sa femme, de maisons et terres sises au villâ Banolio, le 9 décembre 976. Willelmus Broter, en 1223, *manens apud Bagnes,* ayant une habitation à Exoudun. Suivant le Journal de Michel Le Riche, les troupes du duc de Montpensier campent à Bagnault le 19 août 1574 ; le 15 décembre 1585, il y séjourna en maintenant son armée aux environs. Les reitres y campèrent aussi le 16 décembre 1574 et le 9 septembre 1575.

Bagnault, 1624 (aveu de la Mothe).

A Bagnault se fabriquaient des minots qui fournissaient Rochefort, La Rochelle, Bordeaux.

Il existait aussi à Bagnault en 1698 une commanderie dépendant de celle de Villegart ; elle avait droit de fief. — Haute justice ressortissant du siège royal de Lusignan. Bagnault était sur la voie romaine de Limoges à Nantes.

Le domaine de Bagnault fait partie du partage de la famille Lévesque, en date du 29 décembre 1629, reçu Groisson, notaire à Saint-Maixent, et Gilbert, notaire à Melle. (Voir page 3).

BALZAN, commune de Rom (Deux-Sèvres). — Balzan, 1680. (Arch. v, M. D., 149 ; Cass.).

BARAUDIÈRE (la), commune d'Availles (Vienne). — 1438, page 29.

BARAUDIÈRE (la), commune de Celles-l'Evescault (Vienne). — La Baraudière, 1543. — La Baraudière, 1544.

BARBENTANE, page 335.

BARBEZIÈRES. — Domaine et paroisse sur les confins du Poitou et de l'Angoumois, dans la principauté de Marcillac. Il y a aussi à Niort le fief de Barbezières, possédé en 1550 par Pierre Pelletier.

De Barbezières Jean-César, chevalier, seigneur de la Renolière, chevalier de Saint-Louis, époux d'Anne-Gabrielle Lévesque. Elle s'était mariée en premières noces avec Eschallé Jean-Charles, seigneur de Linazay. (Voir aussi à la table au nom de de Barbezières).

De Barbezières Marie-Anne, femme de Louis-Marie-Joseph-Sévère de Cumont, fille de Barbezières ci-dessus dénommé. (Voir pages 216, 218, 257).

BARONNIÈRE (la), communes de Lezay et de Vançais (Deux-Sèvres). — Château de Vançais et seigneurie avec titre de châtellenie, relevait de Laval-Lezay et de la châtellenie des Marets, droit de moyenne justice ressortissant du siège royal de Lusignan. Une partie du village relevait noblement et une autre roturièrement de la seigneurie de Teillé. Une partie du village de Biguet relevait de la seigneurie de la Baronnière.

Lévesque Léon, seigneur de la Baronnière, demeurant au lieu noble de la Baronnière, paroisse de Vançay. (Voir pages 285 et 286 et la table au nom de Lévesque, seigneur de Maxien).

Conventions accordées entre M. de Brieuil et M. Pierre Lévesque, sieur de S. Maxien, pour ses prez de la petite rivière de Chenay, 1646.

Comme ainsy soit que cy-devant par deux divers contractz d'eschanges, l'un faict entre le seigneur de Brieuil et Pierre Lévesque, seigneur de Maxien, et l'autre entre ledit Lévesque et Jacques Guiochon et Anne Barré, sa femme, d'avecq luy séparée de biens icelluy Lévesque ait heu deux pièces de pré situées en la petite rivière de Brieuil, autrement de Chenay, se joignant l'une l'autre, appellez vulgairement les prés du pond dudict Chenay, venuz du dict seigneur et ou passe l'eau de la rivière qui descend de Chey dans ladite petite rivière, selon que lesdict lieux sont plus amplement desclaires et confrontes par lesdits contrats et lesquels dicts prez ledit Lévesque voulant ameilliorer à son profit avecq vue aud. pièce de pré y joignant de son propre d'hommaine, ce faisant les faire clore et renfermer de murailles et buissons pour le tout faire garder à foug, regain et

pasquage, mais doubtant le dict Lévesque ne le pouvoir
vallablement faire sans au préalable avoir la permission
et consentement dudict seigneur de Brieuil qui pourroit
vollontiers former complainte à l'encontre d'icelluy dict
Lévesque à cause des entreprises qu'il voudrait aleguer
le dict Lévesque avoir faict à son deceu et au praiudice
du public par le moyen de la closture et muraille que
icelluy Lévesque prétend faire autour de sesdict prés et
autres, situés illecq prés en ladite mesme prairie ou
rivière, en cas qu'il s'en puisse approprier de manière
que les parties pourroient entrer en grande   de
procès pour aquoy obvier par l'advis et prière des amis
dudict Lévesque, a esté faict et accordé ce qui sensuit,
et pour ce est-il que aujourd'huy au droict soubz la cour
du seil establiz aux contracts de la baronnie de Saint-
Maixent pour le Roy, notre sire, et pour très hault et
très puissant Monseigneur le Maréchal de la Melleraye,
seigneur, baron dudict Saint-Maixent et encores soub le
scel aux contracts du Marquisat de la Mothe-Saint-
Héraye, pour M. le Marquis dudict lieu ont esté personnellement establis et soubmis hault et puissant M^{ro} Jacques Garnier, chevallier, seigneur chastelain dudict
Brieuil et autres places, demeurant en son chasteau
dudict lieu de Brieuil, paroisse de Chenay, d'une part et
ledict Pierre Lévesque, seigneur de Maxien, demeurant au
lieu et seigneurie de la Baronnière et Lancreve, paroisse
de Vençay, d'autre part, etc.

BARRE-POUVREAU (la), commune de Menigoute (Deux-
Sèvres). — La Barre-Pouvreau du nom de la famille
Pouvreau qui la possédait en 1230. Lieu noble de la
Barre-Pouvreau, 1529. Hôtel de la Barre-Pouvreau,
1540. Cette seigneurie ayant droit de haute, moyenne et
basse justice relevait de celle de Boispouvreau et pour
quelques parties de l'abbesse de Sainte-Croix de Poitiers.

Masson Richard, seigneur de la Barre, époux de Jeanne
Pelletier, de la Paillerie.

Bartinerie, 33.

Basses-Vergnes (les), commune de Talud (Deux-Sèvres). — La Vergne aux Aymards, 1427-1699. — Relevait de Parthenay, page 491.

Basinière ou Bazinière (la), communes de Saint-Maixent-de-Beugné et de Coulonges-sur-l'Autize. — Relevait de la Roussière, 1568.

Château de la Roussière, propriété du marquis de Cumont.

Beaulieu, près Parthenay, commune de Mazières. — page 202.

Beaulieu (logis), commune d'Azay-le-Brûlé.

Beaulieu, commune d'Echiré. — Beaulieu, 1402. (Arch. hist. Poitou, xxiv, page 412).

Beaulieu d'Aiffres, fief près Niort (Deux-Sèvres). — De Belloco, dénombrement, apud Lafiton. Le seigneur de Beaulieu était collateur de la chapelle de Sainte-Anne ou Sainte-Catherine de Veilleseigle en l'église de Notre-Dame de Niort. Il y a aussi Beaulieu d'Echiré, canton de Niort, 1402. (Arch. hist. du Poitou, xxiv, 412). — Il y a également Beaulieu d'Azay-le-Brûlé.

François Laurens, écuyer, seigneur de Beaulieu, époux de Catherine Lévesque du Bizon et de la Touche. (Voir à la table aux noms des Laurens, des Lévesque et des Turpin, pages 353, 354 et 373).

Beauregard, commune de Saivres (Deux-Sèvres). — Fief de Beauregard, 1698. (Mémoire de l'élection de Saint-Maixent, 103).

Birot d'Ariomant Marie-Anne, épouse de Jean-François-Clément, seigneur de la Boistrie, président en l'élection de Saint-Maixent, dame de Beauregard. (Voir à la table à Birot d'Ariomant et Jean-Gabriel Lévesque de Boisgrollier et autres Lévesque).

BEAUSSAIS, canton de Celles (Deux-Sèvres). — Baucaium, 1209. Guillelmus de Beaucay, 1260 (Hom. d'Alphonse). *Ecclesia de Beaucayo* ou *de Bocayo*, 1300. — Prieuré de Bossay, 1493, dépendant de l'abbaye de Bourgueil. — La seigneurie de Beaussais était vassale du château de Melle, avait droit de haute justice et ressortissait en appel à la prévôté royale de cette ville. Le seigneur tenait de la baronnie de Gascougnolle, droit de vigerie et était collateur de la chapelle de Sainte Catherine de la Chilletière desservie en l'église de Beaussais.

Page 102, Françoise Huet, fille de René Huet, seigneur de Fontenioux, et de Françoise de Beaussais.

BEAUVAIS, commune de Saint-Génard (Deux-Sèvres). — Le couvent de Puyberland en disputa la justice au seigneur de Bonneuil qui y fut maintenu par arrêt du Parlement, le 2 septembre 1785. (Voir page 483).

BELABRE (Vienne). — Ancien fief relevant de Gençay, 1580, fief de Gençay. — Bellabre, 1658, seigneur de Bellabre.

Bellabre (de) Hector, page 16.

BÉRAUDIÈRE (la), 25.

BERNAY, fief, commune d'Iteuil (Vienne). — Ce fief a été la propriété des Actons Chappron, de Brilhac, Boisnet et Janvre, dont plusieurs ont pris le nom. Le dernier qui ait porté ce nom est Janvre de Bernay, propriétaire du château de la Touche-Poupard, commune de Saint-Georges-de-Noisné (Deux-Sèvres), où il est décédé. Vieux manoir, 1398, collège de Poitiers. — Ancienne seigneurie réunie à celle d'Iteuil et relevant de la baronnie de Celles-l'Evescault.

Philippe-Charles Janvre, seigneur de l'Estortière, comte de Bernay, de la Touche-Poupard, etc. — Philippe-Hubert-Charles Janvre de Bernay. (Voir pages 179, 278 et 281).

Biraudière (la), 458-498, seigneurie, commune d'Allonnes.

Bidolière (la), page 40, commune de Saint-Martin-de-Saint-Maixent (Deux-Sèvres). — Fief-seigneurie en 1566; Coll. Beauchet-Filleau, reg. 50 et 19. — Fief de la Bidolière, 1698 (Mém. de l'élection de Saint-Maixent). Relevait de l'abbaye de Saint-Maixent.

Peign Catherine, de la Bidolière, épouse d'Abraham Lévesque, seigneur du Tourtron et de Gascougnolle. Catherine Peign était fille de noble Jean Peign, de la Bidolière, page 41.

Peign Jean, seigneur de la Bidolière, conseiller du roi, juge magistrat à Saint-Maixent. (Voir à la table à ces noms).

Bizon, communes de Chenay et de Lezay (Deux-Sèvres). — François Lamberthon, ancien procureur du roi, des eaux et forêts de Poitiers, possédait ce domaine en 1587; il passa par le testament de ce dernier en date du 3 mai de cette année, à Pierre de Veillechèze, seigneur des Essarts, qu'il institua son légataire universel. Cette famille conserva le fief pendant quelque temps, puis il passa aux Lévesque, pour se trouver en 1687 entre les mains de Philippe-Charles de Turpin, chevalier, comte de Crissé, fils aîné de feue Madeleine de Laurens, qui, propriétaire de ce fief, en rend hommage à Lusignan. L'hébergement de Vauguibert et la maison des Biraud du village du Bizon relevaient féodalement de Laval-Lezay. Bizon-Tellier, 1493-1727, relevant de Lusignan. (Bibl. Poitiers, ms., 141 et Arch. V. C., 2, 134.

Lévesque Jehan, écuyer, noble, seigneur du Bizon et de la Touche.

Le domaine du Bizon fait partie du partage de la famille Lévesque, en date du 29 décembre 1629, reçu Groisson, notaire à Saint-Maixent, et Gilbert, notaire à Melle, voir page 3.

(Voir la table à ce nom des Lévesque, voir aussi pages 292, 296, 344, 345, 354, 355 et 373.

Blanchardière (la), commune de Saivres (Deux-Sèvres). — Seigneurie et métairie près de Saivres et d'Exireuil, ayant droit de moyenne et basse justice, 1615. (Archives du Poitou, 1776-200). Métairie noble (Coll. Beauchet-Filleau, reg. 76-310). Hébergement, vassal du château de Saint-Maixent.

Peign Louis, seigneur de la Blanchardière.

Peign Jehan, seigneur de la Blanchardière.

Jean Arnauldet, de la Blanchardière.

Jehanne Birot, de la Blanchardière, dame de la Chevalerie (paroisse de Soudan), page 266.

(Voir la table aux noms de Peign, Arnauldet et Birot, voir aussi pages 71, 72 et 236).

Blanchardière, près Melle, mouvance de Melle. (*** Nau, veuve de Dominique Collin).

Blanzais, commune de Prahecq (Deux-Sèvres). — *Alodus qui vocatur Blaziaco in pago Pictavo in vicariâ metulense*, 1021. (Besly, comte du Poitou). — *Blanziacum in pago metulense, in ipsâ vicariâ*, 1030. (Cart. de Saint-Cyprien).

Blin, page 308.

Bouesse ou Boesse, page 325.

Boin ou Bouin, page 406, canton de Chef-Boutonne. — *Vicaria Domocinse in pago Briocense*, 969. (Cart. de Saint-Cyprien, 250). — *Vicaria bonno in condita Briocense in pago Pictavo*, 937. (Arch. f. de Nouaillé, orig.). — *Byog aliàs Boynum*, 1307. (Cart. évêch. Poit.).

Bouin était le siège d'un archiprêtré de l'archidiaconé de Brioux. Il relevait féodalement du marquisat de Ruffec et dépendait de la sénéchaussée de Poitiers et de l'élection d'Angoulême, généralité de Limoges. L'archiprêtré comprenait dans les Deux-Sèvres les paroisses

actuelles de Bouin, Melleran, Hanc, Loubillé, Couture-
d'Argenson, Pioussay, Loizé, Lussay, la Bataille, Villemain et Lorigné.

Bois-Breton, 203.

Boisberthier, commune d'Echiré (Deux-Sèvres). —
Hebergamentum de Bosco briterii, 1260. (Hom. d'Alphonse). — Fief considérable où il n'y avait pas de
maisons, 1744. (Mém. de l'élection de Niort). Le seigneur
était présentateur d'une chapelle dans l'église d'Echiré.

Philippe Janvre, chevalier, seigneur de Boisbourdet
et des Loges.

(Voir à la table au nom de Janvre et à la page 273).

Boisbourdet, commune de Souvigné (Deux-Sèvres).
— Boysbourdet, 1522. (Not. Saint-Maixent).

Jeanne de Villiers de Boisbourdet, épouse de François-
Marie Lévesque.

Pierre de Villiers de Boisbourdet.

Catherine-Aimée de Crouzon, épouse de François-
Théophile de Villiers de Boisbourdet.

Pierre-Théophile de Villiers de Boisbourdet, époux
d'Henriette-Félicité Baudry d'Asson.

Lubin-Edme de Villiers de Boisbourdet, page 212,
époux de Marie-Suzanne Guillotin.

(Voir à la table aux noms de de Villiers et de François-
Marie Lévesque et pages 204, 205, 211 et 212).

Boischatant, 428.

Boisgrollier, château et village, commune de Rouillé
(Vienne). — Le nom est connu depuis 1245 et s'écrivait
Boiscroulier, d'après Dom Fonteneau, t. v, 163. —
En 1270, il porte la dénomination de Bosco-Groleo
(Id., t. v, 97). Ce fief de basse justice relevait de la sei-
gneurie de Lusignan suivant rapport du procureur du
roi de Lusignan (cabinet Beauchet-Filleau). M. Rédet,
dans son *Dictionnaire de la Vienne*, dit : Ancien fief et

haute justice, relevant de Mauprié qui relevait lui-même de Lusignan.

Le jeudi 8 décembre 1575, Catherine de Médicis se trouva à Boisgrollier, entre Saint-Maixent et Lusignan, où elle parlementa avec son fils. Elle était accompagnée par le cardinal de Bourbon, M. de Lansac, M. de Montmorency, M. de Limoges, M. de Fizès, et autres grands seigneurs. (Journal Le Riche).

Le vendredi 25 décembre 1575, Monsieur fut de rechef à Boisgrollier avec plusieurs grands seigneurs où fut accordé entre lui et la dite dame, sa mère, qu'au lieu d'Angoulême que M. de Ruffec (M. de Volvire), gouverneur d'icelle, ne voulait bailler, seraient baillées les villes de Saintes, Cognac, Saint-Jean-d'Angély, etc. (Voir journal Le Riche, pages 244, 245).

Ce fief fut possédé par la famille Lévesque de 1442 à 1746. Il devint ensuite la possession des Granier, de 1779 à 1791. Une branche de cette dernière famille porte encore ce nom.

Boisgrollier, paroisse de Vouhé (Deux-Sèvres). — Boscum Groler, 1225 (Arch. v, Fontenay-le-Comte, l. 30). — Boisgrollier, 1564, relevant de Parthenay. (Arch. nationale, O. 197,03. *Dictionnaire topographique du département des Deux-Sèvres*, Alfred Dupond, archiviste). — P. de Bosco Groler, Miles et P., son fils, Julienne et Aliénor, leurs épouses, 1225. — Olivier Rateau, écuyer, seigneur de Boisgrollier, 29 octobre 1564. — Abimelèche de Cumont, écuyer, seigneur de la maison forte de Boisgrollier, conseiller au parlement de Paris, 11 septembre 1638. — Jean-Marie Orré, conseiller au présidial de Poitiers, 1717. — René-Félix Orré, 1728. — Arrière fief de Boisgrollier. — Le Coustaulx en Saint-Pardoux, paroisse de Saint-Pardoux, possédé en 1615 par Marie Sabourin, veuve de Antoine de la Balle, seigneur de la Chabocière ; en 1638, par Guillaume Gurbault, seigneur de la Martière ; en 1779, par Henriette Gourjault, veuve de Paul-Joseph de Lauzon.

Le Coutault, paroisse de Saint-Pardoux, relevant de Boisgrollier, dont il était un arrière fief. — Lévesque Samuel, qualifié seigneur des Maisons-Neuves et du Couteau ou Coutaulx, né à Saint-Maixent en 1675, descendait de Jacques Lévesque, noble, écuyer, seigneur des Maisons-Neuves et de Gascougnolle, et de Catherine Masson de Boisgrollier, femme de ce dernier.

Masson Daniel, seigneur de Boisgrollier, président en l'élection de Saint-Maixent, époux d'Anne Chaillot.

Lévesque de Boisgrollier Jean-Gabriel, écuyer, chevalier, époux de Renée-Françoise Clément de la Boistrie, page 81.

(Voir à la table aux noms des Chaillot, Masson de Boisgrollier et des Lévesque de Boisgrollier et du Coutault).

Hommage-lige fait par Gaultier Lévesque à huit sols de devoir pour raison de l'hébergement de la Jarrie, assis à Boisgrollier et pour la seigneurie et autres choses en la paroisse de Saint-Sauvant. — Fait à Saint-Maixent le 20 février 1461.

Boisloudun-le-Grand (Deux-Sèvres), commune de Pamplies, 1483. (Arch. v, E., 1, 9), page 289.

Boisloudun-le-Petit (Deux-Sèvres), commune de Fenioux. (Cassini).

Isaac Fraigneau, de Boisloudun, marié à Louise Bonneau du Chesne.

(Voir à la table aux Fraigneau).

Boisnelinière, page 501.

Boispineau, commune de Souvigné (Deux-Sèvres). — 1530 (not. Saint-Maixent), page 457.

Boispouvreau, château, commune de Menigoute (Deux-Sèvres). — Boi-Povere, 1075, Dom Fonteneau, tome xv. — Bois-Posverel, 1222, id., tome xvi. — Chasteau et chastellenie du Bois-Pouvrea, 1424. (Cartulaire des Châtelliers). — Boispouvreau, 1664. (Rapport de Colbert au roi, état du Poitou, 265). Cette terre a été qualifiée de châtellenie depuis 1364 jusqu'en 1788. Elle relevait féodalement de l'abbaye de Saint-Maixent, même avant la fin du xi⁰ siècle. Elle avait droit de haute, moyenne et basse justice avec appel devant le sénéchal de l'abbaye de Saint-Maixent au siège royal de cette ville, puis au présidial et au parlement de Paris. Quatre degrés de juridiction étaient contraires à la législation de l'époque.

Boisragon, village et château, commune de Breloux (Deux-Sèvres). — *Masura apud Borragum*, 1260. (Hom. d'Alphonse). *Boisragum*, 1390. — *Denombremunt apud*, Lafiton, page 241. — Boisragon près Saint-Maixent, 1400. (Cart. des Châtelliers). Hébergement, vassal du château de Saint-Maixent. Le bourg relevait du fief de Gastine en Boisragon qui, lui-même, relevait de la châtellenie du château neuf en Gastine. Le seigneur de Boisragon avait droit de justice et en vertu de ce droit prétendait avoir celui de faire exercer dans son château la religion protestante, ce qui lui fut interdit par l'édit du 6 août 1665. La superstition tenait Boisragon pour un repaire de sorciers.

Boisrousseau, page 501.

Boisroux ou Bois-au-Roux.

Boissière, château, commune de Saint-Secondin (Vienne). — 1396, Grand Gauthier, f⁰ 210. — La Boissière, 1479. — La Boissière, 1532. — Ancien fief relevant de la vic. de Gençay, page 458.

Boissière (la), commune de Sanxay. — 1775, rôle des tailles, page 458.

Boissimon, commune de Dangé (Vienne). — Boissimon, 1598. — Boissymon, 1603 (cure de Dangé). —

Boissimon du Petit-Poligny, 1727 (fief de Boissimon, ancien fief relevant de Châtellerault).

Boissoudan, château, commune de Pamplies (Deux-Sèvres). — Hôtel de Boissoudan, 1430. (Arch. de Fontenay-le-Comte). — Château de Boissoudan, 1577. (Arch. hist., Poit. xx, 387).

Boistrie ou Boetrie (la). — Ce fief dans les Deux-Sèvres a appartenu à la famille Clément de la Boistrie, de 1614 à 1725. Boëtrie, paroisse d'Aubigny.

De la Boistrie Clément-Jean-François, conseiller du roi, président en l'élection de Saint-Maixent, époux de Marie-Anne Birot d'Ariomant.

Clément de la Boistrie Charles, époux de Catherine Lévesque des Maisons-Neuves et de Gascougnolle, page 74.

(Voir à la table au nom de Clément de la Boistrie).

Bonnaudière (la), commune de Chey (Deux-Sèvres). — 1509, arch. v, n. d., 1217. — La Bonnaudière. (Cassini).

Bonnivet, commune de Vendeuvre (Vienne). — Château détruit. — De Bonyveto, 1317, seigneurie de Chéneché. — Bonnivet, 1358, abbaye de Saint-Cyprien, 43. — Bonnivet, seigneur de Bonnivet, 1481. — Ce fief relevant de Vendeuvre fut érigé en châtellenie par l'évêque de Poitiers en 1518, en faveur de Guillaume Gouffier, amiral de France.

François-Romain-Luc de Mesgrigny, marquis de Bonnivet, comte de Belin, page 301.

Agnès-Angélique Turpin de Vihiers de Crissé, épouse de François-Romain-Luc de Mesgrigny, marquis de Bonnivet, pages 301, 306, 331.

(Voir à la table au nom de Turpin de Vihiers).

Bonneuil, château, commune de Saint-Génard (Deux-Sèvres). — *Villa Bonolio in vicaria Metulli*, 959. (Dom Fonteneau, t. xv). — Hébergement de Bonneuil, vassal du château de Melle, 1550, aliàs 1406. (Grand Gauthier, des Bénéfices). — Domaine royal en Poitou. — Bonnoil, 1560. (Cart. des Châtelliers). — Bonneuil, 1637 (Id.). — Cette seigneurie a été possédée pendant plus de quatre siècles par la famille Vernou qui en a pris le nom et le porte encore bien qu'elle ne la possède plus. Aujourd'hui elle est entre les mains de la famille Frottier de la Côte.

BARDE (la), pages 20, 25.

BONNILLET, communes de Blanzay et Chaunay. — Bonillet, 1409 (Grand Gauthier, folio 223). — Bonnilli, Bonneuil, Bonneil, 1594 (fief de Panièvre).

BONNILLET-SUR-LE-CLAIN, commune de Chasseneuil (Vienne). — Bonolet, 1240 (abbaye de Fontenay-le-Comte, 17). — Bonnoylet, 1267 (abbaye de la Trinité, 30). — Bonneylet, Bonnillet, 1294 (Fonteneau, tome XIX, pages 439 et 441. — Bonnaulet, 1337 (Arch. de Poitiers, 12). — Bonnillet, 1437 (Collège de Poitiers, 18). — Ancien fief relevant de la tour de Maubergeon. — Autre fief et autre justice appartenant à l'abbaye de la Trinité de Poitiers et au prieuré de Ligugé.

BOSQUEVERT, page 155. — (Voir Vaudeleigne).

BOUCHARDIÈRE (la), paroisse de Vausseroux. — La Bouchardière, 1407. (Cart. des Châtelliors), page 281.

BOUCHETIÈRE (la), commune de Saint-Lin (Deux-Sèvres). — Fief de la Bouchetière. (Coll. Beauchet-Filleau, 12-221). — La Tour-Bouchetière, 1645. — La Bouchetière aliàs Saint-Lin, 1662. — Fief et seigneurie ayant droit de justice. Vassal de la baronnie de Parthenay. Le seigneur de la Bouchetière était seigneur de Saint-Lin.

Geoffroy Janvre, sire de la Bouchetière, de la Moussière et de l'Estortière.

(Voir à la table au nom de Janvre).

Bouin, commune de Chef-Boutonne (Deux-Sèvres). — L'archiprêtré de Bouin, comprenait quatre prieurés et vingt-et-une paroisses : les prieurés de Coutières, d'Argenson, Loubillé, Lorigné ; les paroisses de Bouin, Coutures-d'Argenson, Guidiers, Hanc, Longué, Loubillé, Mellerand, Pioussais, Villemain (Deux-Sèvres), Ambourre, Amparé, Brettes, Chives, les Gours, Lougré, Luprault, Paizay-Voudouin, Rain, Saint-Fraigue, Tessé, la Forêt, Teil-Rabier (Charente). — Bouin était le siège d'une sénéchaussée, vassale du château de Ruffec.

Bourdonnière ou Bourdonnerie (la), paroisse d'Exoudun. — La Bourdonnerye (aveu de la Mothe). — Ce domaine est compris au partage de la famille Lévesque en date du 29 décembre 1629, reçu par Groisson, notaire royal à Saint-Maixent, et Gilbert, notaire royal à Melle. (Voir page 3).

Bourgougne (la). — Fraigneau de la Bourgougne, page 288.

Boutaudière (la), commune de Rouillé (Vienne). — Ce fief relevait autrefois de Salvagère, fief relevant lui-même de Curzay. Il a appartenu à une des branches de la famille Bellin, depuis environ 1610 jusqu'à la Révolution et lui a donné son nom.

Bellin Jehan, noble, écuyer, seigneur de la Boutaudière, époux de Catherine Lévesque, page 416. — Les Bellin de la Boutaudière étaient aussi seigneurs de la Liborlière.

Bellin de la Boutaudière Léon, fils aîné, marié à Marguerite Bonneau Duchesne de Vauvert.

Bellin de la Boutaudière Léon-Charles, chevalier, seigneur de la Boutaudière et de la Liborlière, page 447.

(Voir à la table au nom de Bellin et au nom d'Aymer de la Chevalerie).

Boutrochère (la), 493.

Breloux, canton de Saint-Maixent (Deux-Sèvres). — *Ecclesia Sancti Petri de Berlo*, 1110. (Cart. de Saint-Maixent, 238). — Berlou, 1363. — Prieuré, cure de Brelou dépendant de l'abbaye de Saint-Vincent de Nieuil. — Aumônerie réunie à l'hospice de Niort. — Le seigneur de la Brangerie avait droit de banc dans l'église. — En 1610, par sentence de l'élection de Saint-Maixent du 10 décembre, la paroisse de Saint-Carlais fut réunie à celle de Brelou pour ce qui concernait les affaires publiques. — Relevait de Boisragon et de différents seigneurs, page 297.

Brelonnière (la), page 463.

Breuil, commune de Besnac (Charente).

Breuilhac, commune de Blanzay. — Le Bruylat, 1345 (famille Jousserant). — Le Breuillac, 1404 (Grand Gauthier, folio 264). — Le Breuillac, 1572 (fief de Bessé). — Le Breuillac, 1590 (chap. Cathédrale, 83).

Breuillac, commune de Surin. — Le Brellac, 1665 (notaire Chevalier à Civray).

Breuil-Coiffault, commune de Hanc (Deux-Sèvres). — Le Breuil-Coiffault relevait de la seigneurie de Mairé-Lévescault en 1512. — Maison noble et seigneurie ayant droit de moyenne et basse justice, vassale de la seigneurie de Ruffec, suivait la coutume de l'Angoumois.
Jean de Pons, seigneur du Breuil-Coiffault, page 150.
Renée de Pons, du Breuil-Coiffault, fille de Jean de Pons, du Breuil-Coiffault, et de Catherine Coitteux.
(Voir à la table au nom de de Pons).

Breuil-d'Aigonnay, autrement Breuil-Malicorne (Deux-Sèvres). — Fief. *Arbergamentum de Brolio.* — *Brolium d'Agoneis*, 1260. (Hom. d'Alphonse). — Breuil-d'Aigonnay aliàs de Malicorne, 1609. (Arch. de Niort). — Châtellenie, vassale du roi à cause du château de Saint-Maixent.

Chalmot Philippe, écuyer, seigneur du Breuil-d'Aigonnay, marié à Jacquette Bonneau du Chesne, sœur de Marguerite.

(Voir à la table au nom de Chalmot).

BREUIL DE CHAMBARDEL (le). — Tennement, commune de la Mothe-Saint-Héray. *Campus Barzela* donné à l'abbaye de Saint-Maixent, 1060. (Cart. de Saint-Maixent, I, 152). — Fief de Chambardel relevant de la Mothe-Saint-Héray, 1337. (Font., LXXXV, P, 152).

Dame du Breuil de Chambardel, épouse de Charles Guillemeau, seigneur de Sussais. Voir page 125.

BREUIL DE CHAMBAULT (le), 516.

BREUIL DE CHENAY (Deux-Sèvres). — *Brelium de Chenayo*, 1286. — Le Breuil, haute justice relevait de Lusignan. — Le Breuil de Chenay appartenait en 1566 à la famille de Gain. Le 19 août 1592, François de Gain, écuyer, seigneur du Breuil, vendit les château, terre, seigneurie, maison forte et noble du Breuil et ses dépendances, paroisses de Chenay, Chey, etc., à Médard Garnier de Cormorand, écuyer, seigneur de Buttré, pour la somme de 17,000 livres, par acte passé au château de Germain ? Le fief était une basse justice relevant et vassal de Lusignan.

Le domaine du Breuil de Chenay fait partie du partage de la famille Lévesque, en date du 29 décembre 1629, reçu Groisson, notaire à Saint-Maixent, et Gilbert, notaire à Melle. (Voir page 3).

BREUIL DE VERNON (le) (Vienne). — Château de Vernon. — Le Breuil, 1403 (hom. du Comte du Poitou, folio 19). — Le Breuil de Vernon, 1580, fief de Gençay. — Ancien fief relevant de la vic. de Gençay.

Charles-Joseph-Raoul de Maichin, du Breuil de Vernon, époux de Marie-Madeleine Parenteau de la Voûte, page 212.

Breuil-Marmande, 404.

Breuil-Mérault, commune de Soudan (Deux-Sèvres).
— 1158-1182. (Arch. v. f. de Nouaillé, page 181 bis). —
Breuil-Mayrault, 1373 (Invent. d'Aub.). — Le Breuil-
Mairault (Cart. des Châtelliers). — Fief du Breuil-
Mérault, 1698 (Mémoire de l'élection de Saint-Maixent).
— Fief, vassal de la châtellenie de Sainte-Néomaye.

Breuilbon, commune de Germond (Deux-Sèvres). —
La tour de Breuilbon, relevait de la châtellenie de
Château-Neuf en Gâtine. Elle avait droit de moyenne
justice. — Breuilbon, village. — Brulbon, 1243, comptes
d'Alphonse de Poitiers. — Breillebon, 1673. (Arch. de
Béceleuf).
Masson François, écuyer, seigneur de Breuilbon.
Louis Aymer, écuyer, seigneur de Breuilbon.
François Aymer, écuyer, seigneur de Breuilbon.
Marie Aymer de la Chevalerie, dame de Breuilbon.
(Voir à la table aux noms de Masson et d'Aymer,
pages 15, 29, 274, 445, 447).

Breuilhac, commune de Caunay (Deux-Sèvres). —
Hébergement que se disputaient en 1787 au point de vue
de la justice, la châtellenie de Mayré-l'Evescault et la
seigneurie de Teillé. Il y avait aussi conflit entre Sepvret
et Teillé pour la mouvance féodale. — Village et logis
relevant en 1486-1531 du comté de Civray.

Brettes (Charente), pages 189, 539.

Briandière (la), paroisse de Puy-de-Serre (Vendée).

Brieuil, communes de Chenay et d'Exoudun (Deux-
Sèvres). — 1621, aveu de la Mothe-Brieuil, 1667. (Arch.
D.-S., E, 1201).
Conventions entre M. de Brieuil et Pierre Lévesque,
seigneur de Maxien, pour ses prés de la petite rivière de
Chenay, suivant acte de Marbœuf, notaire à la Mothe, et

Guilbaud, notaire royal, qui a la minute en date du 9 mars 1646. Cet acte est relaté plus haut au mot Baronnière.

BRIOUX (Deux-Sèvres). — Station de la voie romaine de Poitiers à Saintes. Dépendait de l'archiprêtré de Melle et de l'élection de Saint-Maixent et était compris dans la sénéchaussée de Civray. L'abbé de Saint-Hilaire de la ville de Poitiers nommait à la cure. Le pagus de Brioux comprenait les vigeries de Brioux, Exoudun, Bouin, Caunay, Riom, Aulnay (Charente-Inférieure), Civray, Savigné, Blanzay, Brion, Tisson, Vivonne (Vienne). — L'archidiaconé de Brioux, plus tard de Briançais, comprenait les archiprêtrés d'Aubernac, Bouin, Chaunay, Exoudun, Gençais, Lusignan, Saint-Maixent, Melle, Niort, Rom, Ruffec, Sanxais. (Pouillé, 1782).

BROSSE (la), page 493.

BROUSSE (la), commune d'Azay-le-Brûlé (Deux-Sèvres). — La Broca, 1222 (Cartulaire de Saint-Maixent). — Le fief aux Morineaux à la Brousse, 1363, relevait de l'abbaye de Saint-Maixent.

De Neufville Jehan, seigneur de la Brousse.

(Voir à la table au nom de Neufville, pages 41, 44, 72).

BRUSSON (le Vieux), château, commune de Fenioux (Deux-Sèvres). — Chapelle de Brusson, 1299 (Font. LV). — L'oustel du veil Brusson, 1443. — Seigneurie du veil Brusson, appelée le petit et le grand Brusson, 1577. (Arch. hist. Poitou, XX, 387). — Le château du Vieux Brusson, 1740. (Mémoire de l'élection de Niort). — La seigneurie relevait de la châtellenie de Béceleuf ayant droit de haute, moyenne et basse justice. Il existait autrefois un pèlerinage à la chapelle de Notre-Dame de Brusson, il fut négligé dès 1538.

Charles Janvre, chevalier, seigneur du Vieux-Brusson, etc.

(Voir à la table au nom de Janvre).

BURGAILLERIE (la), commune de Saint-Martin-de-Saint-Maixent (Deux-Sèvres), 1610-1659. Relevait de Saint-Maixent.

Clément Louis, seigneur de la Burgaillerie, avocat au parlement, époux de Catherine Rivet, page 67.

(Voir à la table au nom de Clément Louis de la Burgaillerie)..

<h1 style="text-align:center">C</h1>

CAILLERIE (la), commune de Saint-Martin-de-Saint-Maixent (Deux-Sèvres).

François Texier de la Caillerie.

Texier Marie-Anne de la Caillerie, épouse de Samuel Lévesque du Coutault.

(Voir table au nom de Lévesque et pages 29, 135, 181).

CAILLÈRE (la) (Vendée), page 410.

CAUNAY, canton de Sauzé-Vaussais.

CAUNAY, commune de la Couarde.

CERVETIÈRES (les), page 249.

CHABANAIS, page 161.

CHAGNÉE, page 349.

CHAILLÉ, page 351, château, commune de Saint-Martin-les-Melle. — *Caliacum* (chemin du XIe siècle, de Ruffec à Niort), Beauchet-Filleau.

Dame Chaillé des Ouches et de la Mothe de Melle. — Lévesque Abraham, noble, écuyer, seigneur de la Fraye et du Rouchet, se maria le 31 janvier 1623 à Jeanne

Neau, demeurant en sa maison noble de Chaillé, près Melle.

(Voir à la table au nom de Lévesque.)

Chaignée (la), page 124.

Chalandray, canton de Vouillé. — *Ecclesia sanctæ Mariæ de Calandraio*, 1179. (Cart. de Saint-Jouin, page 39). *Prioratus de Chalandraio*, 1226 (id., page 48). Chalandray, 1338, Fonteneau, tome iv, page 145. — Chalandray, 1242, ibid., tome v, page 159. — *Ecclesia de Calondreyo, prioratus de Chalandrayo.* — Pouillé de Gaultier, folios 141 et 154. — Le fief de Chalandray ou de la Mothe de Chalandray, avait droit de haute justice, relevant de la châtellenie de Montreuil-Bonnin.

Chalonnière (la) et Maison-Neuve, commune d'Exireuil (Deux-Sèvres), 1698. — Mémoire de l'élection de Saint-Maixent.

Texier de la Chalonière, page 136.

Chalonnière, commune de Rouvre (Deux-Sèvres). — Hôtel et maison noble, 1452. (Arch. du château de la Barre).

Louis-Joseph Janvre, chevalier, seigneur de la Chalonière, etc., page 276.

(Voir la table au nom de Janvre.)

Chambault, page 436.

Chambardel. — (Voir Breuil de Chambardel).

Chambord, commune Menigoute.

Chambord, commune de Verruyes, relevant de Pressigny-en-Gâtine.

François Aymon de Chambord.

Jean Boulay de Montru-Chambord.

(Voir table au nom d'Aymon et de Boulay de Montru, ainsi que page 144.)

Champleix, page 496.

Champmargou, commune d'Augé (Deux-Sèvres). — Champmargous, 1393 (inv. d'Aubigné). — Champmargou, 1410 (arch. des Deux-Sèvres). — Champmargou, 1652 (not. de Saint-Maixent). Qualifié de lieu noble dans les titres du xve siècle. (Beauchet-Filleau, collections, reg. 1, 7, 10, 14).

Jeanne-Didiée Aymon de Champmargou, marraine en 1721 de Jean-Louis-François Lévesque. Pages 182, 445.

(Voir table au nom d'Aymon et de Lévesque).

Champeaux, page 424.

Champvernon, pages 61, 560.

Chanay, commune de Soudan (Deux-Sèvres). — Chasnay, 1533 (not. de Saint-Maixent). — Chasnay-le-Vieil, relevant d'Aubigny, 1537. Chanais, 1765. (Inventaire d'Aubigny).

Archambaud Janvre, seigneur de la Bouchetière et Veuzé ou Vezé, uni à Pétronille, dame de Chanay, fille de Guillaume de Chanay et de Javarzay.

Philippe Janvre, chevalier, seigneur de Chanay et de Saint-Lin, etc.

(Voir table au nom de Janvre).

Chancelée (la), commune de Saint-Génard (Deux-Sèvres). — *Villa in vicaria metulense*, 906. (Dom Fonteneau. — Chancelé (statistique des Deux-Sèvres). — Fief relevant de la baronnie de Melle ; haute justice, ressortissant de la prévôté royale de cette ville. — La souveraineté en fut disputée entre le couvent de Puyberland et le seigneur de Bonneuil ; un arrêté du Parlement de Paris du 2 septembre 1785 l'attribua à ce dernier.

Page 482, Lévesque de Marconnay Guyonne, mariée au seigneur de la Chancelée.

(Voir la table au nom de Lévesque de Marconnay).

CHANTECORPS, canton de Menigoute. — *Cantacorvus*, 1110. (Cart. de Saint-Maixent). *Cantus Corvi*, 1294. (Cart. des Châtelliers). Chantecorps, 1592. (Bull. soc. des Deux-Sèvres, 1874). Chantecorps, 1789. (Archives des Deux-Sèvres, C. 64). Dépendant de l'archiprêtré, de la sénéchaussée et de l'élection de Saint-Maixent. — Relevait de l'abbaye des Châtelliers. La cure était à la nomination de l'évêque.

CHANTEGROS, commune de Saint-Martin-de-Saint-Maixent. — Chantegruau, 1529. — Chantecruault, 1567. (Not. de Saint-Maixent).

Masson Arnault, seigneur de Chantegraux ou Chantegros.

(Voir table au nom de Masson et page 29.)

CHASSAGNE (la), page 435.

CHASSAIS, pages 155-275.

CHASSANDRÉ, page 169.

CHARCHENAY, commune de Saint-Martin-de-Saint-Maixent (Deux-Sèvres). — Charchenay, 1363. (Cart. de Saint-Maixent. II, 49.) Charcenay, 1641. V. E. 3, 30. — La cure de Charchenay relevait de Faye, 1629. — Charchenay, 1365 (Dom Fonteneau).

CHASSENEUIL, page 337, commune d'Usson (Vienne). — Chassenoilh, Chassenueilh, 1404. (Grand Gauthier, folios 259 et 270). — Chassenoilh, 1405. (Id., folio 208). — Chasseneuil, 1498, fief de Badevilain. Ancien fief relevant de la châtellenie de Saint-Martin-Lars.

CHATEIGNER (le), page 166.

CHATELLIERS (abbaye des), commune de Fomperron (Deux-Sèvres). — *Castellaria* (vit. Saint-Giraudi)..*Castellarium* (chr. de Saint-Maixent). *Vetera Castellaria*, 1178. Les Chastelliers, 1743 (cart. des Châtelliers). — L'abbaye des Châtelliers, de l'ordre de Citeaux, fut fondée en 1120

par des disciples de Saint-Giraud-de-Salles à la collation du roi. Elle avait droit de seigneurie avec haute et
basse justice et était vassale du château de Lusignan.

CHATEAU-TIZON, commune de Souvigné (Deux-
Sèvres). — *Castellum-Tizum*, 1111 (Dom Fonteneau, 15). *Capella de Castro Tizonis*, 1300. — Cette chapelle fut
fondée en 1111 par Rothericus dans le château qui lui
avait été donné par Guillaume IX, comte de Poitiers. —
Les château, terre, seigneurie de Château-Tizon, qui
relevaient du château de Saint-Maixent, furent achetés,
le 11 février 1609, par Jean de Parabère et réunis à la
baronnie de la Mothe-Saint-Héraye.

Jeanne de Varaize, dame de la Mesleraye et de
Château-Tizon. — François de Varaize, seigneur de
Château-Tizon.

(Voir table au nom de Varaize et pages 222, 223.)

CHAUDENAY, château de Chaudenay (Indre), près
Châtillon-sur-Indre (page 451).

CHAURAIS, canton de Niort. — *Vicaria Cabriacense*,
905 (Dom Fonteneau, tome XV). *Guillelmus de Charais*,
1244. *Benedictus de Charais*, (comptes d'Alphonse).
Ecclesia de Charay de Charrayo, 1598, synode du
diocèse (Dom Fonteneau). — Chaurais fut mis à l'élection
de Saint-Maixent avec Chavagné, François, Saint-
Gelais, en échange de la Mothe-Saint-Héraye, que
M. de Parabère, qui en était seigneur, faisait unir à
l'élection de Niort. — Terre et seigneurie vassales de
Sainte-Néomaye ; hôtel de la prévôté de Chaurais,
vassal de la seigneurie du même nom ; maison et fief de
la Roche de Chaurais, vassal de la baronnie de Saint-
Maixent. — Cette paroisse étant dans la châtellenie de
Saint-Maixent fut astreinte à faire le guet de garde au
château de Niort. — Le seigneur était collateur de sept
chapelles fondées dans l'église de Chaurais par Pierre
Paën, seigneur de Chaurais et de celles de Saint-Jean du

Pelier et de Notre-Dame de Pitié, desservies dans la même église. Château Chaurais à Saint-Maixent.

Jacques Aymon, chevalier, seigneur de Chaurais. Page 446.

CHAUVELIÈRE (la), commune de Saint-Lin (Deux-Sèvres). — La grande Chauvelière, paroisse de Saint-Lin, 1420, relevant de Ternant.

Alain-Mathurin Janvre, écuyer, seigneur de la Bouchetière, Veuzé, Fougeré, Sermont, la Chauvelière.

Jean Janvre, chevalier, seigneur de la Bouchetière et de la Chauvelière. Pages 271-273.

(Voir à la table au nom de Janvre).

CHAUVELIÈRE (la), commune d'Echiré (Deux-Sèvres). — Ancien fief relevant de la Taillée, 1772.

CHEF-BOUTONNE, arrondissement de Melle (Deux-Sèvres). — *Caput vultone*, avant 1070. — La baronnie et châtellenie de Chef-Boutonne relevait à hommage lige du château de Niort, érigée en marquisat en 1714, elle fut distraite de la mouvance de Niort et les appels furent attribués au siège de Poitiers. — Chef-Boutonne était compris dans la sénéchaussée de Poitiers et dépendait de l'élection de Niort en 1555. La maladrerie fut réunie à l'hôpital de Niort par arrêt du Conseil, le 14 janvier 1695. — Le canton de Chef-Boutonne, créé en 1790, fut compris dans le district puis dans l'arrondissement de Melle et comprenait les communes de Javarzay, Ardilleux, la Bataille, Bouin, Fontenille, Gournay, Hanc, Loizé, Loubigné, Lussais, Saint-Martin-d'Entraigues, Pioussais, Tillou. — On lui adjoignit, l'an VIII, le canton supprimé de Couture-d'Argenson, c'est-à-dire Couture, Aubigné, Loubigné et Villemain.

CHERGÉ, page 468.

CHERVEUX, 1er canton de Saint-Maixent (Deux-Sèvres). — Terre de Cherveux. — *Stagnum* de Cherveux, 1244-

1250. (Comptes d'Alphonse). — *Ecclesia* de Chervess, 1300. — *Capellenus* de Chervess, 1383. — *Ecclesia* de Cherveux, 1463. — Seigneurie de Cherveux, 1550. (Dom Fonteneau, tome VIII). — Cherves, 1569. (Abel Jouin, itinéraire de Charles IX). — Titul. Saint Pierre, patron de l'évêque de Poitiers jusqu'au 26 juin 1340. — Paroisse diocésaine de Poitiers (arch. de Saint-Maixent), généralité et sénéchaussée de Poitiers, élection et subdivision de Saint-Maixent. — Le seigneur de Cherveux l'était aussi de la paroisse ; la seigneurie avait le titre de châtellenie. Ce fief fut placé dans le ressort du château de Saint-Maixent par lettres patentes de Charles Le Bel, de septembre 1324, à la demande de Maurice de Craon, fils aîné d'Amaury, seigneur de Cherveux.

Suivant exception contraire à la commune, les habitants de Cherveux pour arriver au dernier degré de juridiction avaient à franchir trois degrés préparatoires : 1° Le sénéchal de l'abbaye de Saint-Maixent ; 2° Le siège royal de cette ville ; 3° Le présidial de Poitiers ; 4° Le parlement de Paris. Cherveux avait un temple protestant dans lequel l'exercice de la religion fut maintenu par l'édit du 6 août 1665. En 1790, Cherveux fut le chef-lieu d'un canton du district de Saint-Maixent, il comprenait : Augé, Cherveux, François, Rouvre, Saint-Carlais, Saint-Christophe-sur-Roc et Saint-Projet. Ce canton fut bientôt supprimé.

CHESNAYE (la), page 428.

CHESNE (du). — Voir de Vauvert.

CHEVALLERIE (la). — Haute justice et seigneurie dans la paroisse de Saint-Georges-de-Noisné (Deux-Sèvres), appartenait en 1604 (note d'Orfeuille sur les Aymer) à la famille Du Bois des Ports. Cette seigneurie passa aux Aymer par le mariage de Renée Du Bois, fille de Philippe, avec Louis Aymer du Corniou, le 23 août 1604. Cette famille la posséda au moins jusqu'en 1778 et en

14

porte encore le nom. — Puyrabert, aliàs, La Chevallerie relevant d'Aubigny, 1368 à 1435 (Inventaire d'Aubigny). — La Chevallerie, 1584 (not. de Saint-Maixent). Relevait de Saint-Maixent.

Marguerite-Françoise Aymer de la Chevallerie, fille de Charles et de Marguerite Bellin de la Boutaudière.

Henri Aymer, marquis de la Chevallerie, marié à Marie-Radégonde-Anastasie-Caroline de Moussy-la-Contour.

Louis Aymer, écuyer, seigneur des fiefs et seigneuries de haute justice du Corniou, Germond et Breuilbon, époux de Léa de Saint-Martin, dame de Champmargoux.

Aymer de la Chevallerie, seigneur du Corniou.

Aymer de la Chevallerie Suzanne-Marguerite, femme de Charles Le Coq de Saint-Léger.

Anne-Claude Aymer de la Chevallerie, épouse de René-Marie Viault, chevalier de Breuillac et du Petit-Chêne.

Charles Aymer, chevalier, seigneur de la Chevallerie, époux de Marie Bellin de la Boutaudière.

Esther-Louise-Marie Aymer de la Chevallerie, épouse de Jean-Pierre Le Gardeur de Tilly.

(Voir à la table aux noms d'Aymer de la Chevallerie et pages 442, 445, 447, 448, 450).

CHEVRELIÈRE (la), château et seigneurie, commune de Gournay (Deux-Sèvres). — *Capnolaria, Capnoleria* (District Dufour). — La Chanolière (Stat. des Deux-Sèvres). — La Chevrelière, 1594 (Cart. des Châtelliers). Relevait de la baronnie de Gascougnolle.

CHEY, canton de Lezay (Deux-Sèvres). — Chait, v. 1100 (Cart. de Saint-Cyprien de Poitiers). — Chaix, 1300 (Gr. Gauthier). — Chaix en la châtellenie de Lusignan, 1384 (Arch. hist. Poitou, XXI, 217). — Chais, 1411 (Gr. Gauthier des Bénéfices). — Chaix, 1594. — Saint-Pierre de Chey (Pouillé) 1782. Chey était compris dans l'archi-prêtré d'Exoudun, la sénéchaussée et la châtellenie de

Lusignan et l'élection de Poitiers. Chey était le siège d'une seigneurie qualifiée hôtel noble en 1490. Cette seigneurie avait droit de moyenne et basse justice (Coll. Beauchet-Filleau).

Chezeaux (les), page 392.

Chézelles, page 493.

Chilleau (le), commune de Vasles (Deux-Sèvres). — *Guillelmus de Chillo, terra de Chillo*, 1212 (Cart. des Châtelliers). — *Hebergementum vitum apud Le Chillo vulgariter appellatum, Hebergamentum de Chillo*, 1268 (Dom Fonteneau, ii). — Lieu et village du Chilleau, 1414. — Les potiers du Chilleau, 1509 (Arch. des Deux-Sèvres). — La maison noble du Chilleau, d'après des actes, avait porté autrefois le nom de Pinachère et de la Bourdelière. — Le seigneur était collateur de la chapelle de Saint-Nicolas du Chilleau, fondée et datée, en 1472, par Gouvain du Chilleau, seigneur dudit lieu.

Guillaume Lévesque, écuyer, époux de Louise du Chilleau,

(Voir pages 275 et 457).

Chisseré, commune de Saivres, 1528 (not. de Saint-Maixent), page 453, famille de Jouslard.

Clavé, commune de Mazières en-Gâtine (Deux-Sèvres). — *Ecclesia* de Clavé, 1110 (Cartulaire de Saint-Maixent, 258). — Clavé, 1227 (Arch. historique Poitou, xx, 229). — Clavières, 1493. — Notre-Dame de Clavé (Pouillé, 1782). Bulle de Paschal, 11, (Dom Fonteneau, tome xv). — Le seigneur de la Sauvagère était fondateur de l'église. — Aliàs : L'église paroissiale de Clavé fut fondée en 1005 par Geoffroy Janvre, sire de la Bouchetière, et Ablame Lambertye. (Cartulaire de l'abbaye de Saint-Maixent). Voir page 267.

Le bourg et l'église étaient compris dans le fief de la masure de Clavé relevant de la Barre-Sanglier. — La paroisse était située dans la seigneurie de la Saisine, à laquelle elle devait la taillée traversière. — Clavé est sur la voie romaine de Poitiers à Nantes.

CLAVEAU, commune de Clavé (Deux-Sèvres). — Clavia, 1452. — Hôtel de Clavaux, 1493. — Claveau, 1584, relevait de la Sauvagère.

CLERVAUX, seigneurie dans la paroisse de Scorbé-Clervaux (Vienne). — Est connue au moins depuis 1383. En 1422, elle était la propriété d'Aymeri de Clervaux ; elle passa aux Chabot et aux de Rochechouart qui la possédèrent jusqu'en 1580. Elle devint la propriété de la famille d'Aumont, et déjà baronnie en 1620, elle fut érigée en marquisat en faveur de César d'Aumont, baron de Chappes ou Choppes, gouverneur de la Touraine. En 1704, Anne d'Aumont, veuve de Gilles Fouquet, la vendit à Etienne Chérade.

Charles-Louis de Clervaux, de l'Houmelière, marié à Louise-Modeste-Fortunée Aymer de la Chevallerie.

Marie-Zénobie de Clervaux, épouse d'Henri-Godefroy-Raymond de Villebois-Mareuil.

L'Houmelière est paroisse d'Augé.

(Voir à la table aux noms de Clervaux et d'Aymer de la Chevallerie).

CLUYS, pages 300, 325.

CLUZEAU, page 491.

COINDARDIÈRE ou COINTARDIÈRE (la), commune de Sanxay (Vienne). — La Cointardière, 1627, fief de Cursay. Ancienne seigneurie, page 451.

CONSTANT, page 43.

Marguerite de Constant, dame de Challiers, des Ouches et de la Motte de Melle. Marguerite de Constant, veuve du seigneur de Guestein, demeurait au château de Challiers, paroisse de Saint-Martin de Melle.

COLOMBIER. — Voir Coulombier.

CORIGNON, page 274.

CORMORAND, page 93. — Garnier de Cormorand.

CORNIOU (le), château, commune de Saint-Germond (Deux-Sèvres). — Germond de Corniou, 1579. — Le Corgniou, 1598 (Société de statistique des Deux-Sèvres). — Maison noble, terre, seigneurie, vassale de la baronnie de Parthenay. (Noms féodaux).
Charles Aymer de la Chevallerie, seigneur du Corniou.
Louis Aymer de la Chevallerie, seigneur du Corniou.
François Aymer, seigneur du Corniou.
(Voir à la table aux noms d'Aymer de la Chevallerie et pages 434, 444, 445, 446, 447).

COTES D'ARIOMANT (les), 1657 (Deux-Sèvres). — Société des Archives, papiers de Bernay. — Coste-Messelière. — Les Costes, paroisse de la Couarde. — Les Coustes, 1525 (not. de Saint-Maixent).

COSTES DE GOUX (les). — Les Costes d'Ariomant, 1657 (Papiers de Bernay, Société des Archives, 1660).
(Voir Ariomant et Goux).

COTEAU (le), commune de Breloux. — Les Coustaulx, 1526. — Le Coustault, 1537 (not. de Saint-Maixent). — Le Coteau, commune de Breloux, était possédé en 1698 par un membre de la famille Thibault de Neuchèze.

COUDRE (la), page 250.

COUDRÉ de Pamproux (Deux-Sèvres). — Le Coudray-Chauvin, 1530. — Le Coudré-Chauvyn, 1538 (not. de Saint-Maixent). — Le Coudré-Chauvain, 1667 (Arch. D.-S., E. 1201).
Daguin de la Roche, du Coudray-Chauvin.
(Voir à la table au nom de Daguin).

Coulombiers, commune de Lezay (Deux-Sèvres). — Relevant du marquisat de Laval-Lezay, ressortissant de sa justice (collection Beauchet-Filleau).

Brunet André, seigneur du Coulombier.

(Voir à la table au nom de Brunet, page 41).

Coulombiers (Vienne). — *Alodum quod vocant Colu-merias (?)* 1019-1028. (Besly, hist. des comtes du Poitou, p. 364. — *De Columberio*, 1119. — *Ecclesia de Colum-beriis, Columbarium* (Pouillé de Gauthier). — Colombier, 1462 (Arch. de Poitiers, 16). — Coulombier sur Lusignan, 1782 (Pouillé).

Coulombiers de Lusignan (Vienne). — Forêt de Coulombiers, s'étend sur les communes de Coulombiers et de Marçay. — Bois de Coulombiers, 1385. (Arch. de Poitiers, 27). — Forest de Coulombiers, 1463. (id., 16), page 452.

Coulon, conton de Niort (Deux-Sèvres). — *Ecclesia colonus in Alnensi territorio* (ch. de Charles le Chauve, apud Besly, comtes de Poitiers). — *Colonna super fluvium Sevriæ*, 989 (Cart. de Bourgueil, ch. de Guill., duc d'Aquitaine). — Coulon, 1245 (comptes d'Alphonse de Poitiers). — Coulon dépendait de l'archiprêtré de Mauzé, diocèse de Saintes, de la châtellenie de Benet et de l'élection du siège royal de Niort. — Le prieuré, sous la dépendance de l'abbaye de Nieuil, fut réuni au couvent des Feuillants de Poitiers dès 1613.

Courgé, commune de Vançais. — Courget, 1286. — Courget (Grand Gauthier des Bénéfices). — Courgé, 1426 (Arch. v, Saint-Benoit, 1, 26). — Courgé, 1506, relevant de Lusignan.

Courtevrault, commune de Leglet (Vienne). — Château en ruine, 1427, 1433, 1588 (seigneur de Riez-Chazerat (?). — Ancien fief relevant de la baronnie de la Trimouille.

Henri de Bardin, chevalier, seigneur de Leglet et de Courtevrault, page 282.

Coussaye (la). — Fief possédé en 1631 par la famille Rivet. Ce fief relevait du château de Saint-Maixent et était possédé en 1408 par Jehan Maintrolle, écuyer. La Cossée, 1231 (cart. de Saint-Maixent, ii, 62). — La Coussaye, 1535 (not. de Saint-Maixent).

Rivet Pierre, seigneur de la Coussaye, conseiller du roi à Saint-Maixent, pages 16, 29, 67.

Coussotière (la), page 236.

Coustault (le), paroisse de Saint-Pardoux (Deux-Sèvres). — Les Coustaulx (1615) relevant de Boisgrollier, paroisse de Vouhé (Deux-Sèvres). — Le Coustault était un arrière fief de Boisgrollier. — Le Coutault (papier du Cout.).

(Voir à Boisgrollier.)

Lévesque Samuel, seigneur du Coutault, pages 116, 181, 214.

Lévesque Jean-Louis-François du Coutault, page 182.

On trouve pour ce nom porté par plusieurs des Lévesque : Coteau, Coutaux, Coustault, Cotox, etc.

(Voir la table au nom des Lévesque.)

Coutancière (la), commune de Saivres. — La Coutancière, 1403-1406, relevait du château de Saint-Maixent (Grand Gauthier des Bénéfices). — La Coutancière était un fief. — Hébergement et vassal du château de Saint-Maixent (Coll. Beauchet-Filleau).

Coutantinière (la), page 432.

Coutaux (les), château, commune de Saint-Gelais (Deux-Sèvres). — Baronnie des Coustaulx, 1595. — Seigneurie des Coutaux ou Coutault, 1680 (coll. Beauchet-Filleau). — Baronnie et seigneurie consistant en châtellenie, métairie, 1605. — Fief du Coutault, 1698 (Mémoire de l'élection de Saint-Maixent). — Châtellenie et baronnie des Coutaux, 1733 (coll. Beauchet-Filleau). — Jean de la Haye, lieutenant général en Poitou, était seigneur de cette terre et se qualifiait baron des Coutaux.

Couture (la), commune de Saivres (Deux-Sèvres). — *Cultura*, 1261 (hist. d'Alphonse de Poitiers, par B. Ledain). — La Petite-Couture, 1557 (not. de Saint-Maixent).

Couture (la), commune d'Aiffres, fief, aliàs fief de la Barauderie, 1609 (arch. de Niort).
Etienne Pavin, seigneur de la Couture.

Crémille, commune d'Exoudun (Deux-Sèvres). — Fief, terre et seigneurie vassale du château de la Mothe-Saint-Héraye (coll. Beauchet-Filleau).
(Voir plus loin Exoudun).

Crépinière (la), commune de Breloux (Deux-Sèvres). — La Crespinière, 1550-1587 (not. Saint-Maixent).
Gerbier Alexis, seigneur de la Crépinière, conseiller du roi, lieutenant général de la sénéchaussée au siège royal de Saint-Maixent, page 45.

Creuse (la), commune de Breloux (Deux-Sèvres). — La Creuse en Saint-Carlais 1552 (not. de Saint-Maixent). — La Creuse de Breloux, 1760.

Crissé, seigneurie possédée par la famille Turpin dès vers 1260.
Henri-Charles Turpin, chevalier, seigneur comte de Vihiers et de Crissé, page 297.
Philippe-Charles Turpin, comte de Crissé.
(Voir la table au nom de Turpin, ainsi que pages 297, 300, 315, 325, 332, 359.

Crissé (Vienne), ancien fief commune de Prinçay, 1605. — Cure de Prinçay. — Aujourd'hui inconnu.

Croix. — La Croix, page 124.

CROUZON, village et logis commune de Beaussais (Deux-Sèvres). — Croizon, 1531. — Le Crousson, 1567 (not. Saint-Maixent).

Ogeron Léon, écuyer, seigneur de Crouzon.

Catherine-Aimée Girault de Crouzon, épouse de François-Théophile de Villiers de Boisbourdet.

(Voir table au nom de Girault de Crouzon, ainsi que page 211).

CRUSSOL, page 59.

CRUX, page 315.

CUMONT, canton de Saint-Aulaye, arrondissement de Ribérac (Dordogne). — Fief et château de Cumont.

Cumont (de) Louis-Marie-Joseph-Sévère, époux de Marie-Anne de Barbezières, fille de Marie-Anne Lévesque, veuve de Linazay.

Cumont (de) Joseph-César-Gabriel-Alexandre, baron de Cumont, marié à Auguste-Hélène Bachelier de Bercy.

(Voir table au nom de Cumont).

CURZAY (Vienne). — La seigneurie de Curzay, avec droit de haute justice, relevait du château de Lusignan et avait plus de soixante fiefs dans sa mouvance. — Le château de Curzay s'appelait autrefois Laudonières.

(Pages 461, 501, 511.)

D

DENIS (Saint-), canton de Champdeniers (Deux-Sèvres). — *Fructus Jonisius*, 1265 (Dom Fonteneau). — Saint-Denis, 1572 (arch. Barre, I). — Saint-Denis était de la dépendance de l'archiprêtré de Saint-Maixent, de l'élection de Niort, de la sénéchaussée de Poitiers, de la châtellenie du Coudray-Salbart, réunie à la baronnie de Parthenay.

E

Echiré, canton de Niort (Deux-Sèvres). — *Feodum* d'Echiré, 1260 (Hom. d'Alphonse). — L'église fut mise à la mense capitulaire par Fort d'Auz, évêque de Poitiers. Elle relevait auparavant de l'évêché. Le seigneur de Parthenay était seigneur de la paroisse dans laquelle étaient les prieurés de Mussay, Terrenanteuil, Sainte-Catherine. — Le fief de la Motte-d'Echiré relevait de la baronnie de Parthenay, ainsi que partie de la paroisse. Le seigneur d'Echiré avait droit de péage sur le pont relativement au pont bâti sur la Sèvre. Ce droit, existant avant le xvi° siècle, fut maintenu par arrêt du 10 août 1774, par Jean, duc de Berry.

Josué du Fay, chevalier, seigneur de la Taillée et d'Echiré.

(Voir la table au nom de du Fay et page 76).

Ecuré, page 353.

Escars, page 371.

Essarts (les), canton de La Mothe-Saint-Héraye. — Fief, 1698 (Mémoire de l'élection de Saint-Maixent).

Masson Benjamin, seigneur des Essarts ou de Lessart, pages 15, 30.

De Veillechèze Pierre, seigneur des Essarts, président de l'élection de Saint-Maixent.

De Veillechèze des Essarts, etc.

(Voir la table à Masson des Essarts, ainsi que pages 15, 30, 67.

Estortière (l'), commune de Soudan (Deux-Sèvres). — Lestorière, 1448. — Lestortière, 1481. — Lestortière, 1576. (Arch. de la Barre, II). Relevait d'Aubigny.

Janvre, seigneur de l'Estortière.

Janvre, seigneur de la Bouchetière, de la Moussière et de l'Estortière.

Charles Janvre, chevalier, seigneur de l'Estortière.

Gédéon d'Auzi, écuyer, seigneur de l'Estortière.

Demoiselles de l'Estortière.

(Voir à la table aux noms de Janvre, d'Auzy, etc., ainsi que pages 42, 267, 274, 277.)

EXIREUIL, canton de Saint-Maixent (Deux-Sèvres). — *Sanctus Maixentius de Sirolio*, 1140 (cart. de Saint-Maixent, 257). — *Essyrolium*, 1300 (Grand Gauthier). — Cyreuil, 1669 (cart. de Saint-Maixent). — Faisait partie de l'archiprêtré, de la sénéchaussée et de l'élection de Saint-Maixent, relevait d'Aubigny. L'évêque nommait à la cure.

EXOUDUN, canton de la Mothe-Saint-Héraye (Deux-Sèvres). — *Exuldunus vicus*, 872 (Dict. Beauchet-Filleau). — *Exuldumus vicus*, 917 (Dom Fonteneau, 20). — *Exuldunensis vicaria in pago Briesince*, 945 (Dict. Beauchet-Filleau). — *Ecclesio de exuldinum*, 1097 à 1101 (Cart. de Saint-Cyprien). — *Gaulevnis de Exoduno,* 1400 (Dom Fonteneau, tome XXII). — *Ridulphus de Exolduno,* 1206, id.). — *Archipresbytarus de Exoduno, Ecclesia Exoldum,* 1300 (Grand Gauthier). — *Escodun,* 1647 (Pouillé de M. de La Rocheposay). — Titulaire de Saint-Pierre, patron de l'évêque de Poitiers, paroisse et diocèse de Poitiers ; chef-lieu d'un archiprêtré, archidiaconé de Brioux, généralité de Poitiers, siège royal de Lusignan, élection et subdélégation de Saint-Maixent. L'archiprêtré d'Exoudun comprenait : les prieurés d'Aigonnay, Availles, Fontblanche, Izernay, Mougon, Pamproux, Romans, Ruffigny, Saint-Gelais ; les paroisses d'Aigonnay, Bougon, Chavagné, Chaurais, Chenay, Chey, Echiré, Exoudun, François, Fressines, Goux, la Mothe-Saint-Héraye, Saint-Maixent, Saint-Martin de Pamproux, Prailles, Régné, Romans, Sainte-Blandine, Saint-Gelais, Sainte-Néomaye, Salles, Sepvret, Souché, Thorigé et *** sur Niort dans les Deux-Sèvres et Rouillé dans la Vienne.

Exoudun possédait une maladrerie de fondation royale et une aumônerie réunie à l'hôpital de Saint-Maixent, par arrêt du Conseil, le 14 janvier 1695, enregistré le 19 juillet 1696. Plusieurs monuments druidiques existaient à Exoudun qui est traversé par une voie romaine de Rom à Nantes.

Exoudun était le chef-lieu d'une viguerie *(vicaria Exuldunensis)* du pagus de Brioux ; elle était connue en 945. La villa Baloni (Bagneaux) et Belzoni (Bougon) était dans sa mouvance. Il existait dans le bourg d'Exoudun une maison noble appelée « la Place-Forte » ; elle avait droit de moyenne justice, relevant de la baronnie de Celle-Lévescault (Vienne), ainsi qu'une autre dite Crémille et plus tard Boisse.

F

FALJOIE, page 465.

FARGETTES, page 452.

FAYE, commune de Nanteuil, page 134. — Faia, 1086 (Cartulaire de Saint-Maixent, 194). — Faya 1210 (id., II). — Faye-lès-Saint-Maixent, 1431. — Faye-sur-Aubigny, 1559 (arch. Barre). — Châtellenie relevant de Saint-Maixent (état du duché de la Meilleraye, 1775.) (Mémoire de la statistique des Deux-Sèvres, 1860, 1861, 1878.) — *Witelmus prepositus de Faya*, 1238 (Cartulaire des Châtelliers). — Faya 1260 (Hommage d'Alphonse). — Fief tenu du comte de Poitiers et qualifié châtellenie dès 1404. — Vassal du château de Saint-Maixent. — Fief uni à Aubigné, paroisse d'Exireuil, avec titre de baronnie.

FAYOLLES, commune de Savigné (Vienne), page 279. — La Fayolle, 1315 (famille de Fayolles). — Fayolles, 1482 (fief). — Féolle, 1764 (fief de Fayolle). — Ancien fief relevant du comté de Civray, page 279.

Elisabeth Durousseau de Fayolles, mariée à de Laâge de Meux, pages 279 et 452.

FENESTRE (la), pages 25, 197.

FENIOUX, paroisse de Breloux. — Feniou, 1535 (not. de Saint-Maixent). — Feniou, 1595. — Feniou, 1747 (Arch. Deux-Sèvres, E, 415). — Pages 126 et 279.

FERTÉ (la), page 27.

FERVAQUES, pages 474, 476.

FIEF-GUILLET, page 408.

FIGEASSE ou FIGERASSE (la), commune de Gript (Deux-Sèvres). — La Ficherace, 1247 (comptes d'Alphonse de Poitiers). — Page 344.

FONTIOUX, commune de Marçay (Vienne). — Fontiaux, 1435. — Fontiau, 1527. — Fontiou, 1715. (Rôle des tailles). — Ancien fief relevant de la châtellenie de Clavière (Fonteneau, XLII, p. 35).
Huet, seigneur de Fontenioux, pages 102, 141, 342.
Germain Tribert de Fontioux, veuf d'Eugénie Sourdille de la Vallette.

FONTENELLE (la), commune de Sainte-Néomaye (Deux-Sèvres). — Il y avait plusieurs fiefs ; l'un dépendait de la chapelle de Menigoute, 1698 (Mém. de l'élection de Saint-Maixent). — La Fontenelle, 1269. — La Fontenale, 1363 (Cart. de Saint-Maixent).
Lambert René, seigneur des Fontenelles, pages 41, 236.

FORGES (les), canton de Menigoute (Deux-Sèvres). — Forges, 1164 (Font., v, 502). — Les Forges, 1380, relevaient de Curzay. — Les Forges dépendaient de l'archiprêtré de Sanxais, de la châtellenie de Lusignan, de la sénéchaussée et de l'élection de Poitiers. — L'abbesse de Sainte-Croix de Poitiers nommait à la cure.

Fors, canton de Prahecq (Deux-Sèvres). — *Guarnarius Sancta Maria de Forrio*, 1096. — *Chastel de Forro*, 1550. — Domaine royal en Poitou (Coll. Beauchet-Filleau, reg. 28, 39, 43). — En 1769, l'église tombée en ruine, était remplacée par la chapelle de l'aumônerie ; l'aumônerie avait été fondée par le seigneur de Fors. Le prieur de Fors devait nourrir les chiens et les veneurs de Poitiers quand ils chassaient dans la forêt de Chizé. Le chastel et la châtellenie de Fors furent érigés en marquisat en 1639 et en la Chambre des comptes le 31 décembre 1640. Cette terre relevait du château de Niort et du château de Chizé pour les droits d'usage dans la forêt de Chizé. — Alphonse, comte de Poitou, y établit des marchés en 1243, et Charles VIII des foires en 1498, à la demande de Guy Poussard.

Fossa, page 49. — Par corruption de Fossat (Ariège), sur la Lize, près Pamiers.

De Fossa Suzanne, épouse de Pierre Le Febvre, écuyer, seigneur de La Préc, page, 42.

Famille de Fossa, pages 42, 48, 49.

Fontmusset, pages 2 et autres. — (Voir à la table au nom de Lévesque).

Foucault, commune de Sepvret (Deux-Sèvres). — Fief Foucault, 1346. — Hôtel noble relevant du prieuré de Fontblanche et ressortissant au siège royal de Lusignan (Coll. Beauchet-Filleau).

D'Orfeuille Pierre-François, chevalier, seigneur de Foucault, pages 147 et autres (Foucault, Cassini).

D'Orfeuille, seigneur de Foucault et de Lussaudière. (Voir famille d'Orfeuille, pages 145 et suivantes).

Fouchardière (la), commune de Clavé (Deux-Sèvres). — Devait la taillée traversière à la seigneurie de la Saisine, 1452 (Arch. de la Barre). — La Fouchardière, 1533 (Not. de Saint-Maixent).

Fougeray (Grand), page 410.

Francs (les), paroisse de Cherveux (Deux-Sèvres). — Hébergement des Francs, 1597 (Invent. d'Aubigny). Vassal de l'abbaye de Saint-Maixent. — Fief des Francs, 1698 (Mémoire de l'élection de Saint-Maixent).

Frappinière (la), fief commune de Nanteuil. — Hébergement de la Frappinière, vassal de l'abbaye de Saint-Maixent. — Fief de la Frappinière, 1698 (Mémoire sur l'état de Saint-Maixent). — La Frappinière relevait de l'abbaye de Saint-Maixent, 1363. — La Frappinière, 1689 (Arch. de la Barre, i, ii).

Frappinière, en Anjou. — Henri-Charles Turpin, chevalier, comte de Crissé, page 297.
(Voir à la table au nom de Turpin).

Fraye (la), pages 1 et 385. — (Voir à la table au nom Lévesque).

Frosne (la), paroisse de Saivres, canton de Saint-Maixent.

Frozes (les), paroisse de Vouillé (Vienne), pages 102, 428. — De Frozis, v, 1140 (Chap. de Sainte Radégonde). — Petrus de Frozes, 1190 (Fonteneau, t. v, page 602). — Froses, 1340 (abbaye de Sainte-Croix, 43).
Le fief des Frozes relevait de la seigneurie de Maillé, appartenant à l'abbaye de Sainte-Croix de Poitiers.

Frumetière (la), page 514.

Fuye (la), commune de Nanteuil (Deux-Sèvres).

Fuye, commune de Saint-Georges-de-Noisné.

Fuye, commune de Saint-Martin-de-Saint-Maixent. Texier Pierre de la Fuye, pages 135 et autres.
(Voir à la table au nom de Texier).

G

GABAUGE, commune de Courlay. — Il y a aussi Gabauge, commune de Saint-Maixent-de-Beugné.

Maboul Louis, écuyer, seigneur de la Gabauge, marié à Catherine Lévesque des Maisons-Neuves et de Gascougnolle, veuve de Charles Clément de la Boistrie.

(Voir à la table au nom de Maboul et page 74).

GACONNIÈRE D'ARDIN (la), canton de Champdeniers (Deux-Sèvres). — Relevant de la châtellenie de Béceleuf et ressortissant à sa justice (Coll. Beauchet-Filleau, reg. 52, page 345). — *Gasconneria*, XIIᵉ siècle. — La Gasconnière relevait du petit château de Vouvant, 1309. — La Gasconnière, 1481 (Font., VIII, 223).

Geay de la Gâconnière, page 22.

GASCOUGNOLLE et GACOUGNOLLE, château, paroisse de Vouillé (Deux-Sèvres). — Gascougnolle, 1080 (Cart. de Saint-Maixent, 179). — Gascougnolle, 1121 (Id., 300). — Gascougnolle, 1260 (Hom. d'Alphonse de Poitiers). — Gascougnolle, 1692. — Gascougnolle, 1753 (Arch., S. E., 746-615). — Châtellenie devenue baronnie qui était de la mouvance de Melle et qui ressortissait en appel de la prévôté royale de cette ville. Elle relevait de la châtellenie de Melle et sa justice allait en appel à la prévôté royale de cette ville. Le seigneur était collateur de la chapelle de Saint-Jacques de Gascougnolle, desservie en l'église de Vouillé, unie à celle de Sainte-Catherine.

GASCOUGNOLLE D'AIGONNAY (Deux-Sèvres). — Gascoignolle, fief relevant de Melle, 1363 (Grand Gauthier des Bénéfices. Collection Beauchet-Filleau).

Lévesque Jacques, noble, écuyer, seigneur des Maisons-Neuves et de Gascougnolle.

(Voir la table aux noms des Lévesque des Maisons-Neuves et de Gascougnolle et autres, et aussi pages 290, 292 et suivantes).

Gaucourt, page 399.

Gaudussière (la), page 347.

Gelais (Saint-), 1er canton de Niort. — Ancien monastère. — Le prieuré fut donné en 1109 à l'ordre de Cluny. La seigneurie de Saint-Gelais relevant du comte de la Marche, fut saisie sur lui et réunie au domaine du comte de Poitou qui avait droit d'y prendre un repas coutumier. Elle relevait au xvii° siècle de la baronnie de Saint-Maixent, sa mouvance fut attribuée au roi par arrêt de la Chambre des comptes du 9 septembre 1694.

Germond, commune de Champdeniers (Deux-Sèvres). — *Terra Germundi* donnée à l'abbaye de Saint-Cyprien du Poitou, par Guillaume-le-Grand, comte du Poitou, *ad villam construendam*, 1003 (Arch. du département de la Vienne). — *Germundum castrum*, 1037. — *Germeondum castrum destructum*, 1094 (chr. de Maillezais). — *Ecclesia de Germundo*, 1648 (Pouillé de la Rocheposay). — Le fief de Germond proprement dit était vassal de la châtellenie de Châteauneuf en Gâtine et avait droit d'exercer haute, moyenne et basse justice sur de nombreux fiefs. — Germond, un des points de stratégie militaire du moyen âge, était sur le chemin chevaleret. — La Motte de Germond, sur laquelle avait été bâti le vieux château, semble être construite de mains d'hommes et remonter à l'époque gauloise.

Louis Aymer, écuyer, seigneur de Germond.

(Voir la table aux noms d'Aymer, ainsi que pages 294 et 445).

Genest, pages 125, 126, 539, paroisse de Sciecq. — Mangou du Genest.

Genouillé, commune de Brieuil-sur-Chèze (Deux-Sèvres). — Seigneurie à Genoillé, 1507 (Dom Fonteneau, t. i, 1550). — Domaine royal en Poitou (Coll. Beauchet-Filleau, reg. 41-43). — Fief et seigneurie de la Motte-

Genouillé (Noms féodaux, 65). — Fief vassal du roi à cause du château de Chizé.

Genouillet (Charente-Inférieure). — Berceau de la famille de Sartre.

(Voir table au nom d'Aymer de la Chevallerie et page 441).

Gentrais, commune de Saint-Martin-de-Saint-Maixent (Deux-Sèvres). — Gentray, 1381 (Arch. hist. du Poitou). — Jentray (Not. de Saint-Maixent).

Ginibral, page 323.

Gloutière (la), commune de Vautebis (Deux-Sèvres). — Avait le titre de fief avant 1562 (Arch. de la Barre). Texier François, seigneur de la Gloutière.

(Voir à la table aux noms de Texier et pages 135, 137 et autres).

Gorse, près Cherveux (Deux-Sèvres), page 553.

Gourjault, page 441.

Gournay, canton de Chef-Boutonne (Deux-Sèvres). — *Villa de Gurdiniaco*, 1021-1029 (Cart. de Saint-Cyprien). — *Ecclesia de Gornayo*, 1300. — Les seigneurs du haut Gournay et de la Chevrelière, d'une part, et celui du bas Gournay, de l'autre, réclamaient les droits honorifiques qui furent attribués au seigneur de la Chevrelière, reconnu fondateur de l'église, par arrêt du parlement de Paris, le 30 juillet 1705. — Dans le bourg de Gournay, se trouvaient : la maison noble, terre, seigneurie du haut Gournay, appelée dans l'ancien temps le fief de la Touche, relevant du château de Chef-Boutonne, et aussi la maison noble du bas Gournay, relevant du seigneur de la Brie-les-Aulnay, ainsi que la métairie du Chauvet et de la Grenotière, les hébergements de la Petite-Croix, de la Bagolerie. Le seigneur du bas Gournay était collateur des chapelles de Sainte-Marguerite de Sompt et de Sainte-Anne, desservies en l'église de Gournay.

Page 401 et autres.

Gourville, page 348.

Goux, commune de la Couarde (Deux-Sèvres). — Goos, 1260 (Homm. d'Alphonse). — Gols, 1383 (Comptes des deniers). — *Ecclesia* de Goos, 1262. — Goust, 1789 (Archives des Deux-Sèvres). — Goux dépendait de l'archiprêtré d'Exoudun, de la sénéchaussée, élection de Saint-Maixent.

Henri-Charles Turpin, chevalier, seigneur de Vihiers, page 297.

(Voir ci-devant : Ariomant, Costes de Goux et de Goust).

Graillère (la), page 25.

Grandlieu, page 315.

Grands-Maisons (les), commune de Nanteuil, page 241.

Grannerie (la), commune de Sepvret (Deux-Sèvres). — Relevait de la seigneurie de Lussaudière et celle de Germain y avait droit de fief, justice et juridiction (Coll. Beauchet-Filleau, reg. 51). — Germain, château, commune de Saint-Coutant (Deux-Sèvres). — Germain, 1613. — Château Germain (Cassini). — Châtellenie et juridiction ressortissant par appel du marquisat de Laval-Lezay (Beauchet-Filleau).

D'Orfeuille Louis, chevalier, seigneur de la Granerie et de Tourtron, époux de Marguerite-Renée Lévesque de Tourtron. Louis d'Orfeuille, chevalier, seigneur de la Granerie, de Tourtron et de Saint-Georges, fils puîné de François d'Orfeuille et d'Anne Chevalier, des Chevalier de la Frappinière.

(Voir à la table au nom de la famille Lévesque et pages 146, 147, 148).

GRENOTTIÈRE (la) de l'Houmeau, commune de Maisonnais. — François-Alexandre de Pons, seigneur de la Grenottière et de l'Houmeau, pages 150, 153.

GRENOTTIÈRE (la), paroisse de Saint-Martin. — Grenotterie, pages 150 et 151.

GRIMAUDIÈRE (la). — Maison de Grimaudière, commune de Gournay (Deux-Sèvres). — Hébergement, au bourg de Gournay, relevait de la seigneurie, 1663 (Coll. Beauchet-Filleau).
De la Grimaudière Chabot-François, époux de Louise Guillemeau, page 125.

GROIZARDIÈRES (les), commune de Nanteuil (Deux-Sèvres). — La Groizardière, 1638 (Not. de Saint-Maixent).
Orry des Groizardières, page 212.

GROIX (les), pages 44, 348.

GROLLIÈRE (la), commune de Beaulieu-sous-Parthenay. — La Grollerie, 1349. — La Grollière, 1493 (Arch. de la Barre). — La Grouillère, 1474, relevant du Fouilloux. (Etat du duché de la Meilleraye, 1775, pages 332 et autres).

GROSEILLERS (les), canton de Mazières-en-Gâtine. — *Parrochia de Groselariis*, 1265 (Fonteneau, XVI). — Groselers, 1300 (Gr. Gauthier). — Gruzelliers, 1716, Etat de l'élection. — Les Groselliers faisant partie de la châtellenie du Baillage-Baston réunie à la baronnie de Parthenay. — Ils dépendaient de l'archiprêtré de Saint-Maixent, de la sénéchaussée de Poitiers et de l'élection de Niort. Ils avaient autrefois fait partie de celle de Parthenay.
Jarno Joseph-Ignace, écuyer, seigneur du Pont-des-Groseillers, époux de Marie-Anne Aymer, pages 343, 446.

GUÉRINIÈRE (la), canton de Menigoute. — La Gori-

nière, 1374-1479, relevant de Parthenay. — La Guérinière, 1567-1669 (Arch. de la Barre).

GUÉRIVIÈRE (la), château, commune de Vançais
(Deux-Sèvres).

GUIBERTIÈRES (les), paroisse de Breloux (Deux-Sèvres).
— Fief, les Guibertières, 1522 (Not. de Saint-Maixent),
pages 107, 132.
De Lannefranque-Larrey des Guibertières ; Vaslet
des Guibertières.

GUIGNERAIE (la), commune de Romans (Deux-Sèvres).
— 1587 (Not. de Saint-Maixent), relevait de l'abbaye
de Saint-Maixent.
Elisabeth Janvre, épouse d'Antoine de Vasselot, seigneur de Régné, la Guigneraye.
Louveau de la Guigneraye.
(Voir à la table au nom de Louveau, ainsi que
pages 274 et 450).

GUILLOTIÈRE (la), commune de l'Enclave (Deux-Sèvres).
— Seigneurie dès avant le xv° siècle, fief, 1698 (Mém. de
l'élection de Saint-Maixent). — Seigneurie, hôtel et
forteresse de la Guillotière. — Vassal du château de
Melle (Noms féodaux). Relevait de la vicomté de Châtellerault en 1435. — La Guillotière, 1457. — Relevait de
la Mothe-Saint-Héray en 1621. (Voir page 460).

GUILLOTIÈRE (la), commune de Vausseroux. — (Voir
page 150 et aussi d'Aitz de Mesmy).

GUISSONNIÈRE (la), commune de Rom (Deux-Sèvres). —
Fief, maison noble et seigneurie.

GUYONNIÈRE (la), commune de Clavé (Deux-Sèvres). —
La Grande-Guyonnière, 1452 (Arch. de la Barre, II).
Chaigneau de la Guyonnière.
(Voir à la table au nom de Chaigneau, pages 66, 249,
251 et autres).

II

Hayes (les), pages 2 et autres.

Herbaudière (l'), commune de Saivres (Deux-Sèvres).
— Fief et maison noble dans la juridiction de Saint-
Maixent, 1698 (Mém. de l'élection de Saint-Maixent). —
Lerbaudière, 1528. — La grande et petite Herbaudière,
1532 (Not. de Saint-Maixent). — L'Herbaudière, 1586
(Arch. de la Barre, ii). Page 445.

Hermitain (l'), commune de Souvigné (Deux-Sèvres).
— *Prior de Hermitano*, 1300 (Gr. Gauthier). — Prieuré
sous le vocable de Saint-Jean-Baptiste). — Lermitain,
1363 (Cart. de Saint-Maixent, ii, 146). — L'Hermitain,
1585 (Not. de Saint-Maixent). — Forêt nationale de
558 hectares, communes de Souvigné, Goux, Prailles,
appelée autrefois « Saivres ».

Hérouville, page 494.

Houmeau, commune de Pamproux (Deux-Sèvres). —
Terra amelli apud, Pamproux, 1122 (Dom Fonteneau,
2, 15).

Fraigneau Louis de l'Houmeau était époux de Marie
Lévesque.

Pierre Clément de l'Houmeau était époux de Marguerite Texier. Leur fils était Jean Clément de la
Boistrie, époux de Jeanne Bellin de la Boutaudière, fille
de François et de Catherine Ogron, page 136.

Houmeau-Pérouardière (l').
Louis Fraigneau de l'Houmeau-Pérouardière se maria
à Anne Vatable, page 289.

Louis Sauzé de l'Houmeau marié à Jeanne Cochon
de la Tour.

Jeanne Sauzé de l'Houmeau mariée avec Jean
Lévesque de Maxien, fils de Jean Lévesque de

Maxien, sénéschal du marquisat des Marets de Lezay, page 289.

Jeanne Fraigneau de l'Houmeau, mariée à Georges Vallette, seigneur de Puypailler.

(Voir à la table aux noms de Lévesque, Fraigneau, Clément de la Boistrie, Bellin de la Boutaudière, Sauzé et autres).

HOUMELIÈRE (l'), paroisse d'Augé (Deux-Sèvres). — L'Homelière (Cass.). — Domaine possédé par les familles de Vasselot, Poussard, de Clervaux, de Villebois-Mareuil. — Fief, 1728 (Mémoire sur l'élection de Saint-Maixent).

Charles-Louis de Clervaux, de l'Houmelière, paroisse d'Augé.

(Voir page 438 et table au nom d'Aymer de la Chevallerie).

I

ISLE (l'), commune de Breloux (Deux-Sèvres). — Châtellenie de l'Isle, 1718. (Archives du château de la Barre). — Château du fief de l'Isle, 1788 (Mémoires de l'élection de Saint-Maixent).

Masson Jehan, seigneur de l'Isle.

(Voir table au nom de Masson et page 16).

ISEURE, page 396.

ITEUIL, commune de Vivonne (Vienne). Cette commune est formée des deux anciennes paroisses d'Iteuil et de Ruffigny. Celle d'Iteuil, avant 1790, faisait partie de l'archiprêtré de Lusignan, de la châtellenie, de la sénéchaussée et de l'élection de Poitiers. Les seigneuries d'Iteuil, Aigue et Bernay, avec droit de haute justice, relevaient de la baronnie de Celle-Lévescault.

(Voir table à Janvre de Bernay, page 504).

J

Jamoulière (la), commune de Saivres, canton de Saint-Maixent, 1683 (Coll. Beauchet-Filleau, 140-300). La Jamounelière, 1567 (Not. de Saint-Maixent) page 240.

Jarriges, communes de Limalonges et Sauzé-Vaussais. — Ch. Jarriges (Cass.), page 396.

Javarzay, canton de Chef-Boutonne (Deux-Sèvres). — Remonte à une haute antiquité et a été habité dès l'époque gauloise. — Les rois mérovingiens y possédaient un château près duquel ils battaient monnaie. — Il y eut un cimetière gallo-franc où on inhuma jusqu'au xiiie siècle. — Clotaire y fit un séjour après sa campagne contre son fils en 559 et fit don à Saint-Junien de terrains où il fonda l'abbaye du Mairé (Mairé-Lévescault). — Henri IV s'y installa plusieurs fois, alors qu'il n'était que roi de Navarre, particulièrement pendant les années 1586 et 1587. Cette seigneurie, vassale de la châtellenie de Chef-Boutonne, y fut réunie par la vente faite par François de Rochechouart à François de la Rochefoucault et de Roucy. Des lettres patentes datées de Bayonne, en mai 1660, réunirent les deux paroisses de Chef-Boutonne et de Javarzay pour constituer une seule collation d'impôts.

Javarzay, commune de Bougon (Deux-Sèvres). — *Via quæ ducit de Javarzay apud Exodunium*, 1236, (Cart. des Châtelliers). — Fief de Javarzay, terres du château de Lusignan, 1550. — Domaine royal en Poitou (Coll. Beauchet-Filleau, reg. 48,8). — Métairie noble de Javarzay dépendant de la seigneurie de la Guillotière, 1583 (Coll. Beauchet-Filleau, reg. 82,300). — Grand et petit village de Javarzay, basse justice relevant en appel du siège royal de Lusignan (Coll. Beauchet-Filleau, reg. 52).

Lévesque Léon, seigneur de Javarzay, époux de Marie Ochier.

Lévesque Marie de Javarzay, épouse d'Abraham Fraigneau de la Bourgougne.

(Voir table aux noms de Fraigneau et Lévesque et pages 124 et 288).

JAVARZAY, commune de Beaussais (Deux-Sèvres). — Relevant de Melle, 1581.

JOUHÉ, commune de Pioussais (Deux-Sèvres. — *Guillelmus de Joec*, 1167 (Dom.Fonteneau, tome x). — *Joleanus de Joec*, 1308 (id., tome xvii). — Jouhec, 1439 (Arch. de la Barre). — Seigneurie sise au terroir de la Place, vassale du château de Ruffec ; elle fut séparée de ce domaine en 1236. — Elle avait droit de moyenne et basse justice, et, jusqu'au milieu du xviii° siècle, appartint à la famille De Turpin, dont une des branches en prit le nom. Page 405.

L

LAFONT (Vienne), page 397. — Château de Lafont, commune de Chenevelles. — La Font, 1673 ; — La Font, 1753, famille d'Argence.

René d'Argence, chevalier, seigneur du Souci, de Lafont et autres places. Pages 300 et 322.

LAMBERTIÈRE, commune de Verruyes (Deux-Sèvres). — La Lambertière, 1237. Page 179.

LANDEFRÈRE, logis, commune de Coutières (Deux-Sèvres). — Landifrère, 1515-1526 (Arch. de la Barre, ii). — Landefrère, 1567 (Not. de Saint-Maixent). — Lande Fresne, 1666 (Cart. des Châtelliers). Page 532.

LARGÈRE (la), page 212.

Launaye, commune d'Azay-le-Brûlé. — Logis relevant de l'abbaye de Saint-Maixent (Cart. de Saint-Maixent, note 47).

Lassus. — Jean-Louis-François de Lassus, époux de Louise Lévesque.

De Lassus de Perpignan, seigneur de Lassus de Montréjau.

(Voir table au nom de Lévesque et pages 113, 114, 115.)

Liglet ou Leglée, canton de la Trémouille (Vienne), page 282. — *Ecclesia sancti Ylarii de Lilec*, 1093 (abbé de Saint-Savin). — Liglée, 1247 (Fonteneau, t. v, page 413). — Lilet, 1506 (Fief de Fleix). — Lillet, 1528 (Seigneurie de Courtevrault).

Henri de Bardin, seigneur de Liglet et de Courtevrault, page 282.

Lezay (Deux-Sèvres). — *Goscelinus de Legiaco*, 1007 (Besly, comtes du Poitou, 353). — La seigneurie de Lezay, partage de la maison de Lusignan, fut érigée en marquisat au profit d'Hilaire de Laval, par lettres patentes de janvier 1642, enregistrées le 27 juin suivant au Parlement de Paris. Il obtint de lui donner le nom de Laval-Lezay, suivant lettres patentes d'octobre 1643, enregistrées au Parlement le 16 février 1644.

La terre de Lezay a été d'abord en entier vassale de la baronnie de Celles-Lévescault, propriété de l'évêché de Poitiers. Page 162.

Le seigneur de Lezay avait des droits honorifiques dans l'église de Saint-Médard de Lezay, en qualité de haut seigneur, patron et fondateur

Lessons. — Saint-Maixent. — Aymer Pascault, varlet, seigneur des Lessons.

(Voir table au nom d'Aymer de la Chevallerie et page 444).

Liborlière (la), commune de Pamproux (Deux Sèvres) — Ancien fief relevant de l'abbaye de Saint-Maixent. Il appartenait, en 1248, à Hugues de Lusignan, comte de la Marche, ainsi qu'il résulte d'un hommage rendu par ce dernier à l'abbaye de Saint-Maixent, en 1248. A cette époque, le nom est écrit la Liborlière et on ajoute : *Cum omnibus pertinenciis suis.* Ce fief, propriété, en 1309, de Guy de Lusignan, seigneur de Couhé, de Payrac et de Frontenay, est mentionné dans la confirmation du testament de ce dernier ayant eu lieu le 4 juin, même année et désigné ainsi : *Repayrum* de la Liborlière (Arch. hist. du Poitou xi, 49). — Le 15 décembre 1363, dans l'aveu du temporel de l'abbaye de Saint-Maixent, rendu au prince d'Aquitaine et de Galles par Guillaume, abbé de cette abbaye, ce fief est ainsi indiqué : La Libournère (Dom Fonteneau, xvi, 263). — Ce fief devint ensuite la propriété des La Rochefoucault. En effet, en 1439, Aymé de La Rochefoucault, chevalier, est dit seigneur de Montbazon et de Sainte-Maure, de Vilers, de Dizie, de la Liborlère, de la Saisine et d'Argenton, à cause de Jeanne de Martreil, sa femme. Enfin, dès 1698, ce fief était la propriété de la famille Bellin de la Boutaudière.

Bellin Léon, seigneur de la Liborlière, page 293.

Bellin Jehan, noble écuyer, seigneur de la Boutaudière et de la Liborlière, époux de Catherine Lévesque, pages 416, 424.

Bellin de la Boutaudière Jean-Charles, chevalier, seigneur de la Liborlière, page 429.

Bellin Jean-François-Marie, seigneur de la Liborlière, époux d'Anne-Joséphine de Gourjault, page 429.

(Voir aussi à la table au nom de Belin ou Bellin et Lévesque).

Ligné-en-Limouzin, commune de Paizay-le-Sec (Vienne). — Liniers, 1494 (seigneur de Courtevrault). — Liniers, 1630 (abbaye de Saint-Savin).

Louis-René-François, chevalier de Ligné.

(Voir Louveau de Ligné, page 450).

Limalonges, canton de Sauzé-Vaussais (Deux-Sèvres).
— *Villa Lanalonga in pago pictavo in condita Brio-since.* — *Limalongiœ, 1119.* — Limalonges relevait de
Civray. — La châtellenie de Limalonges fut érigée en
marquisat sous le nom de Crugy-Marcillac, les 11 avril
1765 et 17 août 1773, en faveur de Pierre-Constantin
Crugy de Marcillac, seigneur de Pannesac (Arch. V. C., 2).
— La paroisse faisait partie de l'archiprêtré de Chaunay,
page 201.

Linazay (Vienne). La *vicaria de Lineacensis* est
mentionnée dans la fondation du prieuré du Château
Larcher en 971 (Dom Fonteneau, vi, 293). — Est mentionnée dans le cartulaire de l'abbaye de Nouaillé, en 1281,
Aymericus de Linazayo. — Ce fief appartenait, en
1345, à la famille de Jousserand ; en 1403, à celle de
La Personne, et en 1579, aux Eschallé, qui le conservè-
rent jusqu'au milieu du xviii° siècle et en portèrent le
nom pendant plus de deux siècles. — L'église de Saint-
Hilaire de Linazay dépendait autrefois de l'archiprêtré
de Chaunay et l'évêque de Poitiers avait la nomination
du curé. Cette paroisse supprimée fut rétablie en 1846 et
dépend de l'archiprêtré de Civray. Un grand nombre de
membres de la famille Eschallé y ont été inhumés.

De Linazay Eschallé Jean-Charles, époux de Anne-
Gabrielle Lévesque, veuf de Marie-Anne Clément de la
Boistrie.

Anne-Gabrielle Lévesque se remaria avec Jean-César
de Barbezières, seigneur de Brette, la Talonnière et
Véré.

(Voir à la table aux noms de Eschallé de Linazay,
Lévesque de Barbezières, etc., et pages 80 ainsi que 206
et autres).

Lingrinière, page 44.

Linières, page 343.

Lisleau ou Ilot, commune de François (Deux-Sèvres).
— Moulin du Lislea, 1373 (Arch. V. C., 2, 106). Lisleau,
1551 (Not. de Saint-Maixent). — Lileau (Cass.).

Lévesque Pierre, seigneur du Lisleau, conseiller du
roi, commissaire en l'élection de Saint-Maixent.

Jean-Louis d'Orfeuille, seigneur de Tourtron, de Saint-
Georges et du Lisleau.

Pierre Lévesque, seigneur du Lisleau.

(Voir à la table aux noms de Lévesque, d'Orfeuille,
Lisleau et pages 77, 107, 125 et 179).

Loges (les), commune de la Chapelle-Bâton (Deux-
Sèvres). — Château et fief. — Les Loges, 1401 (Cart.
des Châtelliers). — Relevait de Breuillac, 1459. — Fief
des Loges, 1708 (Mémoires de l'élection de Saint-
Maixent). Pages 47, 274.

Jean Janvre, seigneur de la Bouchetière, Veuzé, les
Loges, la Chauvelière.

Philippe Janvre, chevalier, seigneur de Boisberthier,
des Loges, etc.

Ce domaine appartient aujourd'hui à M. de la Roulière.

(Voir aux noms de Janvre à la table et pages 47 ainsi
que 274).

Loubigné, canton de Chef-Boutonne (Deux-Sèvres). —
Archiprêtré de Melle, sénéchaussée de Poitiers, élection
de Niort, subdivision de Chef-Boutonne. La paroisse
était en entier dans le marquisat de Chef-Boutonne, dont
relevait la seigneurie. — Loubillé, canton de Chef-
Boutonne.

Loubigné, commune d'Exoudun (Deux-Sèvres). —
Terre de Loubigné, aliàs, la Guéraudière, 1595 (Noms
féodaux, 402). — Loubigny, fief, 1729 (Mémoire de l'élection de Saint-Maixent). — Ce domaine de Loubigné fait
partie du partage de la famille Lévesque en date du
29 décembre 1629, reçu Groisson, notaire à Saint-Maixent,
et Gilbert, notaire à Melle, page 3. — La seigneurie

de Loubigné et le village avaient droit de basse justice et relevaient du roi à cause de son château de Lusignan et ressortissaient en appel au siège royal de cette ville (Coll. Beauchet-Filleau, 52, 126). *Lubiniacus*, 917 (Font., XXI, 8). — *Lupiniacum*, 1117-1123 (Cart. de Saint-Maixent, 303). — Loubigné ou la Goujaudière, relevant de Lusignan, 1620-1725 (Arch. V. C., 2, 138). — Loubigny (Cass.).

Luc (le), près Champdeniers, page 272, canton de Mazières-en-Gâtine. — L'église dédiée à Notre-Dame avait d'abord pour patron le prieur de Champdeniers, ensuite le chapitre de l'église de La Rochelle. — Le Luc, château, commune de Germond. — Le Luc, commune des Groseillers.

Luché, paroisse de Saint-Sauvant (Vienne), page 463. — *Villa quæ dicitur Lapiacus*, v, 980 (Cart. de Saint-Cyprien), page 281. — Luchec, 1332. — Luché, 1526 (com. de Roche), ancienne seigneurie.

Louis d'Orfeuille, seigneur de Luché et de Prin, page 168.

(Voir table au nom de d'Orfeuille).

Lussais, paroisse de Cherveux. — Luxay, 1415. — Luçay, 1466. — Luçay (Cassini).

Lussay, ancienne commune réunie à celle de Chef-Boutonne et ancienne paroisse réunie à celle de Javarsay. — *Lucayum*, 1300 (Gr. Gauthier). — *Lussayum*, 1395 (Id. 244). — Lussay, 1482. — Saint-Georges de Lussais (Pouillé, 1782).

Lussaudière, commune de Sepvret (Deux-Sèvres). — Maison noble et seigneurie, relevant de la châtellenie de Saint-Germain.

Lussaudière, communes de Prailles et de la Couarde (Deux-Sèvres). — Fief, 1698 (Mémoire de l'élection de Saint-Maixent). — Loussaudière, 1470.

François d'Orfeuille, seigneur de Lussaudière.

Jean d'Orfeuille, seigneur de Lussaudière.

Gabriel d'Orfeuille, seigneur de Chey, époux de Marie de Veillechèze, étant devenue veuve, vend le 11 novembre 1587, Lussaudière à Charles Sacher, par acte reçu Caillon, page 167.

(Voir à la table aux noms des d'Orfeuille, ainsi que pages 171 et autres).

LUSSERAY, page 492, canton de Brioux. — *Luxeria*, 1300 (Gr. Gauthier). — Lusseray ou Luxeray (Gr. Gauthier des Bénéfices). — Château de Luxeray, 1556 (Reg. Thouars). — Dépendait de l'archiprêtré de Melle, de l'élection de Saint-Maixent, de la subdélégation de Chef-Boutonne.

M

MAGNOUX, commune de Saivres (Deux-Sèvres). — Fief et logis, lieu noble, 1719 (Mémoire de l'élection de Saint-Maixent).

Lévesque Louis, seigneur de Tourtron et de Magnoux ou Maignoux, époux de Elisabeth de Chamois.

Jacques Eschalier, écuyer, seigneur de Magnoux. Pages 272 et autres.

(Voir table au nom de Lévesque).

MAINTRU, page 249.

MAIRÉ, commune de Périgné (Deux-Sèvres), 1593. — (Arch., V. E., 3, 1, 4). — Méré (Cass.).

Jacques-Claude-Louis Arnauldet du Mairé, époux de Marie-Madeleine Vincent, page 237.

Claude Arnauldet, seigneur du Mairé, auteur de la branche du Mairé, page 234.

(Voir page 238 pour les Viault, et à la table aux Arnauldet).

Maisonnière (la), commune de Sepvret (Deux-Sèvres).
— Aymer de la Chevallerie Marguerite-Françoise, mariée
à Louis d'Orfeuille, écuyer, seigneur de la Maisonnière.

Maisons-Neuves (les), fief, commune de Sepvret
(Deux-Sèvres). — Ce fief des Maisons-Neuves fait
partie du partage de la famille Lévesque, en date du
29 décembre 1629, reçu Groisson, notaire à Saint-
Maixent, et Gilbert, notaire à Melle, page 3. — Maison
noble (Collection particulière Beauchet-Filleau).

Lévesque Jacques, noble, écuyer, seigneur des Maisons-
Neuves et de Gascougnolle.

Lévesque Catherine des Maisons-Neuves et de Gascougnolle, veuve de Charles Clément de la Boistrie,
écuyer, épouse de Louis Maboul de la Gabauge.

Lévesque Pierre des Maisons-Neuves et de Mons,
page 251.

Lévesque Jean-Marie-Adjutor des Maisons-Neuves
et de Mons, pages 218, 244.

Lévesque Pierre-Ernest des Maisons-Neuves, époux
de Marie-Amélie Martineau, pages 251 et 255.

Lévesque des Maisons-Neuves Pierre-Roger, pages 251,
255, 257, 373.

Lévesque des Maisons-Neuves Marie-Simone.

Lévesque des Maisons-Neuves Marie-Renée.

(Voir à la table aux noms des Lévesque et des Clément
de la Boistrie).

Maisons-Neuves (les), domaine noble, commune de
Saivres (Deux-Sèvres). — Fief des Maisons-Neuves et
la Chaillochère, 1375, 1683 (Archives du château de la
Barre).

Maleyssie, page 250.

Malvault, commune de Cherveux (Deux-Sèvres). —
Maliveau, 1366. — Malevault, 1465. — Malveault (Cass.).

Malvoisine, page 137.

Marconnay, château commune de Sanxais (Vienne). —
1627 (fief de Curzay). — Marconnay, 1775 (rôle des tailles).
— Ancien fief relevant de Curzay. Pages 301, 344, 457.
(Voir la table au nom des Lévesque, particulièrement
des Lévesque de Marconnay).

Mardière (la), page 526.

Marets (les) de Lezay. — *Castellum de Marezio*,
1442 (Dom Fonteneau, t. iii). — La châtellenie des
Marets de Lezay, dénombrement de la terre de Lezay,
relevant de la baronnie de Celle-Lévescault.
René Bonnard, seigneur des Marets.
Jean Lévesque, sénéchal du marquisat des Marets de
Lezay, page 289.
(Voir la table au nom des Lévesque).

Marigny, commune de Beauvoir (Deux-Sèvres). —
Vicaria Marniacus, 936. — *Marenicum*, xiiie siècle,
censif de Chizé. — Marigny (Pouillé, 1648). — Marignei,
1742 (Arch. D.-S., E.).

Martigny, château, commune d'Aiffres. — Martigné,
1620 (Dén. de Mons en Prahecq).

Martigny, commune de Sainte-Ouenne, page 454.

Maubergeon. — Tour de Maubergeon du palais des
comtes du Poitou à Poitiers ; c'était le centre féodal du
comté du Poitou. — *Turris Mauberjone*, 1243 (Arch.
historiques du Poitou, t. iv), page 36. — Tour de Maubergeon, 1404 (Grand Gauthier). — De Maubrejeon,
1503 ; fief de Bridiers de Mauberjeon, 1505 ; fief des Tou-
ches ; castel et tour de Mauberjeon de Poitiers, 1668 ;
fief de Brin.

Mauprié. — La seigneurie de Mauprié (autrefois
Mauperier), située dans la commune de Lusignan
(Vienne), relevait de cette dernière seigneurie. Elle était
possédée, en 1363, par la famille de Gourjault, elle passa

ensuite à celle de la Barre en 1766, et enfin à la famille Bellin dont une branche en porte le nom.

Bellin de Mauprié, page 431.

Maurivet, château, commune d'Oroux (Deux-Sèvres). — Maulrivet, 1519. — Maurivet, 1595 (Arch. de la Barre).

Louise-Charlotte Louveau de la Règle, épouse de Louis-Joseph Cossin de Maurivet, page 451.

Maulévrier (Vienne), page 165. — Ancien fief relevant du château de Loudun, commune de Curçay. — Louys Odart, escuyer, seigneur de Cursay, Maulévrier-en-Cursay et Samarcolles, 1498.

Maxien (seigneurie de), située près Exoudun (Deux-Sèvres). — Terre à foi et hommage plein, à cinq sols de devoir, à muance du seigneur, du marquisat de la Mothe-Saint-Héraye. — *Massuyen*, 1663 (Arch. V. E., 2, 162). — Le Grand Maxien, 1560 (Font, LXXXV). — Massien (Cassini).

Lévesque Léon, seigneur de Maxien.

Lévesque Pierre, noble, seigneur de Maxien, pages 222 et 285.

Lévesque Jean, seigneur de Maxien.

Lévesque Jean, seigneur de Maxien, sénéchal du marquisat des Marets de Lezay, page 289.

Ce domaine de Maxien fait partie du partage de la famille Lévesque en date du 29 décembre 1629, reçu Groisson, notaire à Saint-Maixent, et Gilbert, notaire à Melle, page 3.

(Voir à la table aux noms des Lévesque).

Mairé (de), commune d'Aiffres (Deux-Sèvres), page 18. — Villa *mariacus Niortinse* (v. 1000, Cart. de Saint-Cyprien, 326). — *Meriacum*, 1244 (Comptes d'Alphonse de Poitiers). Mairé relevant de Niort, 1404 (Grand Gauthier des bénéfices) *Sanctus Mauricius justa Niortum*, 1300 (Grand Gauthier).

Arnauldet Claude, seigneur de Mairé.
Arnauldet du Mairé Jacques-Claude-Louis.
(Voir table au nom des Arnauldet).

Meilleraye (la), commune de Beaulieu-sous-Parthenay (Deux-Sèvres). — La Meilleraye au xive siècle n'était qu'une simple seigneurie, relevant de celle de la Chapelle-Bertrand, vassale elle-même de la baronnie de Parthenay. Propriété de la famille de La Porte, à la fin du xvie siècle, elle était qualifiée duché en 1650, puis érigée en duché-pairie par lettres patentes de décembre 1663, registrées au parlement de Paris le 15 de ce mois, en faveur de Charles de La Porte, maréchal et grand maître de l'artillerie de France. La famille de la Porte-Mazarin et ensuite ses héritiers la vendirent au comte d'Artois. La Meilleraye n'est plus qu'une ruine.

Melle, page 2.

Melzéard, château, commune de Paizé-le-Tort (Deux-Sèvres). — Melesiart, 1374 (Inv. d'Aubigny). — Mellezeard, 1667. — Melzeard, 1613. — Tour de Mellezras, 1690. — Cette terre était au xve siècle la propriété de Frégence Frottier, l'un des seigneurs sur le pont de Montreau, près du Dauphin, lors du meurtre de Jean Sans-Peur, duc de Bourgogne. La légende rapporte qu'il fit bâtir la tour qui existe encore aujourd'hui pour se mettre à l'abri de la vengeance des Bourguignons. Par lettres patentes de juin 1452, Charles VII lui accorde droit de haute, moyenne et basse justice. Melzéard relevait du château de Melle et ressortissait en appel de la prévôté royale de cette ville. (Coll. Beauchet-Filleau).

Mesgrigny, page 300.

Mesmy, page 465.

Messelière (la), château en ruine, commune de Queaux (Vienne). — La Messelière 1304. — Forteresse de la Maissellère, 1357. — La Messelière, 1480 (seign.

de Ressonneau. — Tour de la Messelière, 1431 (famille Frotier). — Ancien fief qualifié châtellenie en 1559, relevant de la baronnie de Calais, page 383.

Mons, commune d'Azay-le-Brûlé (Deux-Sèvres). — Seigneurie. — *Ugo de Montibus*, 1260 (Hommage d'Alphonse). — Mons était de la mouvance de l'abbaye de Saint-Maixent dès 1267, comme il résulte des hommages liges et pleins rendus à l'abbaye de Saint-Maixent par les vassaux ou possesseurs des fiefs mouvant de de l'abbaye, le 5 mars de cette année (Dom Fonteneau, tome v, page 193). — Il est aussi cité le 15 décembre 1363 dans l'aveu du temporel de l'abbaye de Saint-Maixent, rendu au prince d'Aquitaine et de Galles, par Guillaume, abbé de cette abbaye (Dom Fonteneau, t. xv, page 266).

(Voir page 223, 1er vol., *Recherches sur la famille Lévesque*, 2e édition ; Saint-Maixent, 1901, imprimerie Chaboussant.)

Lévesque des Maisons-Neuves et de Mons Jean-Marie-Adjutor, pages 219, 244.

Lévesque Pierre des Maisons-Neuves et de Mons, pages 218, 222 et 245.

Lévesque Andrée de Mons et Autin de Mons, page 270.

(Voir la table au nom de Lévesque.)

Philippe de Mons, chevalier, fait aveu pour Château-Tizon, le 1er décembre 1357 (Archives nationales, P, 1146).

Montifault, commune de Verrines (Deux-Sèvres). — Bernard Palustre, seigneur de Montifault, 1522, page 158.

(Voir table au nom de Palustre de Montifault.)

Montigné, commune de Celles (Deux-Sèvres). — *Montiniacum*, 1032 (Cart. de Saint-Maixent, iii). — Montigné relevait de l'abbaye de Saint-Maixent, 1269 (Cart. de Saint-Maixent). — Montignet, 1363 (Cart. de (Saint-Maixent, ii). — Dépendait de l'élection et du ressort du siège de Saint-Maixent et de l'archiprêtré de Melle.

Montmartin ou Mortmartin, fief, commune d'Aiffres (Deux-Sèvres). — Seigneurie de Montmartin, 1590. — Fief de Mont-Martin, 1698 (Rapport de Maupéou). — Maison noble, 1709 (Bulletin de statistique, 3e série, tome i, 50). — Le seigneur de Montmartin était collateur de la chapelle du même nom, desservie dans la paroisse d'Aiffres. (Voir Mortmartin).

Jacques Laurens, maire de Niort, seigneur de Montmartin.

Jacques Laurens, seigneur de la Chagnée et de Montmartin, président au Parlement de Bretagne.

(Voir table au nom de Laurens.)

Montoiron-en-Chatelleraudais, canton de Vouneuil-sur-Vienne (Vienne). — *De Monte Oram*, v, 1000 (Cart. de Saint-Cyprien, page 168). — *Airaudus de Montoiran*, 1019-1027 (id., page 137). — Montoiron, 1388 (seign. de Chitré). — Monthayron, 1479 (Compte de Bourdin). — La terre de Montoiron fut, jusqu'en 1490, divisée en deux châtellenies dont l'une appartenait à la maison de Lezay et l'autre à la maison Turpin de Crissé. Le château de Montoiron qui avait soixante-dix-sept ou soixante-dix-huit fiefs dans sa mouvance, est situé à l'est du bourg, près la rivière d'Auzon.

Charles Turpin, chevalier, seigneur, comte de Vihiers et autres places, page 297.

(Voir table au nom de Turpin.)

Montru ou Monteru, commune de Saivres (Deux-Sèvres). — Fief de Montru. — Hébergement de Montru devait rente à la seigneurie de la Sauvagère, 1458 (Arch. de la Barre). — Le seigneur de Montru était collateur de la chapelle de Saint-Nicolas en l'église d'Echiré. — Monteru relevait de la châtellenie de Saint-Maixent, 1512 (Mémoire de l'élection de Saint-Maixent). — Fief noble ou seigneurie dépendant de la châtellenie de Saint-Maixent, pages 215, 216, 217, 243.

Boulay de Montru François, page 44.

Boulay de Montru Françoise, épouse de Jean-Alphonse Lévesque.

Boulay de Montru Louis-Alexandre, marié à Jeanne-Marguerite-Perline Lévesque.

(Voir table aux noms de Boulay de Montru et Lévesque).

Les Boulay furent d'abord seigneurs d'Areng ; tous portèrent ensuite le nom de Boulay de Montru.

Monts, château, canton de Couhé (Vienne). — *In villa quæ nun copatur Monte in pago pictavi in vicaria quæ vocatur Nodom*, 961 (Ch. de Saint-Hilaire). — Estang de Mons, 1313 (seigneurie de Mellière). — *Dominus de Montibus*, 1391 (seigneurie de Monts). — Monts, 1606 et 1682. — Ancienne châtellenie relevant du marquisat de Couhé, page 224.

Mordière (la), commune de Saivres (Deux-Sèvres).

Morillonnière (la) (Vienne), 1473 (Duché de Châtellerault, 3).

Guillaume Symon, écuyer, seigneur de la Morillonnière (Vienne), 1473 (Duché de Châtellerault, pages 249, 313.

(Voir à la table au nom de Symon).

Morinière (la), commune de Nanteuil (Deux-Sèvres). — La Grande-Morinière relevait d'Aubigny, 1476 (Inv. d'Aubigny). — La Vieille-Morinière ou Grange, 1527. — La Morinière, 1537 (Not. de Saint-Maixent).

Jacques de Cardel, seigneur de la Morinière, échevin de Saint-Maixent en 1574.

(Voir à la table au nom de Cardel.)

Morthemer, canton de Lussac-les-Châteaux (Vienne), pages 324 et 412. — *Castrum Mortemarum*, v, 1077. — Morthemer, 1515 (seign. de Saint-Martin-la-Rivière). — Mortomer, 1548 (fief de la Pigeolière). — Mortemer était le siège d'une châtellenie. — *Castellania Mortemari*,

1097-1100 (Cart. de Saint-Cyprien, page 13). — Qualifiée baronnie en 1428. — Relevant, avant le xvᵉ siècle, de la baronnie de Chauvigny et depuis de la Tour de Maubergeon ; elle avait vingt-huit fiefs dans sa mouvance et faisait partie de de la sénéchaussée et de l'élection de Poitiers. Le vieux château, nouvellement restauré, touche à l'église.

Mortmartin, commune d'Aiffres. — La Mortmartin, 1440 (Dict. fam. Poit., 1-325). — La Mortmartin, 1711 (Arch. D.-S. E., 432). Page 352. (Voir Montmartin).

Mothe-Saint-Héraye (la), page 2.

Moussière (la), commune de Sainte-Ouenne (Deux-Sèvres). — Maison noble relevant de la châtellenie de Béceleuf, ressortissant de sa justice.
Janvre de la Bouchetière, la Moussière et de l'Estortière, pages 267, 273, 274.
Daniel Janvre, chevalier, seigneur de la Moussière, etc.
Louis de Malmouche, écuyer, seigneur de la Moussière.
(Voir à la table au nom de Janvre).

Moussy-la-Contour, château de Moussy-la-Contour, commune de Jouet (Vienne). — La Contour, 1404 (Grand Gauthier). — La Contour 1467 (famille de Moussy). — Ancien fief relevant de Pindray. — En 1471, Louis XI permit à Jean de Moussy de fortifier le château de la Contour (Ordonnances, tome xvii, page 417, note).
Marie-Radegonde-Anastasie-Caroline de Moussy-la-Contour, épouse d'Aymer Henri-Eloi, marquis de la Chevalerie, page 441.
(Voir à la table au nom d'Aymer de la Chevalerie).

Mureaux, page 39.

Mursay, commune d'Echiré (Deux-Sèvres). — *Bernardus de Mursay*, 1060-1086 (Cart. de Saint-Cyprien). — *De Murziaco* (Id.). — *Murciaco*, (Cart. de Talmond et de Saint-Cyprien). — *Rotlandus de Murciaco.* — *Bernardus de Murzay.* — *Territorium de Mercay, Hugo de Allimonia de Murciaco,* 1260 (Hommage d'Alphonse). — Fut le siège d'un prieuré sous le vocable de Saint-Benoît.

N

NANTEUIL, 2ᵉ canton de Saint-Maixent. — *Vicaria Natolinensis,* 925 (Cart. de Saint-Maixent). — Saint-Gaudent de Nanteuil, présentateur, l'abbé de Saint-Maixent. — Il existait une maladrerie unie à la vieille aumônerie de Saint-Maixent. — Dépendant de l'archiprêtré, ressort et élection de Saint-Maixent. — Relevait d'Aubigny et d'autres seigneuries.

NEUCHAISE et NUCHAISE, château, fief, communes de Saint-Denis et de Sainte-Ouenne (Deux-Sèvres). — Maison noble. Le seigneur était seigneur de la paroisse de Saint-Denis et collateur de la chapelle de Sainte-Catherine de Neuchaise, desservie en la paroisse de Saint-Denis. Cette seigneurie était vassale de la châtellenie de Coudray-Salbart et ressortissait à sa justice. (Coll. Beauchet-Filleau).

NEUCHAISE, commune de Saint-Georges-de-Noisné (Deux-Sèvres). — Nuchèze, 1518.

NEUCHAISE, château, fief, commune de Vasles (Deux-Sèvres). — Hébergement de Nuchaise, 1404 ; lieu de Nuchèze, 1432 ; hôtel et hébergement de Nuchèze, 1457 (Arch. de la Barre). — Neuchèze, 1584 (Coll. Beauchet-Filleau). — Nuchèze, 1667. — Cette seigneurie relevait partie de la Barre-Pouvreau et partie de l'abbesse de Sainte-Croix de Poitiers, comme dame de Vasles.

Marie Armand, comte de Nuchèze, marié à de Chièvres Jeanne-Marie-Zénobie, page 437.

(Voir à la table aux noms de Nuchaise et de Lévesque, voir aussi au nom de Badevilain).

NEYDE ou NESDE. — La Roche-Neyde ou Nesde, ou Roche-de-Combré, pages 126, 503.

NOUE ou les NOUHES (la), commune de Nanteuil (Deux-Sèvres). — L'hôtel et métairie noble de la Nouhe relevaient féodalement de l'abbaye des Châtelliers, à laquelle ils avaient été donnés en 1212, par Wilelmus Sapinaud. — Le Noe, 1212-1363. — La Noue, 1444, relevait de l'abbaye des Châtelliers (Cartulaire des Châtelliers).

Rivet Jacques, seigneur des Nouhes, page 67.

Jacques Guillemeau, seigneur de Querray et des Nouhes.

NOSSAIS, commune de Saint-Génard (Deux-Sèvres). — *Nauciacus in vicaria metulense in Pago Pictavo*, v, 950 (Arch. de Nouaillé, 43). — Nossaig, 1624 (Arch. D.-S., E, 417). — Nossais (Cass.).

François de Nossay, écuyer, seigneur de Thorigny, pages 353, 355.

O

OGERIE, page 511.

ORCHES, page 223.

ORFEUILLE, château, commune de Gourgé (Deux-Sèvres). — Orfeuille, 1353 (Bibl. nat., f. Cler.). — Orfeuille, 1399 (Doc. in. sur Comines par Fierville, 33). Orfeuille, 1509. — Orfeille, 1534 (Id., E. ii, 63). — Chapelle Sainte-Catherine d'Orfeuille, 1660. — Ce fief a été possédé depuis 1550 jusqu'à 1770 par la famille Guischard qui en prit le nom.

Voir autre Orfeuille en Angoumois.

D'Orfeuille Louis, écuyer, seigneur de la Marterie, époux de Marguerite-Renée Lévesque.

D'Orfeuille Jean, chevalier, seigneur de Lussaudière.

D'Orfeuille Pierre-François, chevalier, seigneur de Foucault.

D'Orfeuille Louis, écuyer, chevalier, seigneur de Maisonnière, époux de Louise-Judith Lévesque de Tourtron. Louis, fils de Françoise d'Orfeuille, écuyer, chevalier, seigneur de Foucault, et d'Anne Chevalier, des Chevalier de la Frappinière, page 145.

D'Orfeuille Jean-Louis, seigneur de Tourtron, de Saint-Georges et du Lisleau, époux de Renée de Pons du Breuil-Coiffault, fille de Jean.

D'Orfeuille Jean-Louis épousa en secondes noces Marie-Jeanne de Pidoux, fille de Pierre de Pidoux, chevalier, seigneur de Paulier.

D'Orfeuille du Lisleau Marie-Jeanne.

D'Orfeuille de Saint-Georges Marie-Louise-Victoire, épouse de Louis-Calixte des Roches, seigneur de Saint-Mars et de Chassais, page 155.

8 mars 1783. — Certificat pour Charles-Marie d'Orfeuille de Saint-Georges, né le 27 juillet 1756, baptisé le surlendemain paroisse de Saint-Saturnin de la ville de Saint-Maixent, diocèse de Poitiers, et marié par contrat le 15 juin 1779, avec Marie-Sophie-Françoise-Louise de Bosquevert de Vaudeleigne. Il était fils de Jean-Louis d'Orfeuille, chevalier, seigneur de Tourtron, et de Marie-Jeanne de Pidoux.

D'Orfeuille de Saint-Georges, pages 156, 332.

(Voir table aux noms d'Orfeuille et Lévesque).

Charles-René d'Orfeuille, écuyer, seigneur de Foucault et de la Butterie, était époux de Marie-Anne-Charlotte Billault des Brosses, fille de Billault des Brosses, prévôt général du pays d'Aunis, et de Marie Picoron de la Pichonnière, demeurant ensemble au Bourgneuf, près de La Rochelle. Marie Picoron de la Pichonnière était née du mariage de Joseph Picoron de la Pichonnière et de Marie Bertraud ou Bertaud. Les époux Charles-René d'Orfeuille étaient ainsi parents à Pierre-Ernest Lévesque des Maisons-Neuves et à son fils par les Picoron.

(Voir pages 176, 275 et aussi les généalogies d'Orfeuille et Picoron).

Il est aussi important de se reporter au livre intitulé : *Recherches sur la famille Picoron de Saint-Maixent et ses alliances*, 1894. — Saint-Maixent, imprimerie Reversé. — Page 61 et généalogies d'Orfeuille et de Lévesque.

ORTIOUX (les), page 290.

OUMEAU DE ROCHES-VIEUX (l'), page 4.

OUCHES (les), commune de Sainte-Eanne (Deux-Sèvres).

OUCHES (les), pages 136, 520, commune de Sainte-Néomaye (Deux-Sèvres). — Texier des Ouches.

P

PAILLERIE (la), commune de la Boissière-en-Gâtine. — La Paillerie, 1482 (Arch. V. E. S., 403).

Pelletier Jacques de la Paillerie, pages 25 et 233.

PAMPROUX, canton de la Mothe-Saint-Héraye. — *In villa Pampro Ecclesia in honore Sancte Maxentii fondata*, 951-963 (Cart. de Saint-Maixent, 42). — *Sanctus Martinus de Pampro*, 1300. — Le prieuré de Saint-Maixent de Pamproux fut annexé au Collège des jésuites de Poitiers, suivant une bulle de 1607 par le pape Paul V et lettres du roi en 1614. — La paroisse de Saint-Martin fut réunie à celle de Saint-Maixent de Pamproux. — Elle était sous la dépendance de la châtellenie de Lusignan. — Pamproux était de l'archiprêtré d'Exoudun, de l'élection et ressort de Saint-Maixent.

Parçay. — Voir Louis Prinçais.

Parondeau, page 293.

Parthenay, page 493.

Paulier, page 150. Logis, commune de Vasles. — Poillé, 1330. — Pouillé, 1478. — Pouilhé, 1568. — Pouillé, 1578. — Pollier (Cassini).

Pellevoisin (Indre), page 451.

Peuchebrun, page 415.

Pilhouet ou Pilloué (Vienne), château, commune de Chiré-en-Montreuil. — *Karolus de Podio Loye Miles*, 295. — Puylouher, 1378 (Grand Gauthier, folio 75). — Pillouer, 1666. — Ancien fief relevant de Chiré.
Aymer de la Chevallerie.
(Voir la table à ce nom et page 443).

Pillochère (la), commune de Nanteuil (Deux-Sèvres). — 1537 (Not. de Saint-Maixent). — La Plochière, 1523.
Pierre Aymon, seigneur de la Pillochère, page 142.
(Voir la table à Aymon).

Pimpaneau, page 73.

Pioussay, canton de Chef-Boutonne (Deux-Sèvres). — *Paziacus*, 1108, 1124 (Cart. de Saint-Maixent, 306). — Pouscay, 1300. — Saint-Martin de Piossay, prieuré de l'ordre de Saint-Augustin, 1643. — Saint-Martin de Piossay sous le patronage de l'abbé de Saint-Severin, 1782. — Pioussay dépendait de l'archiprêtré de Bouin, de la seigneurie d'Empuré (Charente), du marquisat de Ruffec et de l'élection d'Angoulême. — (Coll. Beauchet-Filleau).

Pissot, page 136 (Cassini).

Plessis (le), château et village, commune d'Augé, 1479. — Le Plessis, Asse ou Plessias, 1600-1741

(Arch. du château de la Barre). — Du nom de la famille Asse qui en était possesseur encore près du xive siècle. — Le Plessis, 1337 (Dict. familles du Poitou). — Le Plaissis relevant de la seigneurie de Faye, 1492. — Le Pleissiasse, 1756 (Inv. d'Aubigny).

Jean Asse, écuyer, seigneur de Plessis, page 271.

PLESSIS-SÉNÉCHAL, commune de Sepvret (Deux-Sèvres). — Le Plessis-Sénéchal d'Exoudun fut uni avec les seigneuries de Coudray, le Vieil-Isleau, par lettres patentes de juin 1653, registrées le 11 mars 1656, pour former le marquisat de Fouché-Circé érigé au profit de Jacques Fouché, seigneur des Herbiers, lieutenant général pour le roi en Bas Poitou.

PLEUMARTIN, arrondissement de Châtellerault (Vienne). — Plein Martin, 1230 (Cart. de la Merci-Dieu, 123). — Plemartin, seigneur de la Rocheposay, 1. — Plumartin, 1507, 1723 (seign. de Pleumartin). — Bourg de la Chaulme, près le chastel de Pleumartin, 1558 (abbaye de Saint-Cyprien, 50). — La commune de Pleumartin est formée des deux anciennes paroisses de Pleumartin et Crémille. La châtellenie de Pleumartin fut érigée en marquisat, en janvier 1652, en faveur de René Isoré. — Il reste une seule tour de l'ancien château seigneurial, page 323.

PONT-JARNO, page 342. — Jarno, écuyer, seigneur du Pont-les-Groseilliers.

Marie-Anne Aymer, épouse de Marie-Joseph Jarno, écuyer, seigneur du Pont-les-Groseilliers.

(Voir table au nom d'Aymer et pages 343 et 446).

PORT-LAYDET, page 354.

POIRON. — Jeanne Aymer de la Chevallerie, épouse de René de Béjarry, écuyer, seigneur du Poiron, page 447.

(Voir à la table au nom d'Aymer de la Chevallerie).

Prée (la), pages 40, 511.

Preuilly, pages 222, 272.

Prin, commune de Rom (Deux-Sèvres). — Seigneurie avec droit de basse justice, relevant du château de Lusignan, ressortissant en appel au siège royal de cette ville. (Coll. Beauchet-Filleau).

Prin (Vienne). — Seigneurie avec droit de basse justice, relevant du château de Lusignan, ressortissant en appel du siège royal de cette ville. (Coll. Beauchet-Filleau).
De Prin Louis-Robert, écuyer, seigneur de Prin.
D'Orfeuille Louis, seigneur de Prin et de Luché.
(Voir à la table au nom de Bellivier de Prin).

Prinçais, Prinsay ou Parçais. Château, commune du Breuil-sur-Chizé (Deux-Sèvres). — Prinçay, 1616 (Arch. des Deux-Sèvres). — Parçay, 1300. — xiiie siècle, censif de Chizé.
Lévesque Jean, seigneur de Prinçay, pages 36 et 457. (Voir table au nom de Lévesque).

Prinçay (Vienne), est connu depuis 989. — *Airaud de Prisciaco.*

Puizant, château, commune de Thenezay (Deux-Sèvres). — Puzant, 1290 (aff. Poit. 1781). — Chapelle Notre-Dame de Puisan, 1660, fondée en 1311 par Hugues de la Ferrière, seigneur de Puisant (Pouillé B. Filleau, page 417). — Château, 1290. — Puysan, 1591 (Arch. de la Barre). — Hugues de la Ferrière, seigneur de Puisant (Pouillé B. Filleau, page 417).

Puychemin, page 212.

Puyfermier, page 411.

Puygarreau, page 459, château, commune de Sossay et Saint-Genest (Vienne). — *Podium Garrelli,* 1307

(Gauthier, f° 203 v°) Puygarreau 1384 (seigneurs de Puygarreau, 3) — Puygarreau, 1439 (ib.). — Puygarreau 1604, (ib. 10). — Ancien fief et haute justice relevant du duché de Châtellerault, qualifiés châtellenie en 1783.

(Voir page 459).

Puypailler, commune de Saint-Georges-de-Noisné (Deux-Sèvres). — *Podium Paillet*, 1325. — Puypailler, 1432 (Arch. de la Barre). — Puypailler, 1736 (Arch. de la Barre).

Georges Vallette, seigneur de Puypailler, marié à Jeanne Fraigneau, page 290.

Puyravault-de-Saint-Denis, château, commune de Champdeniers (Deux-Sèvres). — Seigneurie relevant de la châtellenie de Coudray-Salbart et ressortissant à sa justice (Collection Beauchet-Filleau). — Puyraveau, 1527.

Le comte Germain, seigneur de Puyraveau, pages 140, 252.

Q

Queray, château et village, commune de Saint-Gelais (Deux-Sèvres). — Maison noble, terre et seigneurie, 1616 (Noms féodaux, 764). — Fief du grand et du petit Queray, 1698 (Mémoire de l'élection de Saint-Maixent). — Seigneurie vassale du château de Lusignan. — Seigneurie du Queray, commencement du XVI° siècle (Arch. du château de la Barre). — Cayrai, 1260 (Hom. d'Alphonse). — Haute justice de Quairay, relevant de Lusignan, 1411 (Grand Gauthier des bénéfices). — Quairay, 1655. — Relevait de Saint-Maixent, 1775.

Guillemeau Jacques, seigneur de Queray et des Nouhes, pages 125, 274.

Charles de Parthenay, seigneur de Queray.

Quinchamp, page 254.

R

RAIMBAULT. — François Lévesque, seigneur de Marconnay, Raimbault, Boësse, Boisgrollier et de la Revêtison. Page 458.

RÈGLE (la), commune de Romans (Deux-Sèvres). — *Borderia terra sita a la Reulle* (Hommage d'Alphonse). — Fief noble, 1698 (Mémoire sur l'élection de Saint-Maixent, 81). — Château.

Joseph-Hyacinthe Louveau, écuyer, seigneur de la Règle, époux de Louise-Anne Aymer de la Chevallerie, pages 450, 451 et 453.

Louis-Alexandre Louveau de la Règle et autres.

(Voir la table à Louveau de la Règle et autres).

RÉGNÉ, commune de Souvigné (Deux-Sèvres), logis et ancienne paroisse. — *Ecclesia* Reygnet, Reignet, 1300 (Grand Gauthier). — Regnet, 1200 (Hom. d'Alphonse). — Paroisse réunie dès le XVIIe siècle à celle de Souvigné pour la collection des tailles. — Relevait de Saint-Maixent, 1406. — Régné relevant de la seigneurie d'Aubigny. — Maurice de Reigné (Pouillé, 1782). — Dépendait de l'archiprêtré d'Exoudun et de l'élection de Saint-Maixent.

Elisabeth Janvre, épouse d'Antoine Vasselot, écuyer, seigneur de Régné, pages 274, 282.

(Voir à la table au nom de De Vasselot).

RENARDIÈRES (les), commune d'Exireuil (Deux-Sèvres). — Les Renardières, 1531. — Les Renardières, 1573 (Not. de Saint-Maixent).

Texier des Renardières, pages 179, 228, 516.

(Voir la table au nom de Texier).

RENORTIÈRE (la). — Aymon Paul, conseiller du roi, pages 125, 143, 515.

(Voir à la table au nom d'Aymon).

Repoussonnière, page 236.

Revêtison (la), commune de Beauvoir-sur-Niort (Deux-Sèvres). — *Dominus de Revertis*, 1245 (Comptes d'Alphonse). — La Revêtison, *in baltia de Chizico*, XIIIe siècle (censitif de Chizé). — Dépendait de l'archiprêtré de Mauzé et de l'élection de Saint-Jean-d'Angély, généralité de La Rochelle. — Relevait de Rohan-Rohan. — L'hébergement devait hommage au château de Chizé.

François Lévesque, seigneur de Marconnay, Raimbault, Boesse, Boisgrollier et la Revêtison, page 458.

(Voir la table au nom de Lévesque).

Richerie (la), commune de Clavé (Deux-Sèvres). — 1482. Devait la taillée traversière à la seigneurie de la Saisine.

Rivière (la), commune de Vouillé (Deux-Sèvres). — 1390. — Dénombrement apud Lafiton. — Terre et seigneurie de la rivière d'Arthenay dès 1570 (affiches Poitevines, 1776, page 28) ; (Dictionnaire des fiefs).

Louis de Vernou-Bonneuil, seigneur de la Rivière et Arthenay, page 458.

Rivière-Bonneuil (la), page 504. — Voir Bonneuil.

Robertrie (la), commune de Pamproux (Deux-Sèvres). — Ancienne seigneurie, 1700 (Arch. des Deux-Sèvres, E, 449).

Bellin Léon, écuyer, seigneur de la Boutaudière et de la Robertrie.

(Voir la table au nom de Bellih et pages 426).

Roche-Chemérault (de la), commune de Limalonges (Deux-Sèvres). — Hébergement et seigneurie de Chemérault en Limalonges, 1679 et 1716 (Noms féodaux). — Fief, vassal de Civray. — La Roche-Bardin relevant de Civray, 1538-1775 (Arch. V. C., 2, 156).

Des Roches de Chassais Louis-Calixte, époux de d'Orfeuille Marie-Louise-Victoire, page 155.

Roche des Neydes, de Nesde, de Combré (la), commune de Saivres (Deux-Sèvres). — Fief, 1406. — Le nom de Nesde lui vient de la famille de ce nom qui posséda ce domaine au xve siècle. — Relevait de la seigneurie de Faye, 1362 (Inv. d'Aubigny). — La Roche de Nesde ou Combré, 1727 (Inv. d'Aubigny). Pages 158, 249.

Roche-de-Bougon, commune de Bougon, 1545 (Not. de Saint-Maixent).

Le domaine de la Roche-de-Bougon est compris dans le partage de la famille Lévesque en date du 29 décembre 1629, reçu Groisson, notaire à Saint-Maixent, et Gilbert, notaire à Melle, page 3.

Roche-Enard (la), page 483.

Roche-Saint-André (la), page 410.

Rochefaton (la), paroisse de l'Houmois (Deux-Sèvres). — Appartenait en 1179 à l'abbaye de Saint-Jouin, passa ensuite à la famille de ce nom, par mariage en 1377, aux Chasteigner qui, vers 1550, vendirent cette terre à la famille de Pidoux. — Les De Vassé en devinrent possesseurs au xviie siècle, par alliance, puis elle advint aux Beaumont-d'Autichamp par mariage, et actuellement aux enfants de feu le marquis de la Chevallerie dont la mère est d'Autichamp. Cette terre mouvait de Parthenay, était une moyenne et basse justice, unie dans les derniers temps à celle de Leigné et s'étendant sur les paroisses de l'Houmois, la Peyrate, Oroux et Courgé en partie. Charles IX et le petit prince de Navarre y couchèrent, en venant de Champdeniers, le 21 septembre 1565 (Affiches du Poitou, 1780).

Aymer de la Chevallerie, de la Rochefaton, Amblard-Charles-Gabriel-Louis-Marie, époux de Marie de Ponlevoye.

Aymer de la Chevallerie Henri-Joseph-René-Marie, époux de Marie-Augustine de Beaumont-d'Autichamp.

(Voir page 442 et la table au nom d'Aymer de la Chevallerie).

RocheposaY (la), page 222.

RocheservièRE (la), page 315.

RoffignaC, page 468.

RomaNs, canton de Saint-Maixent. — *Villa Rotmancio,*
944-962 (Cart. de Saint-Maixent, 38). — *Rotmancium,*
1084 (Id., 187). — Romans (Id.). — Saint-Symphorien de
Romans (Pouillé, 1782). — Romans était de l'archiprêtré
d'Exoudun, de l'élection et ressort de Saint-Maixent,
relevait du prieuré-cure de Romans.

RomaNs, vieux château, aussi canton de Saint-Maixent.
— *Velus Rotmancium,* 1269 (Dom Fonteneau, tome xv).
— *Petrus de *** Velulo Romans,* 1363. — Veil Romans,
terre et seigneurie, vassale de l'abbaye de Saint-Maixent.
L'église du bourg de Romans fut donnée par Pierre II,
évêque de Poitiers, à l'abbaye de Saint-Maixent, en 1094.
La vigerie avait déjà été donnée à ce monastère par le
comte de Poitiers en 1091.
Daniel Janvre, seigneur du Vieux-Romans, époux
d'Angélique Pandin, page 282.
Gabriel-Daniel Janvre, seigneur du Vieux-Romans.
page 282.
Henri-Hippolyte de Bardin, seigneur du Vieux-
Romans, page 282.

RouchET (le), page 1.

RoulAGE ou RoulaYE, page 50.

Rouillé, canton de Lusignan (Vienne), pages 81, 140,
462. — *Roliacus villa,* 889 (Chap. de Saint-Hilaire, t. i,
page 13). — Rouilhé, 1479 (Comptes de Bourdin). —
Rouillé, 1596 (Aides et équivalents, page 17). — Avant
1790 la paroisse de Rouillé faisait partie de l'archiprêtré
d'Exoudun (Deux-Sèvres), de la châtellenie et du ressort
du siège royal de Lusignan, élection de Poitiers.

Roussière (la), château, commune de Saint-Martin-de-Beugné (Deux-Sèvres). — La Roussière, 1442. — Relevait de Coulonges, 1568 (Arch. V. C., 2, 219).

Marquis de Cumont, propriétaire de la Roussière.

(Voir à la table au nom de Cumont).

Rouvre, commune de Champdeniers. — *Ecclesia de Rubrio,* 1110. — *Alodum nomine Rubrio in pago Pictavo, in vicaria Liziniaco habet ecclesiam in honore Sancti Albini,* xe siècle (Cart. de Saint-Maixent, 82). — *Capella de Rovræ,* 1326. — *De Rovra,* 1385 (Comptes de décimes). — Rouvray, 690. — Hébergement de Rouvre, appelé le Clousdys; relevait de Faye (Invent. d'Aubigny). — Dépendait de l'archiprêtré et de la sénéchaussée de Saint-Maixent, de la châtellenie de Béceleuf et de Dissais, réunie à la baronnie de Parthenay et de l'élection de Niort. Ce fief, très ancien, est venu dans la famille de Chasteigner par les Des Francs.

Jean Janvre, seigneur de la Bouchetière et de Veuzé, époux de Marie de Rogre, fille de Guillaume de Rogre, seigneur de Rouvre, pages 270, 332.

De Chasteigner, seigneur de Rouvre.

(Voir la table au nom de Chasteigner).

S

Saint-Denis, canton de Champdeniers (Deux-Sèvres). — *Sanclus Djonisius,* 1265 (Dom Fonteneau). — Saint-Denis, 1572 (Arch. de la Barre, I). — Saint-Denis était de la dépendance de l'archiprêtré de Saint-Maixent, de l'élection de Niort, de la sénéchaussée de Poitiers, de la châtellenie de Coudray-Salbart, réunie à la baronnie de Parthenay.

Saint-Denis, près Blois, page 443.

Saint-Gelais, 1er canton de Niort (Deux-Sèvres). — Ancien monastère. — Le prieuré fut donné en 1109 par

Hugues de Lusignan à l'ordre de Cluny. Avant la guerre de Saint Louis contre les Lusignan, la seigneurie de Saint-Gelais relevait du comte de la Marche ; elle fut saisie sur lui et réunie au domaine du comte de Poitou, qui avait droit d'y prendre un repas coutumier. Elle relevait au XVIIe siècle de la baronnie de Saint-Maixent et sa mouvance fut attribuée au roi par arrêt de la Chambre des Comptes du 9 septembre 1694. — La seigneurie de Saint-Gelais fut érigée en marquisat, 1659, en faveur de Saint-Gelais Lusignan.

SAINT-GEMME, page 408.

SAINT-GÉNARD, canton de Melle (Deux-Sèvres). — *Sanctus Genardus*, 824 (Fonteneau, XXI, 105). — Le prieuré fut réuni au monastère de Puyberland en 1697. — Dépendait de l'archiprêtré de Melle, de l'élection de Saint-Maixent, du ressort de la sénéchaussée de Civray. — Relevait du prieuré-cure de Saint-Génard.

SAINT-GÉNÉROUX, canton d'Airvault (Deux-Sèvres). — Tire son nom d'un moine de Saint-Jouin qui vint y fonder une cella. Les chastel, terres, seigneurie de Saint-Généroux relevaient du duché d'Anjou et ont été donnés par le roi à Arthur Gouffier, grand maître de France. Une partie de l'église remonte à l'époque gallo-romaine et la route de Poitiers à Nantes y passe. — *Sanctus Generosus*, 1170 (Cart. de Saint-Jouin). — Saint-Généroux, 1391. — Relevait partie de Thouars et partie de Moncontour.

SAINT-GEORGES-DE-NOISNÉ (Deux-Sèvres). — Nainec, 1110 (Cart. de Saint-Maixent, 258). — *Sanctus Georgius de Nainiaco*, 1121 (id. 301). — Noyné, 1260 (Hom. d'Alphonse du Poitou). — *Naene seu Nayne*, 1300 (Grand Gauthier). — La seigneurie de Saint-Georges-de-Noisné en la juridiction royale de Saint-Maixent relevait de la Blanchardière, commune de Saivres, qui relevait de

Saint-Maixent. Saint-Georges dépendait de l'archiprêtré et élection de Saint-Maixent, relevait du Breuillac, du lac, du comte de Belet et de la Chevallerie.

Jehan Masson, seigneur de Saint-Georges, page 15.

Jean Masson, seigneur de Saint-Georges, époux d'Elisabeth Rubaut, ensuite de *** Chaillot, page 31.

D'Orfeuille de Saint-Georges, page 145.

Jean-Louis d'Orfeuille, seigneur de Saint-Georges, page 150.

Charles-Marie-Louis d'Orfeuille, chevalier, seigneur de Saint-Georges, pages 153, 154.

SAINT-GEORGES-DE-REX, de Mauzé-sur-le-Mignon. — Etait régi par la coutume de Saint-Jean-d'Angély et ressortissait de Bordeaux.

SAINT-LÉGER-LÈS-MELLE, (Deux-Sèvres). — *Ecclesia Sancte Leodegarii* (Grand Gauthier). — *Capellanus Sancti Leodegarii prope Metullum*, 1326-1383 (Comptes de décimes). — *Parochia Sancti Leodegarii*, 1598 ; Syn. du diocèse de Poitiers (Dom Fonteneau, tome III). — Saint-Légier, près Melle, 1685 (Coll. Beauchet-Filleau). — Paroisse, diocèse de Poitiers, archiprêtré de Melle, généralité et sénéchaussée de Poitiers, élection de Saint-Maixent, subdivision de Melle, aumônerie de Sainte-Catherine et Saint-Jacques, unie à l'hôpital de Saint-Maixent, par arrêt du Conseil du 14 janvier 1695 et lettres patentes registrées au parlement le 19 juillet 1696. L'église était dans la baronnie de Melle et le ressort de la prévôté royale, c'est pourquoi on conservait le deuil pendant cent jours à la mort des rois de France. — La seigneurie avait droit de haute justice, relevait de celle de la terre aux Thebault et fut liée à celle de la baronnie de Saint-Romans-lès-Melle. — Le marquisat de Laval-Lezay et la seigneurie de Boissec (?), vassale, avaient des nombreuses tenues dans cette paroisse.

Charles Le Coq de Saint-Léger, époux de Suzanne-Marguerite Aymer de la Chevallerie.

Jacquette Aymer de la Chevallerie, épouse de Samuel Duchesne, écuyer, seigneur de Saint-Léger, pages 446, 447.

(Voir à la table au nom d'Aymer).

SAINT-MAXIRE, canton de Niort. — *Villa Sancti Mascilii in pago Niortense in ipsa vicina super flumen Sevra*, 1003 (Cart. de Saint-Cyprien). — Lettres patentes registrées au parlement le 21 août 1662, élevant Saint-Maxire en châtellenie en faveur de François Laurens (Saint-Maxire, par Desaivre). — Cimetière franc au Champ-Berneau. — Près de l'église, motte féodale dite la Douve, dépendant de l'archiprêtré d'Ardin, de la châtellenie, sénéchaussée et élection de Fontenay.

Turpin Philippe-Charles, comte de Crissé et de Vihiers, baron de Saint-Maxire, pages 300, 354.

Philippe Laurens de Beaulieu, écuyer, seigneur d'Ante, lieutenant général civil et criminel, devenu propriétaire de Saint-Maxire.

SAINT-MICHEL-LE-CLOU, page 336.

SAINTE-NÉOMAYE, canton de Saint-Maixent (Deux-Sèvres). — *Sancta Neomadia*, 1243 (Comptes d'Alphonse). — Chastel de Sainte-Néomaye relevant de Saint-Maixent, 1420 (Grand Gautier des bén.). — Châtellenie relevant du château de Saint-Maixent, en ressortissant en appel au siège royal de cette ville. Charles VI l'acheta en 1387 d'Alexandre de Beaumont, auquel elle avait été donnée en 1372 pour en faire don à Jean, duc de Berry en Poitou. — Le canton, créé en 1790, comprenait : Breloux, Chavagné, Romans, François, Souvigné, Régné, et fut plus tard réuni à ceux de Saint-Maixent.

Henri-Charles Turpin, comte de Vihiers, chevalier, seigneur de Sainte-Néomaye et autres places, pages 296, 305.

(Voir table au nom de Turpin.)

SAINTE-PEZENNE, page 353.

Saint-Pompain, canton de Coulonges-sur-l'Autize (Deux-Sèvres). — *Prior Sancti Pomperani*, 1196 ; Chartes de Saint-Hilaire-le-Grand. — Il y avait aussi le petit fief de châtellenie avec haute justice. — Saint-Pompain dépendait de l'archiprêtré d'Ardin, de la baronnie et bailliage de Vouvent et de l'élection de Fontenay.

Saint-Rémy, commune de Verruyes (Deux-Sèvres). — Ancienne commanderie de l'ordre de Malte. — *Fons Sancti Remigii*, 1091. — Commanderie de Saint-Rémy, 1393 (Arch. de la Barre). — Chapelle bâtie en 1493.

Saint-Romans-lès-Melle (Deux-Sèvres). — *Sanctus Romanus in Castallania Metulense.* — Faisait partie de la châtellenie et ressort de Lusignan, fut attribué dans la suite au siège royal de Melle, dépendait de l'archiprêtré de Melle et de l'élection de Saint-Maixent.

Sainte-Rhue, commune de Saint-Médard (Deux-Sèvres). — Fief, maison noble de Sainte-Rhue, 1609 (Arch. de Niort).

Chalmot de Sainte-Rhue, époux de Charlotte-Marie Janvre, page 276.

Jean Aymer, varlet, seigneur de Sainte-Rhue.

Saint-Sauvant (Vienne), page 462. — *Via que ducit ad sanctum Silvanum*, v, 1032 (Cart. de Saint-Cyprien), page 273. — Saint-Sauvant, 1720, dénombrement du royaume. — La paroisse de Saint-Sauvant faisait partie de l'archiprêtré de Rom (Deux-Sèvres), du siège royal de Lusignan et de l'élection de Poitiers.

Sainte-Soline, canton de Lezay (Deux-Sèvres). — *Prioratus de Sancta Solina* (Grand Gauthier). — Sainte-Soulyne, 1478 (Arch. des Deux-Sèvres). — Seigneurie avec titre de châtellenie, vassale du roi à cause de la tour de Maubergeon. — Droit de haute justice sur le bourg et partie de la paroisse dont le surplus relevait du marquisat de Laval-Lezay et de la châtellenie de Germain. —

Sancta Solina, tenue en fief de l'abbaye de Saint-Maixent, 1132. — Dépendait de l'archiprêtré de Rom, de l'élection de Poitiers et de la sénéchaussée de Civray.

SAIVRES, canton de Saint-Maixent. — *Ecclesia Sancti Petri de Severa*, 1033 (Dom Fonteneau, xxv).

Henri-Charles Turpin, chevalier, seigneur, comte de Vihiers, page 297.

(Voir la table au nom de Turpin).

SANNAT, page 473.

SARTRE, page 441.

SAUSSAIS ou SAUZAYE (la), commune de Saint-Maxire (Deux-Sèvres). — Fief. — *Dominus de Sauzaia heberge-mentum feodum* de la Sauzaie, 1260 (Hom. d'Alphonse). — Terre et seigneurie de la Sauzaie, 1488 (Dom Fonteneau, tome vi). Pages 222, 305.

SAUVAGÈRE (la), commune de Vautebis (Deux-Sèvres). — Hébergement et gaignerie de la Sauvagère, 1391 (Arch. du château de la Barre). — La Salvagère, 1552 (Id.). — Houstel de la Sauvagère, 1562 (Id.). — Seigneurie vassale de la Barre-Pouvreau (Id.).

Julie-Thérèse Aymer, dame de la Sauvagère, page 447.

SCIECQ, 1er canton de Niort. — Ciec, 1455. — *Syec in officialatu Niortensi*. — Maintenue dans l'évêché de Poitiers en 1318 par le Pape Jean XXII contre l'évêque de Maillezais. — Sainte Marie-Madeleine de Scihecq, 1633. — Relevait du petit château, près Vouvent (Vendée), 1680.

Guillemeau Jacques, époux de Marie Collin de Sciecq, page 125.

SENEUIL, commune de Cherveux. — 1260 (Hommages d'Alphonse). — Qualifié fief en 1698.

SEPVRET, canton de Lezay (Deux-Sèvres). — *Capel-lanus de Sevret*, 1326-1383 (Comptes des décimes). —

Seigneurie ayant droit de haute justice relevant du château de Lusignan. Une partie de la paroisse et l'église relevaient de la baronnie de Melle et ressortissaient à sa prévôté royale et une petite parcelle de la châtellenie de Saint-Germain. Le seigneur du lieu se prétendait fondateur de l'église.

Louis-Alexandre Aymer de la Chevallerie, remarié à Marie-Jeanne-Henriette Yonques, fille du seigneur de Sepvret, page 447.

(Voir à la table au nom d'Aymer de la Chevallerie).

Sonnerie-Chevallereau (la).

Sors, commune d'Augé (Deux-Sèvres). — Sorpt, 1531. — Sort, 1569 (Not. de Saint-Maixent).

Brunet de Sors Renée, fille de Jacques Brunet de Sors, épouse de René Picoron, seigneur de la Violière, page 250.

Souci (le), château, commune de Chenevelles (Vienne), pages 300 et 322. — Maison du Soucy, 1553 (Seign. de Montoiron). — Ancien fief relevant de la baronnie de Montoiron.

Souvigné, 2° canton de Saint-Maixent. — *Solviniacum*, 110 (Cart. de Saint-Maixent, 258). — Souvigné (Cart. de Saint-Maixent, 1451). — Id. Dépendait de l'archiprêtré, ressort et élection de Saint-Maixent. Relevait de l'abbaye de Saint-Maixent.

Sussais, commune de Cherveux (Deux-Sèvres). — *Suchayum*, 1258. — Sussay (Cass.).

Guillemeau Jean de Sussay, époux de Philippe Masson, page 28.

Guillemeau Jean de Sussais.

Guillemeau Jacquette de Sussais, femme de Samuel Lévesque du Coutault, page 124.

(Voir la table aux noms de Lévesque et de Guillemeau).

Suze (la), commune de Lezay (Deux-Sèvres). — Fief, relevant de la châtellenie des Marez (?), ressortissant à sa justice (Coll. Beauchet-Filleau).
Lévesque de la Suze.

Suze (la), près La Rochelle.
Lévesque de la Suze.

Archives nationales. — Déclaration des fiefs, hommages et devoirs reçus par Pierre Mont, receveur, le 10 août 1418. Le sieur de la Suze fait pour son hébergement du Breuil-Mengo, près Poitiers, et pour son hébergement de Charnou et pour son fief Chenéché (?) — *** de Mons, écuyer, à cause de Catherine-Vincende, sa femme, pour l'hébergement de Mons. — Jean de Craon, seigneur de la Suze, pour son hébergement de Montreuil-Bonnin. — Jean de Craon, seigneur de la Suze, de Chantré et de Chenéché (?), pour son hébergement de Sepvret. — Jean de la Forest, varlet, seigneur de Mons, pour son hébergement de Mons.

T

Talaru, page 204.

Talonnière (la), canton de Chef-Boutonne (Deux-Sèvres). — Maison noble, vassale du château de Chef-Boutonne.

Taillée (la), fief et château de la paroisse d'Echiré (Deux-Sèvres). — La seigneurie de la Taillée relevait de la châtellenie du Coudray-Salbart et ressortissait à sa justice. Le seigneur était patron et fondateur de l'église d'Echiré et y recevait les droits honorifiques (Coll. Beauchet-Filleau, reg. 52). — La Taillée, 1403 (Arch. V, I, C.). — La Taillée relevait de la Motte d'Echiré, 1636 (Invent. d'Aub.).

Maigneux (?) du Fay, fille de haut et puissant seigneur Josué du Fay, seigneur de la Taillée et d'Echiré.

TEILLÉ, canton de Lezay (Deux-Sèvres). — Teilhis, 1365. — Teillé relevant de Lusignan en 1714.

THIBAUDIÈRE (la), commune de Saivres (Deux-Sèvres), page 28. — La Thebaudière, 1538 (Not. de Saint-Maixent). — La Thibaudière, 1639 (Arch. II).
Jean Beaugier, seigneur de la Thibaudière et Catherine Fraigneau, pages 28 et 293.

THOMEILLE, page 414.

THORIGNÉ, canton de Celles (Deux-Sèvres). — *Villa Torniacus*, 905. — *Toriniacus*, 1040-1044 (Cart. de Saint-Maixent, 128). — Saint-Cyr et Sainte-Juliette de Thorigny (Pouillé, Beauchet-Filleau, 417).
Charles Turpin, chevalier, seigneur de Thorigné, comte de Vihiers, pages 247, 355 et 361.
(Voir table au nom de Turpin).

TILLOU, canton de Chef-Boutonne (Deux-Sèvres). — *Villa Tilliolum in Vicaria Melulinsc*, 817 (Fonteneau, XXI, 101). — Teyllou, 1300 (Grand Gauthier). — Le chastel de Tillou relevait de la baronnie de Gascougnolle et une portion de ladite paroisse de Tillou relevait de la baronnie de Melle. — Dépendait de l'archiprêtré et de la prévôté de Melle et de l'élection de Saint-Maixent.

TILLY, en Normandie, pages 448, 449.

TINE (la), commune de Souvigné (Deux-Sèvres). — *Molmarium Eldini in aqua Marolii*, 1104 (Cart. de Saint-Maixent, I, 246). — Moulin de la Thyne, 1569. — Tinne, 1630.
Lévesque de la Tine Charles-Boniface, pages 203, 204.
(Voir table au nom des Lévesque).

TOUCHE (la), commune d'Aigonnay (Deux-Sèvres). — *Toscha de Aygoneis*, relevant de l'abbaye de Saint-

Maixent, 1248 (Cart. de Saint-Maixent, ii, 80). — *Tuscha de aygones*, 1275 (Cart. de Saint-Maixent, ii, 117). — La Touche d'Aygonnay, relevant de la châtellenie de Saint-Maixent, 1440 (Grand Gauthier des Bénéfices).

Touche (la), paroisse d'Exoudun (Deux-Sèvres). — Les bâtiments réunis dépendaient de la baronnie de la Mothe-Saint-Héraye, 1621. (Aveu de la Mothe).

Lévesque Jehan, noble, écuyer, seigneur du Bizon et de la Touche, pages 296, 342, 354.

(Voir la table au nom de Lévesque).

Touche (la), commune de Maisonnais (Deux-Sèvres). — La Tousche en Maisonnais relevait de Melle, 1373 (Grand Gauthier des Bénéfices, i).

Touche-Bouchetière (la), page 446.

(Voir table au nom d'Aymer).

Touche-Guibert (la), commune de Saint-Georges-de-Noisné. — *Thuscha Gileberti*, 1260 (Homm. d'Alphonse de Poitiers). — La Tousche Gilibert relevait du château de Saint-Maixent.

Touche-Millet (la), fief, commune de Chenay (Deux-Sèvres). — Seigneurie de la Touche, 1667. (Coll. Beauchet-Filleau).

Touche-Poupard (la), commune de Saint-Georges-de-Noisné (Deux-Sèvres). — Cette seigneurie appartint dès 1445 aux Guitteau ou Guyteau jusqu'en 1567 ; en 1599 jusqu'en 1650 aux Payen. Un Gilliès s'attribua en 1539 le titre de seigneur de la Touche-Poupard. Cette seigneurie relevait de la baronnie de Saint-Maixent et valait en 1698 1.500 livres de revenu.

Philippe-Charles Janvre, seigneur de l'Estortière, de Bernay, de la Touche-Poupard, page 279.

(Voir table au nom de Janvre).

Touffon, page 332.

Tourtron, paroisse de Coulonges-sur-l'Autize (Deux-Sèvres). — Est connu dès la moitié du viie siècle par un triens Mérovingien (pièce de monnaie), d'après Benjamin Fillon. Cette seigneurie fut donnée par Guillaume, duc d'Aquitaine, à son épouse Emma, le 14 septembre 989. — *In pago Niortense super fluvium altesia, villa quæ vocatur Tortron.* — Elle a été possédée successivement de 1433 à 1471 par les Grossin ; en 1529, par les d'Estissac qui en avaient au moins une partie ; de 1658 à 1735, par les Lévesque ; et enfin, de 1735 à 1780, par les d'Orfeuille qui la tenaient des Lévesque par succession.

Louis Lévesque, seigneur de Tourtron et de Maignoux, pages 19, 32.

Lévesque Abraham, seigneur de Tourtron et de Gascougnolle, époux : 1° de Catherine Peign de la Bidolière ; 2° de Marguerite Le Febvre de la Prée, fille de Pierre Le Febvre, écuyer, seigneur de la Prée, et de Suzanne de Fossa, page 40.

Lévesque de Tourtron Marguerite-Renée, épouse de Louis d'Orfeuille, chevalier, seigneur de la Granerie et de Tourtron, fondateur de la branche des d'Orfeuille de Tourtron et de Saint-Georges, fils puîné de François d'Orfeuille et d'Anne Chevalier, des Chevalier de la Frappinière, page 145.

(Voir la table au nom des Lévesque).

Jean Lévesque est mentionné comme seigneur de Tourtron dans la liste des seigneurs de cette localité, le 15 mai 1724.

V

Vairé, commune d'Exireuil (Deux-Sèvres). — *Villa Vairec*, 1040 (Cart. de Saint-Maixent, 114). — Vairé relevait d'Aubigny, 1374 (Inventaire d'Aubigny). — Vairé, 1537. — Vesré, 1585 (Not. de Saint-Maixent). — Verré (Cass.).

Frère de Vayré.

Vançais, canton de Lezay. — *Villa vonziacus in vicaria Rodommo*, v, 980 (Cart. de Saint-Cyprien). — Vençay relevant de Lusignan, 1407 (Grand Gauthier des Bénéfices). — Vançay dépendait de l'archiprêtré de Rom, de la châtellenie et sénéchaussée de Lusignan et de l'élection de Poitiers.

(Voir page 291 et aussi ce qui est dit au nom Neau dans la présente notice).

Vanzay, canton de Lezay (Deux-Sèvres). — *Villa vonliacus*, 848 (Cartulaire de Saint-Maixent, 13 dipl. de Pepin, ii). — *Venziacus in vicaria Jaulniacense in pago Briocense*, 960 (Cartulaire de Saint-Cyprien). — *Venziacus in condita Briocense in vicaria metulense*, 983 (Id.). — *Vonziacus*, 1110 (Cart. de Saint-Maixent, 258). — *Venzayum* ou *Venzaicus*, 1300 (Gr. Gauthier). — Saint-Jacques de Vanzais (Pouillé, 1782). — Dépendait de l'archiprêtré de Chaunay, de l'élection de Poitiers.

Vanzay, château, commune de Vanzay. — Le logis de Vansais (Cassini).

Varèze, page 268.

Vaudeleigne, château et fief, commune de François (Deux-Sèvres). — Maison noble, terre et seigneurie de Vaudeleigne, 1609 (Arch. de Niort). — Seigneurie de Vaudeleigne, 1783 (Coll. Beauchet-Filleau).

De Bosquevert de Vaudeleigne Marie-Sophie-Françoise-Louise, épouse du comte Charles-Louis-Marie d'Orfeuille, écuyer, seigneur de Saint-Georges et de Tourtron, page 155.

Vauvert (Du Chesne de), commune de Cherveux (Deux-Sèvres). — *Vallis virides*, xiie siècle (Cart. de l'Absie ap. Dupuy, 828). — Vauvert, 1598 (Arch. de la Barre, ii). Page 274.

Renée Janvre, femme de Louis du Chesne, écuyer, seigneur de Vauvert, page 274.

Jean Bonneau du Chesne de Vauvert, époux d'Esther Bellin de la Boutaudière.

(Voir la table au nom de Bellin de la Boutaudière).

VEILLECHÈZE, pages 202 et autres.

VERGNONIÈRE (la), commune de Clavé (Deux-Sèvres). — La Vergnonère relevant de Saint-Maixent, 1406 (Grand Gauthier).

Peign Jean, seigneur de la Vergnonière.

Janvre Perrot, écuyer, seigneur de la Vergnonière.

VERNON, commune de la Villedieu-du-Clain (Vienne). — Varnon, 1274 (abbaye de Montierneuf, 92). — Vernon (Pouillé de Gauthier, folio 151). — Le Bruil, 1403, (hommages du comte de Poitou, fº 19). — Le Breuilh de Vernon, 1580 (fief de Gençay). — Château de Vernon, page 212.

VERNOU, fief, commune de Gourgé (Deux-Sèvres). — Relevait de la châtellenie de la Ferrière, ressortissait à sa justice (Coll. Beauchet-Filleau, reg. 52, 336).

Jehan Aymer, écuyer, seigneur de Sainte-Rhue et de Lalier, époux de Marie de Vernou, page 445.

Suzanne-Marguerite Aymer de la Chevallerie, épouse en secondes noces de Jacques de Brémond, chevalier, seigneur de Vernou.

Louis de Vernou-Bonneuil, seigneur de la Rivière, Arthenay, époux de Jeanne Lévesque de Marconnay de Boisgrollier. Pages 446, 458, 483, 488.

(Voir la table au nom de Lévesque).

VERNOU-SUR-BOUTONNE, commune de Brioux (Deux-Sèvres). — *Ecclesia de Verno*, 1300 (Grand Gauthier). — *Castellanus de Verno*, 1326. — De Verno, 1383 (Comptes des décimes). — L'église dépendait de la baronnie de Melle et le clergé y sonnait en deuil pendant quarante jours à la mort du roi de France. — Le seigneur de Vernou y avait droit de vigerie, pour ce motif il devait un chapel de roses pour la baronnie de Gascougnolle. (Voir Bonneuil).

VERRUYES, canton de Mazières-en-Gâtine (Deux-Sèvres). — *Verruca*, 1041-1044 (Cart. de Saint-Maixent, 120). — Prieuré de Verruyes dépendant de l'abbaye de Saint-Maixent, 1363 (Cart. de Saint-Maixent). — Saint-Martin de Verruyes. — Etait de la dépendance de l'archiprêtré et sénéchaussée de Saint-Maixent, de la châtellenie et du baillage Bâton, réuni à la baronnie de Parthenay et de l'élection de Poitiers après avoir été de celle de Parthenay au xvi° siècle.

VERTEUIL (Charente), page 431.

VEZANÇAIS, château et village, communes de Brioux et de Paizay-le-Tort (Deux-Sèvres). — *Dominus Johannes de Vezançais*, 1407 (Cart. des Châtelliers). — De Vezançais, 1426 (Id.). — Fief et moyenne justice, relevait de la baronnie de Melle, ressortissant à la prévôté royale (Coll. Beauchet-Filleau). — *Vezansaium*, 1365 (Arch. V. E., 2, 237). Page 282.

Gigou, chevalier, seigneur de Vezançais.

Marie-Louise Gigou de Vezançay et de Balincourt, fille de Louis-Alexandre, chevalier, seigneur de Vezançay et de Balincourt, page 436.

VEZINS, commune d'Usson (Vienne). — Voysins, 1498 (fief de la Guéronière). — Voysin, 1514 (famille Frottier). — Ancien fief relevant du comte de Civray (Fonteneau, t. XXXIX, page 725).

Anne de la Porte de Vezins, mariée à Alain Janvre, page 272.

Marie-Zénobie de Clerc de Vezins, fille de Philippe, baron de Vezins.

Marie-Sophie-Zénobie Aymer de la Chevallerie, épouse de Chièvres, page 437.

Vieux-Brusson (le), page 275, château, commune de
Fenioux. — L'oustel du Veil-Brusson, 1443. — Sei-
gneurie du Veil-Brusson appelée le petit et le grand
Brusson, 1577 (Arch. hist. du Poitou, xx, 387).

Vieux-Romans, commune de Romans. — *Vetulus*
Romans, 1269. — Veil Romans, relevant de l'abbaye de
Saint-Maixent, 1363. — Vieux-Romans, château, 1665
(Arch. Deux-Sèvres, H, 104). Page 282.

Vignault, fief, canton de Lezay (Deux-Sèvres). —
Basse justice sur partie des paroisses de Saint-Coutant
et de Saint-Vincent-la-Châtre, relevait de la chapelle
des Marets et ressortissait à sa justice (Coll. Beauchet-
Filleau).

Garnier Pierre, écuyer, seigneur du Vignault, demeurant au Courteuil, commune de Sainte-Blandine, page 92.

Aymer de la Chevallerie Pierre-Paul-Auguste, chevalier, seigneur du Vignault, page 435.

Vigneau (le), pages 93, 274, 436.

Vihiers (Maine-et-Loire), est fort ancien et est cité
dès 942 dans un diplôme de Louis d'Outremer en faveur
de Saint-Hilaire Le Grand (Besly, comtes du Poitou,
243-245). Vers 1016, Foulques III, comte d'Anjou, *funde
in castro quod nominatur viheris*, deux églises, l'une
dédiée à Notre-Dame de Saint-Jouin et l'autre à Saint-
Hilaire, il donne à l'abbaye de Saint-Jouin le droit de
vigerie résultant des foires et marchés établis à Vihiers
le jour de la Saint-Jouin (Cartulaire de Saint-Jouin).
En 1070, il y a une charte de Gousbert de la Porte au
sujet de la construction de trois églises dans le château de
Vihiers. En 1121, rappel de Foulques V, comte d'Anjou, de
sa dédicace de l'église de Saint-Jean-Baptiste de Vihiers,
par Pierre, évêque de Poitiers (Id.). En 1125, le même
jeudi, l'église de Saint-Nicolas *(Castrum de Viherii)*,
rappel de celles de Notre-Dame, de Saint-Jouin, de Saint-

Jean-Baptiste, de Saint-Hilaire (Id.). Et en 1179, bulle du Pape Alexandre III, confirmant à l'abbaye de Saint-Jouin la possession des églises Saint-Jouin, Saint-Nicolas, Saint-Jean et Saint-Hilaire (Id.). Ce fief a été longtemps possédé par la famille Turpin.

Henri-Charles Turpin, chevalier, seigneur, comte de Vihiers et autres places.

(Voir la table au nom de Turpin et pages 297, 300, 323, 332, 354, 359).

Villedieu-du-Comblé (la), château et village, communes de la Mothe-Saint-Héraye et de Sainte-Eanne (Deux-Sèvres). — *Villa Dei de Comba*, 1239. — Relevant de Lusignan, 1354-1687 (Arch. V. C., 2, 142). — Château de la Villedieu-du-Comblé, 1736.

Villeneuve, pages 132, 165, 380.

Violière (la), commune de Nanteuil (Deux-Sèvres). — *Junctus inter Vilerensem et Nantoliensem*, x° siècle (Cart. de Saint-Maixent, 88). — La Violière, 1359 (Inv. d'Aub.). — La Viollière, 1528 (Not. de Saint-Maixent). — Seigneurie possédée en 1687 par la famille Houdry ; puis, en 1713, par les Picoron. — Elle est dénommée domaine noble dans une pièce de 1714 (Coll. Beauchet-Filleau).

Françoise-Maixente-Evelina Faidy de la Violière, épouse de Pierre Lévesque des Maisons-Neuves et de Mons, page 246.

Julien-Louis-Joseph Faidy de la Violière.

Picoron de la Violière Magdeleine, épouse de Louis-Pierre Faidy de la Violière.

Picoron René, seigneur de la Violière, époux d'Anne-Renée Brunet de Sors.

Picoron Jacque-Bonaventure, seigneur de la Violière, époux de Madeleine Lévesque, sœur de Catherine-Renée Lévesque, mariée à Germain Lecomte, seigneur de Puyraveau, page 252.

(Voir la table aux noms de Picoron, Faidy, Lévesque et Houdry).

Vivone, page 162.

Vouillé ou Saint-Maixent-les-Frozes, page 103.

Vougné, fief, commune d'Augé (Deux-Sèvres). — Fief de Vougné, 1698 (Mémoire de l'élection de Saint-Maixent, 36). — Vousgné, 1560 (Not. de Saint-Maixent).
De Nyort Pierre, seigneur de Vougné, conseiller au siège royal de Saint-Maixent, époux de Louise Masson de Boisgrollier.
De Nyort Charles, seigneur de Vougné, conseiller du roi, président de l'élection de Saint-Maixent.

Voute (la), page 202.

Vuzé et Veuzé, château et fief, commune de la Chapelle-Bâton (Deux-Sèvres). — Vuzé relevant de Breuillac, 1444 (Arch. V. E., 402). — Veuzé, 1515 (Id., 400).
Guillaume Janvre, seigneur de la Bouchetière et de Vuzé ou Veuzé, page 268.

APPENDICE

———

Guillaume de Volvire, chevalier, de noble famille poitevine, fut seigneur de Beaulieu, d'Ardin, de Dillay, de Pierrière, etc., et se maria deux fois. Sa première femme était Marguerite Machon, morte le 1er octobre 1438, et il épousa en secondes noces Jeanne du Retail, fille d'Imbert, seigneur du Retail. Le registre des hommages et aveux dus à Arthur, comte de Richemond, seigneur de Parthenay, contient plusieurs aveux et dénombrements rendus par Guillaume de Volvire à cause de sa seconde femme le 12 janvier 1445 : 1o Pour son hébergement d'Ardin et ses dépendances, avec beaucoup de petits fiefs tenus de lui par diverses personnes, mouvant de Parthenay ; 2o Pour l'hébergement de Pierrière sis en la paroisse de Saint-Pardoux ; 3o Pour la moitié par indivis d'une mesure de terre appelée la Boisselée, en la paroisse de Vouhé, avec énumération de tout ce qui était tenu à hommage-lige et à rachat, suivant la coutume du pays, dans la mouvance de la seigneurie de Boisgrollier. (*Archives historiques du Poitou*, tome XXXV, année 1906, page 346).

Voir au présent volume, page 193.

1631-1632. — Vente faite à Gabriel Gaudin, écuyer, seigneur de Verné, par Pierre Groisson, notaire royal et procureur fiscal de la baronnie de la Mothe-Saint-Héray, et Suzanne Bellin, sa femme, moyennant 2,400 livres, du bois de la Coudrée, de plusieurs pièces de terre, près des Maisons-Neuves ou de la Maison-Neuve, de la moitié du tiers des bâtiments du dit lieu, et par René Lambert, seigneur de Vitré, échevin de Saint-Maixent, et Louis Lambert, seigneur de la Brousse, moyennant 275 livres, de leur portion des dites Maisons-Neuves ; comme héritiers de Renée Bellin, dame de Chambord, leur aïeule maternelle.

1656, 15 août. — Arrentement par Gabriel des Gittons, chevalier, seigneur châtelain de la Baronnière, de Serzé, de Vançais et autres places, et Louise d'Albin, sa femme, à Jean Ochier, moyennant la rente de 350 livres, du domaine noble des Maisons-Neuves, à la réserve de la tierce partie dans les anciennes maisons, et de tout ce qui est demeuré au sieur de Verrines, frère du dit seigneur de la Baronnière, par le partage fait entre eux.

Archives du château de la Barre, par Alfred Richard, page 341.

Voir au présent volume, page 240.

Philippe Faidy, seigneur des Lisons. — Son acte de décès est du 4 décembre 1648, église Saint-Saturnin de Saint-Maixent ; l'inhumation fut faite au grand cimetière ; il était âgé de 60 ans.

GÉNÉALOGIE

DE LA

FAMILLE LÉVESQUE

DE SAINT-MAIXENT

TABLEAU PREMIER

GÉNÉALOGIE DUPLEIX

Alliance avec les Lévesque

Dupleix Guillaume, époux de Jeanne Rasaux.

Dupleix Guillaume, seigneur de Remouet (Availles dans la Vienne), époux : 1° vers 1565, de Marthe Baudy, fille de Jean, seigneur de Bignoux, et de Marie Rasseleau; 2° de Marie Chavignac, dite sa veuve dans un acte du 17 janvier 1541.

Dupleix François, seigneur de la Grange-Girard, marié vers 1600, à Claire Montard, morte le 6 septembre 1627, fille de Mathurin, seigneur des Chirons, et de Françoise Baudy.
Parmi leurs enfants :

Dupleix Antoine, né le 13 juillet 1604, marié vers 1620, à Jeanne Perrot.
Parmi leurs enfants :

Dupleix François, seigneur des Gardes, né en 1621, marié le 16 février 1656, à Elisabeth Maussion ou Moxion.
Parmi leurs enfants :

Dupleix Antoine, marié vers 1616, à Jeanne Leigné.

Dupleix Antoine, époux, vers 1630, d'Elisabeth de Chamois, fille de Jacob de Chamois, seigneur de Léperon et d'Elisabeth Creuzé.

Dupleix Antoine, époux, vers 1670, de Marthe Courin.

De Chamois Jacob, seigneur de l'Eperon, marié à Elisabeth Creuzé.

De Chamois Jacob, seigneur de Léperon, époux de Marie Le Nain, vers 1645.

De Chamois Jacob, seigneur de l'Eperon.

De Chamois Elisabeth, mariée à Châtellerault le 8 ou le 13 novembre 1658, avec Louis Lévesque, seigneur de Tourtron et de Maignoux, capitaine dans les troupes de Sa Majesté, frère de Lévesque Abraham, seigneur de Tourtron et de Gascougnolle, marié le 21 février 1662, à Marguerite Le Febvre de la Prée, fille de Pierre Le Febvre de la Prée, écuyer, seigneur de la Prée, et de Suzanne de Fossa.

De Chamois Elisabeth, épouse d'Antoine Dupleix, vers 1630.

Dupleix Antoine, époux de Marie Courin, vers 1600.

Dupleix René-François, écuyer, seigneur de Bacquencourt, de Mercin, de la Bruyère et des Gardes-Panneville, écuyer ordinaire de la grande écurie du roi, directeur de la compagnie des Indes, contrôleur général du Hainaut. Il épousa le 27 mars 1695 Anne-Laure de Massac, fille de Claude, receveur des domaines et trésorier de l'extraordinaire des guerres à Landrecies, et d'Anne Collin, mort en 1735.

Dupleix Charles-Claude-Ange, écuyer, seigneur de Bacquencourt, de Pernand, de Bacy et de Montrouge, époux, d'abord, de Jeanne-Henriette de Colin; ensuite, d'Augustine Erard, remariée au marquis de Puyanne.

Dupleix Joseph-François, marquis Dupleix, comte de Forrière, né à Landrecies le 1er janvier 1697. Il fut gouverneur de Pondichéry et des établissements français dans l'Inde, fut anobli le 10 mars 1749, épousa à Chandernagor, en 1741, Jeanne Albert, veuve de Vincens, conseiller de la compagnie des Indes. Il se maria en secondes noces à Paris, en 1758, à Claude-Thérèse de Chastenay-Lanty, fille de François-Elie, marquis de Lanty, et de Jeanne-Françoise Gardion.
Du second lit :

Dupleix Adélaïde-Louise-Jeanne, mariée à Paris, le 13 avril 1779 (église de la Madeleine), à Charles-Jean-Marie-François de Valory.

Un fils né en 1781, mort jeune.

NOTA. — De ce tableau ressort l'alliance des familles Lévesque, de Chamois et Dupleix.

GÉNÉALOGIE LÉVESQUE

Lévesque Jacques, noble, écuyer, seigneur des Maisons-Neuves et de Gascougnolle, marié, en 1625, avec Catherine Masson de Boisgrollier, fille de Daniel Masson, seigneur de Boisgrollier, président en l'élection de Saint-Maixent, d'Anne Chaillot, dont l'union a eu lieu en septembre 1594.
Parmi leurs enfants :

Lévesque Louis, seigneur de Tourtron et du Maignoux, capitaine des troupes de Sa Majesté, en 1658, époux d'Elisabeth de Chamois.

Lévesque Abraham, seigneur de Tourtron de Gascougnolle, marié d'abord, en 1661, Catherine Peign de la Ridolière, sans postérité; ensuite, le 21 février 1662, avec Marguerite Le Febvre de la Prée, fille de Pierre Le Febvre, seigneur de la Prée, et de Suzanne de Fossa.
Second mariage :

Lévesque Samuel, seigneur des Maisons-Neuves et du Coutault, marié : 1° en 1703, avec Jacquette Guillemeau de Sussais, dont postérité; 2° en 1715, avec Marie-Anne Texier de la Caillerie.
Second mariage :

Lévesque Jean-Louis-François, seigneur des Maisons-Neuves et du Coutault, époux, en 1748, de Louise-Suzanne-Catherine Nossereau, fille de François Nossereau, conseiller du roi, et de Catherine Arnauldet.

Lévesque des Maisons-Neuves et de Mons, Jean-Marie-Adjutor, époux, en 179?, de Maixente Lamoureux d'Anlau.

Lévesque des Maisons-Neuves et de Mons, Pierre, marié : 1° en 1828, à Aline Girard, dont postérité; 2° en 1834, à Françoise-Maixente-Evelina Faldy de la Violière.
Second mariage :

Lévesque des Maisons-Neuves, Pierre-Ernest, marié à Niort en 1863, avec Marie-Amélie Martineau.

Lévesque des Maisons-Neuves, Pierre-Roger, marié à Angoulême en 1890, avec Aline-Marie-Louise Cazier.

Lévesque des Maisons-Neuves et de Mons, Marie-Simone, née à Niort le 1er novembre 1897.

Lévesque des Maisons-Neuves et de Mons, Marie-Renée, née à Paris le 2 juin 1901 (8e arrondissement).

FAMILLE GILBERT

Gilbert Pierre, époux : 1° de Anne Auguis ; 2° de *** ; 3° de Marie Brun.

Parmi les enfants du premier mariage :	Parmi les enfants du second mariage :	Troisième mariage, deux enfants :
rt Hélie, époux de Marie Collin.		
Gilbert Louis, seigneur de la Mouline, marié à Saint-Cybard de Poitiers, le 15 avril 1692, avec Louise-Anne de la Cour.	Gilbert Marie, épouse : 1° de Patrault Nicolas ; 2° à Poitiers, église de Saint-Cybard, le 4 ou le 24 juin 1691, de De Bonneval Jean-Baptiste, commissaire des manufactures du Poitou	Gilbert Judith, mariée le 24 ou le 28 octobre 1691, à Poitiers, paroisse de Saint-Cybard, avec Pierre Lévesque, seigneur du Lisleau.

Du second mariage :

| Gilbert Marie-Anne-Élisabeth, baptisée le 27 novembre 1693, à Saint-Cybard de Poitiers. | Une fille, baptisée en mars 1692, à Saint-Cybard de Poitiers. | De Bonneval Jean-Baptiste, baptisé à Poitiers, paroisse de Saint-Cybard, le 29 juin 1693, marié, étant inspecteur des manufactures du Poitou et d'Aunis, le 27 mai 1721, paroisse Sainte-Opportune de Poitiers, à Marie de Vaugelade, fille d'Olivier de Vaugelade, seigneur de Breuillac, et de Marie Berthon. | Lévesque du Lisleau Pierre-Louis, baptisé à Saint-Maixent, paroisse de Saint-Saturnin, le 6 mai 1695, mort le 13 juin suivant. | Lévesque du Lisleau Marie-Jeanne, née le 12 novembre 1696, baptisée le 15, paroisse de Saint-Saturnin morte le 2 janvier suivant. |

De Bonneval Jean-Baptiste, écuyer, inspecteur général des manufactures du royaume, marié à Marie-Madeleine Besnard. Il acheta, le 17 février 1754, le fief de Saint-Médard, près de Melle, et en fit hommage le 22 mai 1764.

De Bonneval Élie-Jean-Baptiste, qui rendit aveu du fief de Saint-Médard, le 11 juin 1772.

Pierre Lévesque, seigneur du Lisleau, descend d'Abraham Lévesque, noble, seigneur de Tourtron et de Gascougnolle, et de Marguerite Le Febvre de la Prée — Lévesque Abraham, seigneur de Tourtron et de Gascougnolle, fils de Jacques Lévesque, noble, seigneur des Maisons-Neuves et de Gascougnolle, et de Catherine Masson de Boisgrollier, petit-fils de Jean Lévesque, seigneur de Maxieu, et de Françoise des Hayes. Ces derniers sont également les auteurs communs de Pierre-Roger Lévesque des Maisons-Neuves.

FAMILLE NAU

Guillaume Nau, époux de Marie Missault ou Misnault.

Jeanne Nau, mariée par contrat du 31 janvier 1623 avec Abraham Lévesque, noble, écuyer, seigneur de la Fraye et du Rouchet. Le mariage eut lieu en présence de Guillaume Nau, avocat au parlement, et d'Hélie Nau ; ils demeuraient à Melle.	Guillaume Nau, seigneur de Courgé, paroisse de Vançais, mouvance de Lusignan, conseiller avocat du roi au siège de Melle, époux de Marie Barillet, qui fut la femme, en secondes noces, d'Ogier Chollet, seigneur des Mardres.	Hélie Nau, seigneur du Vergier.

Du premier mariage :

| Lévesque Louise-Marie. | Guillaume Nau, seigneur de Courgé, avocat du roi à Melle, vivant en 1655, décédé avant 1686. Il se maria à Charlotte Guillemard. | Jean Nau, aîné, seigneur du Vergier, avocat en parlement et au siège royal de Melle, marié en 1660 à Aubigné, près Chef-Boutonne, avec Louise de Vezins. | Marie Nau. |

| | Louis Nau, écuyer, seigneur de la Bigoterie, avocat au siège de Melle, époux à Chauché (Vendée), le 11 janvier 1694, de Louise Bérenger. Louise Bérenger était une fille de Jean Bérenger, écuyer, seigneur de la Boulaye, et de Marie Chaigneau. | Abraham Nau, seigneur de la Ronze, lieutenant de la compagnie des bourgeois de Melle, marié à Anne Guillemet. |

Louis de Saint-Georges tant en son nom que comme mandataire de Giraud d'Albin, chevalier, seigneur de Valzergues, fit donation à Louise Neau, le 13 juin 1627.

Anne-Louise Nau qui, le 17 juin 1718, devint la femme, à Poitiers, église Saint-Porchaire, de Louis-Vincent Naudin de la Rivardière, fils de Louis Naudin de la Ronde, lieutenant général criminel au bailliage de Loudun, et de Marie Guérin, de la baronnie de Saint-Pierre-du-Marché de Loudun.

Brunet Jacques, s[...]
royal de Saint-Maixe[...]

Brunet Renée de Sors, mariée le 1er avril 1713, à René Picoron, s[...]
le 5 avril 1692, mort le 3 mai 1755. Il est qualifié noble dans l'acte de

[...]oron [...]e [...]olière [...], née [...]aint- [...]nt le [...]r 1716

Picoron de la Violière Catherine, née le 6 janvier 1718, mariée à Jacques-François Orry de la Coudre.

Picoron de la Violière Charles, né le 3 janvier 1719.

Picoron de la Violière Catherine-Renée, née le 3 juin 1720.

Picoron de la Violière Jean-Théophile, né le 16 décembre 1721.

Picoron de la Violière Jacques-Bonaventure, seigneur de la Violière, né en 1724, chevalier de Saint-Louis, capitaine de 1re classe de l'ordre royal des Invalides. Il épousa le 17 janvier 1764, Madeleine Lévesque, et mourut en 1808.

Picoron de la Violière Françoise-Catherine-Elisabeth, née en novembre 1725.

Picoron de la Violière Geoffroy-René, né en 1726.

Picoron de la Violière Pierre-René, né en 1728.

Picoron de la Violière Marie-Elisabeth, née en 1731.

[...] de la Coudre Pierre, époux de Hélène Texier de la Caillerie.

TABLEAU IV*

FAMILLE BRUNET DE SORS

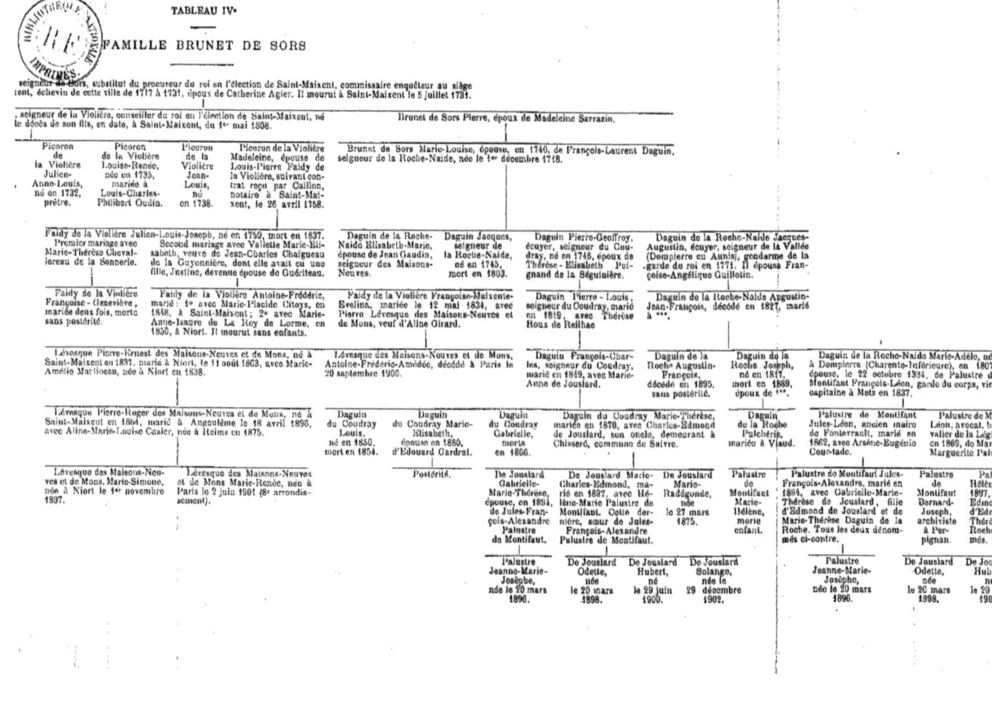

... seigneur de Sors, substitut du procureur du roi en l'élection de Saint-Maixent, commissaire enquêteur au siège ...ent, échevin de cette ville de 1717 à 1731, époux de Catherine Agier. Il mourut à Saint-Maixent le 5 juillet 1731.

..., seigneur de la Violière, conseiller du roi en l'élection de Saint-Maixent, né ... le décès de son fils, en date, à Saint-Maixent, du 1er mai 1808.

Brunet de Sors Pierre, époux de Madeleine Sarrazin.

Picoron de la Violière Julien-Anne-Louis, né en 1732, prêtre.

Picoron de la Violière Louise-Renée, née en 1735, mariée à Louis-Charles-Philibert Oudin.

Picoron de la Violière Jean-Louis, né en 1738.

Picoron de la Violière Madeleine, épouse de Louis-Pierre Faidy de la Violière, suivant contrat reçu par Caillon, notaire à Saint-Maixent, le 26 avril 1758.

Brunet de Sors Marie-Louise, épouse, en 1740, de François-Laurent Daguin, seigneur de la Roche-Naide, née le 1er décembre 1718.

Faidy de la Violière Julien-Louis-Joseph, né en 1759, mort en 1837. Premier mariage avec Marie-Thérèze Chevalereau de la Sonnerie. Second mariage avec Vallette Marie-Élisabeth, veuve de Jean-Charles Chaigueau de la Guyonnière, dont elle avait eu une fille, Justine, devenue épouse de Guériteau.

Daguin de la Roche-Naide Elisabeth-Marie, épouse de Jean Gaudin, seigneur des Maisons-Neuves.

Daguin Jacques, seigneur de la Roche-Naide, né en 1745, mort en 1803.

Daguin Pierre-Geoffroy, écuyer, seigneur du Coudray, né en 1746, époux de Thérèse-Elisabeth Poignand de la Séguinière.

Daguin de la Roche-Naide Jacques-Augustin, écuyer, seigneur de la Vallée (Dompierre en Aunis), gendarme de la garde du roi en 1771. Il épousa Françoise-Angélique Guillotin.

Faidy de la Violière Françoise-Geneviève, mariée deux fois, morte sans postérité.

Faidy de la Violière Antoine-Frédéric, marié : 1e avec Marie-Placide Citoys, en 1848, à Saint-Maixent ; 2e avec Marie-Anne-Isaure de La Rey de Lorme, en 1850, à Niort. Il mourut sans enfants.

Faidy de la Violière Françoise-Maixente-Evelina, mariée le 12 mai 1834, avec Pierre Lévesque des Maisons-Neuves et de Mons, veuf d'Aline Girard.

Daguin Pierre-Louis, seigneur du Coudray, marié en 1812, avec Thérèse Roux de Reilhac.

Daguin de la Roche-Naide Augustin-Jean-François, décédé en 1827, marié à ***.

Lévesque Pierre-Ernest des Maisons-Neuves et de Mons, né à Saint-Maixent en 1837, marié à Niort, le 11 août 1863, avec Marie-Amélie Martineau, née à Niort en 1838.

Lévesque des Maisons-Neuves et de Mons, Antoine-Frédéric-Amédée, décédé à Paris le 29 septembre 1900.

Daguin François-Charles, seigneur du Coudray, marié en 1849, avec Marie-Anne de Jouslard.

Daguin de la Roche Augustin-François, décédé en 1889, sans postérité.

Daguin de la Roche Joseph, né en 1817, mort en 1889, époux de ***.

Daguin de la Roche-Naide Marie-Adèle, née à Dompierre (Charente-Inférieure), en 1807, épouse, le 22 octobre 1834, de Palustre de Montifaut François-Léon, garde du corps, vint capitaine à Metz en 1837.

Lévesque Pierre-Roger des Maisons-Neuves et de Mons, né à Saint-Maixent en 1864, marié à Angoulême le 18 avril 1896, avec Aline-Marie-Louise Casier, née à Reims en 1875.

Daguin du Coudray Louis, né en 1850, mort en 1854.

Daguin du Coudray Marie-Elisabeth, épouse en 1880, d'Edouard Cardral.

Daguin du Coudray Gabrielle, morte en 1866.

Daguin du Coudray Marie-Thérèse, mariée en 1870, avec Charles-Edmond de Jouslard, son oncle, demeurant à Chisseré, commune de Saivre.

Daguin de la Roche Pulchérie, mariée à Viaud.

Palustre de Montifant Jules-Léon, ancien maire de Fontevrault, marié en 1862, avec Arsène-Eugénie Courtade.

Palustre de Montifaut Louis-Léon, avocat, homme de lettres, ...valier de la Légion d'honneur, ... en 1869, de Marie-Augustine-F... Marguerite Palustre. Sans post...

Lévesque des Maisons-Neuves et de Mons, Marie-Simone, née à Niort le 1er novembre 1897.

Lévesque des Maisons-Neuves et de Mons Marie-Renée, née à Paris le 2 juin 1901 (8e arrondissement).

Postérité.

De Jouslard Gabrielle-Marie-Thérèse, épouse, en 1894, de Jules-François-Alexandre Palustre de Montifaut.

De Jouslard Marie-Charles-Edmond, marié en 1897, avec Hélène-Marie Palustre de Montifaut. Cette dernière, sœur de Jules-François-Alexandre Palustre de Montifaut.

De Jouslard Marie-Radégonde, née le 27 mars 1875.

Palustre de Montifaut Marie-Hélène, morte enfant.

Palustre de Montifaut Jules-François-Alexandre, marié en 1894, avec Gabrielle-Marie-Thérèse de Jouslard, fille d'Edmond de Jouslard et de Marie-Thérèse Daguin de la Roche. Tous les deux dénommés ci-contre.

Palustre de Montifaut Bernard-Joseph, archiviste à Perpignan.

Palustre de Montifaut Hélène-Marie, mariée 1897, avec Marie-Ch... Edmond de Jouslard d'Edmond et de M... Thérèse Daguin d... Roche. Tous déjà dé... més.

Palustre Jeanne-Marie-Josèphe, née le 20 mars 1896.

De Jouslard Odette, née le 20 mars 1898.

De Jouslard Hubert, né le 29 juin 1900.

De Jouslard Solange, née le 29 décembre 1902.

Palustre Jeanne-Marie-Josèphe, née le 20 mars 1896.

De Jouslard Odette, née le 20 mars 1898.

De Jouslard Hubert, né le 29 juin 1900.

De Jou... Solan... 29 déc... 190...

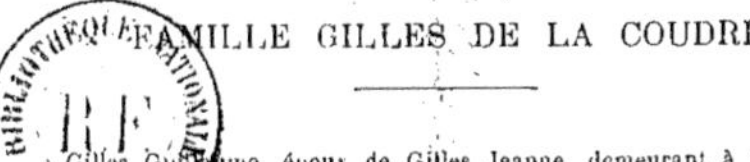 FAMILLE GILLES DE LA COUDRE

Gilles Guillaume, époux de Gilles Jeanne, demeurant à Reims.

Gilles Pierre, marié à Jeanne Sarregoule, demeurant à Niort.

Gilles André.	Gilles Jacques. greffier en chef de l'élection de Niort, marié, le 10 avril 1711 ou 1713. avec Marie-Catherine Arnauldet, fille de Louis Arnauldet, échevin à Niort, et de Catherine Mader, sa première femme. Jacques Gilles mourut à Niort, paroisse de Saint-André, le 19 septembre 1731.
Gilles Suzanne.	Gilles Jacques-André, greffier en chef de l'élection de Niort, est. paroisse de Notre-Dame. en 1715, marié à Elisabeth de Veillechèze, fille de Jacques. procureur ès-cours royaux de Saint-Maixent, et de dame Jeanne-Marie Devallée, de Saint-Maixent, le 20 août 1733.
Gilles Jacques-Marie, né le 23 juillet 1734, mort jeune.	Gilles Jacques-Marie, époux, le 24 avril 1758, d'Anne-Elisabeth Picoron de la Diettrie, né en 1732, fille de Geoffroy Picoron, seigneur de la Diettrie, maire de Saint-Maixent et subdélégué de l'intendant du Poitou à Saint-Maixent. Il mourut en 1768 et sa femme dans la même année.

Gilles Geoffroy-Jacques, né en 1759 à Saint-Maixent, paroisse de Saint-Léger. Il épousa Françoise-Elisabeth de Montru, fille d'Etienne-François, conseiller du roi en l'élection de Saint-Maixent, et de Marie-Catherine Vierfond, le 29 juin 1783, à Saint-Maixent Geoffroy Picoron de la Diettrie, son aïeul maternel, et Jeanne-Florimonde de Veillechèze, furent ses parrain et marraine. Il décéda en 1809.

Gilles de la Coudre Elisabeth-François, né à Saint-Maixent en 1760, église de Saint-Léger. Il épousa, le 22 septembre 1793, à Saint-Maixent, Marie-Marguerite Picoron de la Pergellerie, sa cousine.

Gilles Marie-Eulalie, née en 1784, épouse à Saint-Maixent, en 1810, de Pierre Aymon de la Renortière.	Gilles François, baptisé à Nanteuil, près Saint-Maixent, le 25 septembre 1785.	Gilles Marie-Alphonse, baptisé à Saint-Maixent en 1787. Parrain et marraine: Alphonse Lévesque, son oncle maternel par alliance, et Marie-Marguerite Picoron de la Pergellerie, sa tante Il décéda en 1806.	Gilles de la Coudre Catherine-Clarisse-Zélia, mariée en 1810, à Saint-Maixent, à Charles-Louis de Laspaye de Saint-Généroux.

Aymon de la Renortière Elisabeth-Aglaé, mariée en 1833, à Pierre Boulogne, à Saint-Maixent.	Aymon de la Renortière Louise-Marguerite-Alix, née en 1813, épouse à Saint-Maixent, de Bonnan.	De Laspaye Charles-Louis, Aristide. baron de Saint-Généroux, mort sans postérité.	De Laspaye de Saint-Généroux Louise-Alida, épouse d'Adolphe Lescot, comte d'Hauterive.	De Laspaye de Saint-Généroux Oscar.

Boulogne Marie-Lydie, épouse de Denis-Marie-Etienne-Henri Salmon, président de chambre à la cour de Poitiers.

Un fils sans postérité.

Fille célibataire.

Salmon Louis-Henri, ancien préfet, époux de Marthe-Denise Couteau.

Salmon Henri, officier de cuirassiers, né en 1882.

TABLEAU VIᵉ

TABLE DE LA FAMILLE VIAULT

Jacques Viault, seigneur de Moulin-Neuf, épousa Françoise Chollet. De cette union naquit :

Jean Viault, seigneur de Moulin-Neuf, qui se maria trois fois : en premières noces, avec Marie Tastreau, suivant contrat de mariage reçu par Poitevin, notaire à Saint-Maixent, en date du 21 mai 1628 ; — en secondes noces, avec Marie Gerbier, le 29 septembre 1641 ; — en troisièmes noces, avec Marie Cassin, en 1644.

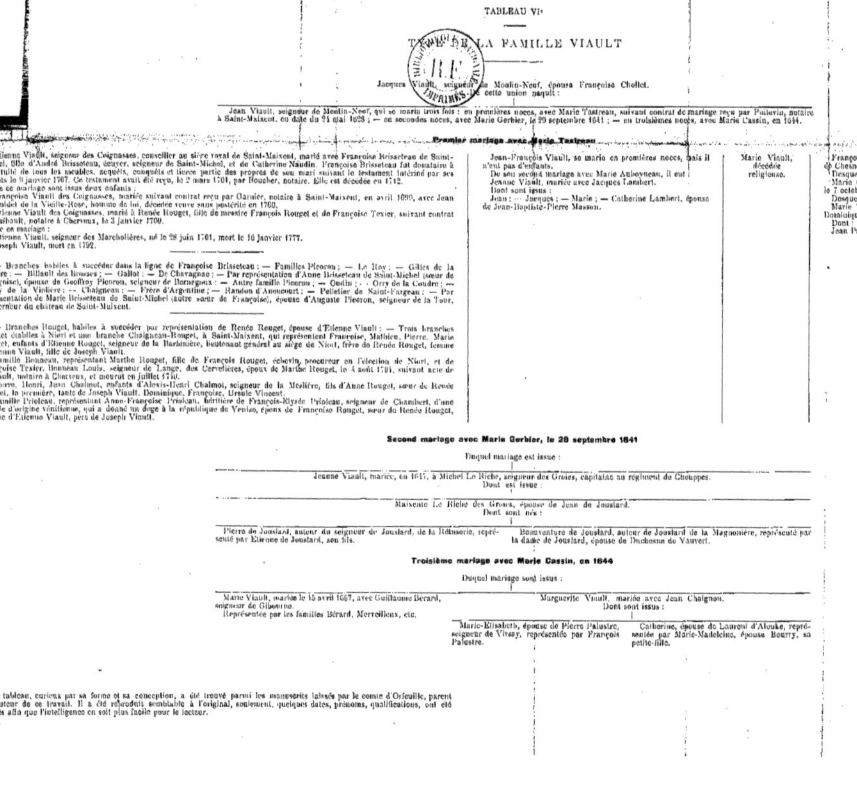

Premier mariage avec Marie Tastreau

Étienne Viault, seigneur des Coignasses, conseiller au siège royal de Saint-Maixent, marié avec Françoise Brisseteau de Saint-Michel, fille d'André Brisseteau, écuyer, seigneur de Saint-Michel, et de Catherine Naudin. Françoise Brisseteau fut donataire à perpétuité de tous les meubles, acquêts, conquêts et tierce partie des propres de son mari suivant le testament intériné par ses enfants le 9 janvier 1707. Ce testament avait été reçu, le 2 mars 1701, par Boucher, notaire. Elle est décédée en 1712.

De ce mariage sont issus deux enfants :

Françoise Viault des Coignasses, mariée suivant contrat reçu par Garnier, notaire à Saint-Maixent, en avril 1690, avec Jean Arnauldet de la Vieille-Rose, homme de loi, décédée veuve sans postérité en 1760.

Étienne Viault des Coignasses, marié à Renée Rouget, fille de messire François Rouget et de Françoise Texier, suivant contrat de Thibault, notaire à Cherveux, le 3 janvier 1700.

De ce mariage :

Étienne Viault, seigneur des Marcholières, né le 28 juin 1701, mort le 10 janvier 1777.

Joseph Viault, mort en 1792.

— Branches habiles à succéder dans la ligne de Françoise Brisseteau : — Familles Picoron ; — Le Roy ; — Gilles de la Coudre ; — Billault des Brosses ; — Gallot ; — De Chavagnac ; — Par représentation d'Anne Brisseteau de Saint-Michel (sœur de Françoise), épouse de Geoffroy Picoron, seigneur de Bornegoux ; — Autre famille Picoron ; — Oudin ; — Orry de la Coudre ; — Faidy de la Violière ; — Chaigneau ; — Frère d'Argentine ; — Randon d'Annecourt ; — Pelletier de Saint-Fargeau ; — Par représentation de Marie Brisseteau de Saint-Michel (autre sœur de Françoise), épouse d'Auguste Picoron, seigneur de la Tour, gouverneur du château de Saint-Maixent.

— Branches Rouget, habiles à succéder par représentation de Renée Rouget, épouse d'Étienne Viault : — Trois branches Rouget établies à Niort et une branche Chaigneau-Rouget, à Saint-Maixent, qui représentent Françoise, Mathieu, Pierre, Marie Rouget, enfants d'Étienne Rouget, seigneur de la Barbinière, lieutenant général au siège de Niort, frère de Renée Rouget, femme d'Étienne Viault, fille de Joseph Viault.

Famille Bonneau, représentant Marthe Rouget, fille de François Rouget, échevin, procureur en l'élection de Niort, et de Françoise Texier. Bonneau Louis, seigneur de Lange, des Cervelières, époux de Marthe Rouget, le 4 août 1701, suivant acte de Thibault, notaire à Cherveux, et mourut en juillet 1750.

Pierre, Henri, Jean Chalmot, enfants d'Alexis-Henri Chalmot, seigneur de la Meslière, fils d'Anne Rouget, sœur de Renée Rouget, la première, tante de Joseph Viault. Dominique, Françoise, Ursule Vincent.

Famille Prioleau, représentant Anne-Françoise Prioleau, héritière de François-Elysée Prioleau, seigneur de Chambert, d'une famille d'origine vénitienne, qui a donné un doge à la république de Venise, époux de Françoise Rouget, sœur de Renée Rouget, femme d'Étienne Viault, père de Joseph Viault.

Jean-François Viault, se maria en premières noces, mais il n'eut pas d'enfants.
De son second mariage avec Marie Auboyneau, il eut :
Jeanne Viault, mariée avec Jacques Lambert.
Dont sont issus :
Jean ; — Jacques ; — Marie ; — Catherine Lambert, épouse de Jean-Baptiste-Pierre Masson.

Marie Viault, décédée religieuse.

Françoise Viault, mariée avec Pierre Coustineau de Chesnevert.
Desquels est issue :
Marie Coustineau, mariée avec Jean Texier de la le 7 octobre 1691.
Desquels est née :
Marie Texier de la Caillerie, épouse, le 4 juillet Dominique Pasquier de Mont-le-Duc.
Dont
Jean Pasquier de Mont-le-Duc.

Second mariage avec Marie Gerbier, le 29 septembre 1641

Duquel mariage est issue :

Jeanne Viault, mariée, en 1647, à Michel Le Riche, seigneur des Groies, capitaine au régiment de Chouppes.

Dont est issue :

Maixente Le Riche des Groies, épouse de Jean de Jouslard.

Dont sont nés :

Pierre de Jouslard, auteur du seigneur de Jouslard, de la Rébuserie, représenté par Étienne de Jouslard, son fils. — Bonaventure de Jouslard, auteur de Jouslard de la Magnonière, représenté par la dame de Jouslard, épouse de Duchesne du Vauvert.

Troisième mariage avec Marie Cassin, en 1644

Duquel mariage sont issus :

Marie Viault, mariée le 15 avril 1667, avec Guillaume Bérard, seigneur de Gibourne.
Représentée par les familles Bérard, Merveilleux, etc. — Marguerite Viault, mariée avec Jean Chaigneau.

Dont sont issus :

Marie-Elisabeth, épouse de Pierre Palustre, seigneur de Virsay, représentée par François Palustre. — Catherine, épouse de Laurent d'Alouke, représentée par Marie-Madeleine, épouse Bourry, sa petite-fille.

Ce tableau, curieux par sa forme et sa conception, a été trouvé parmi les manuscrits laissés par le comte d'Orfeuille, parent de l'auteur de ce travail. Il a été reproduit semblable à l'original, seulement, quelques dates, prénoms, qualifications, ont été ajoutées afin que l'intelligence en soit plus facile pour le lecteur.

...uguste, seigneur de la Tour, époux de Marie d'Allègre, mort sans enfants.

Picoron Auguste, seigneur de la Tour, qui épousa, en 1687, Elisabeth-M...

Picoron René, seigneur de la Violière, conseiller du roi en l'élection de Saint-Maixent, marié, en 1713, à Renée Brunet de Sors. Il est qualifié seigneur de la Violière d...

Picoron de la Violière Catherine, née le 6 janvier 1718, mariée à Jacques-François Orry de la Coudre.

...a Coudre Pierre, époux de ...s Texier de la Caillerie.

Picoron de la Violière Charles, né le 3 janvier 1719.	Picoron de la Violière Catherine-Renée, née le 3 juin 1720.	Picoron de la Violière Jean-Théophile, né le 16 décembre 1721.	Picoron de la Violière Jacques-Bonaventure, seigneur de la Violière, né en 1724, chevalier de Saint-Louis, capitaine adjudant-major au régiment royal de Berry-Infanterie, capitaine de 1re classe de l'ordre royal des Invalides. Il épousa le 17 janvier 1761, Madeleine Lévesque, et mourut en 1808 sans postérité.	Picoron de la Violière Françoise-Catherine-Elisabeth, née en novembre 1725.	Picoron de la Violière Geoffroy-René, né en 1726.	Picoron de la Violière Pierre-René, né en 1728.	Picoron de la Violière Marie-Elisabeth, née en 1731.	Picoron de la Violière Julien-Anne-Louis, né en 1792, prêtre, chapelain de Sainte-Marie-Madeleine de Saint-Maixent et de Chaurais.	Picoron de la Violière Louise-Renée, née en 1735, mariée à Louis-Charles-Philibert Oudin. Elle décéda sans enfants.	Picoron de la Violière Jean-Louis, né en 1738.	Picoron ... Madeleine, Louis-Pier... la Violière, ...trat reçu ... notaire à ...xent, le 2...

Faidy de la Violière Julien-Louis-Joseph, licencié en droit civil et canonique, chevalier de la Légion d'honneur, décoré du 1..., au Royal-Champagne-cavalerie, aux dragons, au 19e régiment de chasseurs à cheval et fut officier d'ordonnance du général Mar... Il épousa : en premières noces, Marie-Thérèse Chevallereau de la Sonnerie ; en deuxièmes noces, Marie-Elisabeth Vallette, veu... Charles Chaigneau de la Guyonnière, qui avait une fille, Justine Chaigneau de la Guyonnière.

Une fille de son premier mariage :   Un fils et une fille du deuxième maria...

Faidy de la Violière Françoise-Geneviève, mariée deux fois, morte sans postérité.

Faidy de la Violière Antoine-Frédéric, marié : 1° avec Marie-Placide Citoys, en 1848, à Saint-Maixent ; 2° avec Marie-Anne-Isaure de La Roy de Lorme, en 1850, à Niort. Il mourut sans enfants.

Faidy de la Vi...çoise-Maixente-... riée le 12 mai ... Pierre Lévesque d... Neuves et de M... d'Aline Girard.

Lévesque Pierre-Ernest des Maisons-Neuves et de Mons, né à Saint-Maixent en 1837, marié à Niort, le 11 août 1863, avec Marie-Amélie Martineau, née à Niort en 1838.

Lévesque Pierre-Roger des Maisons-Neuves et de Mons, né à Saint-Maixent en 1864, marié à Angoulême le 16 avril 1896, avec Aline-Marie-Louise Cazier, née à Reims en 1875.

Lévesque des Maisons-Neuves et de Mons, Marie-Renée, née à Paris le 2 juin 1901 (8e arrondissement).

Lévesque des Maisons-Neuves et de Mons, Marie-Simone, née à Niort le 1er novembre 1897.

TABLEAU VIIe

FAMILLE PICORON

Picoron Auguste, seigneur de la Tour, gouverneur du château de Saint-…

…adeleine de la Violière, fille de Jean Houdry, seigneur de la Violière, et de Madeleine-Elisabeth Thebault de Mons.

Picoron de la Tour Catherine, mariée en premières noces, année 169… Bonneau, seigneur de Maintru et des Cervetières, lieutenant général au …

…ns l'acte de décès de son fils, Jacques-Bonaventure Picoron de la Violière, dressé à Saint-Maixent le 1er mai 1808.

Symon de

…e la Violière épouse de …e Faidy de suivant con-…ar Caillon, Saint-Mai-avril 1758.

De Pons Marie-Anne, épouse de François-Alexandre Estourneau, chevalier, seigneur de la Touche, Yverland et autres lieux, lieutenant au régiment d'infanterie de Chartres, fils de messire Isaac Estourneau, chevalier, seigneur de la Touche, et de dame Angélique Pallet. Le contrat de mariage fut reçu à Niort par Moriceau, notaire, le 8 février 1750. (Voir tableaux IVe et VIe du volume : *Recherches sur la famille Picoron*, 2e partie, 1898. — Saint-Maixent, imprimerie Chaboussant).

De Pons Marie-Willelmine, mariée à Paris, en 1731, à Elie Rand…

Randon d'Haneucourt Jean-Antoine, écuyer, ayant eu la survivan… receveur général des finances du bureau de Poitiers, fonction conservée j…

…ys. Il servit …au. …ve de Jean-…;e :

Estourneau de la Touche Marie-Anne, épouse de haut et puissant seigneur Joseph-Louis de Lescours, seigneur du Breuil, la Réorte, sous-aide-major au régiment de Beauce, fils de Louis-Armand, marquis de Lescours, vivant, seigneur de Parançay, Machecou, le Breuil et autres lieux, et de Madeleine de Courbon-Blénac. Le contrat de mariage a été reçu par Roquet, notaire à Saint-Jean-d'Angély, le 22 avril 1772. (Voir tableaux VIe et Xe du volume : *Recherches sur la famille Picoron et ses alliances*, 2e partie, 1898. — Saint-Maixent, imprimerie Chaboussant).

Baron Jean-Ferdinand d'Haneucourt, commandant de la vénerie du … époux de Mlle *** de Leroux, fille du général comte de Leroux.

…olière Fran-…elina, ma-…1834, avec …es Maisons-…lons, veuf

De Lescours Joseph, reçu à l'École militaire, mort à l'armée d'Italie, sans postérité.

De Lescours Gabriel-Marie, reçu aux preuves pour les écoles militaires, en 1785, mort comme son frère, sans postérité, à l'armée d'Italie.

Charlotte-Louise-Julie de Lescours, de Parançay, épouse le 26 février 1809, de Charles-Marie-Honoré, marquis de Lescours, son oncle à la mode de Bretagne, comme ayant pour auteurs communs François-Louis, marquis de Lescours, seigneur de Parançay, Machecou, Oradour en partie, la Pléau, et Elisabeth Green de Saint-Marsault, sa première femme, mariés suivant contrat du 9 avril 1695. (Voir tableau Xe du volume : *Recherches sur la famille Picoron et ses alliances*, 2e partie, 1898. — Saint-Maixent, imprimerie Chaboussant).

Lévesque des Maisons-Neuves et de Mons, Antoine-Frédéric-Amédée, décédé à Paris le 20 septembre 1906.

De Lescours Charles-Quentin-Roland, né le 15 avril 1812, mort le 8 août 1825.

De Lescours Marie-Sophie-Charlotte, mariée à Niort, le 23 septembre 1831, avec Pierre-Léopold Duchesne de Vauvert, fils de Joseph Duchesne de Vauvert, et de Louise-Charlotte-Agathe d'Auzy du Fief, demeurant à Vauvert, commune de Cherveux (Deux-Sèvres).

D'Haneucourt Alexandrine, mariée en 1829, à Fontainebleau, au mar…

Duchesne de Vauvert Charles-Boleslas, né en 1833, célibataire, demeurant à Niort.

Duchesne de Vauvert Magdeleine-Léopoldine, mariée à Amuré, canton de Frontenay-Rohan-Rohan (Deux-Sèvres), le 18 avril 1857, avec Gilbert de Gourville Omer-Eugène, lieutenant-colonel retraité, à La Rochelle, officier de la Légion d'honneur.

Comte de Besplas, Ferdinand-Edmond, lieutenant de vaisseau, mort sans postérité en 1863.

Comte de Besplas Léon, mort sans postérité en 1864.

De Besplas Marie, décédée célibataire en 1882.

De Besplas M… 1866, du baron R…

De Gourville Thérèse-Marie-Claire, née à Niort le 18 décembre 1658.

De Gourville Raoul-Jean-Omer, né à Niort le 30 octobre 1861, mort à La Rochelle le 21 juin 1886.

De Gourville Yvonne-Marie-Apolline, née à Niort le 10 avril 1867, mariée à La Rochelle le 25 février 1897, avec Alfred-Théodore Bellivier de Prin.

De Gourville Marguerite-Elisa-Marie, née à La Rochelle le 15 avril 1875, mariée à La Rochelle le 3 avril 1902, à Dubois de la Patellière Félix-Marie, lieutenant au 7e hussards, né le 27 septembre 1872, au château de la Pairie, commune de Saint-Julien-de-Conulles (Loire-Inférieure), fils de Félix-Charles de la Patellière et de Isabelle-Eugénie-Marie Legrand de la Liraye.

De Fougères Renée-Jeanne, mariée au capitaine Clayton des Scots-Gard, aide camp du duc de Cambridge à Dinard, en février 1900.

Baron de Fougères … l'ambassade de Fra… 1891, à la comtesse …

Bellivier de Prin Madeleine-Marie-Françoise, née au château des Bournais, commune de l'Isle-Bouchard, le 18 janvier 1879.

Bellivier de Prin Marie-Thérèse-Yvonne-Françoise, née à La Rochelle le 27 avril 1902.

Bellivier de Prin Elisabeth-Marie-Françoise, née au château des Bournais, le 23 mai 1904.

Dubois de la Patellière Anne-Marie-Elisabeth-Magdeleine, née à Valence-sur-Rhône, le 27 novembre 1904.

Fou…
R…
Ma…
Fra…

TABLEAU VII

FAMILLE PICORON

... seigneur de la Tour, gouverneur du château de Saint-Maixent, épousa, en juin 1657, de Marie Brisseteau de Saint-Michel.

... Tour Katherine, mariée en premières noces, année 1690, à Guillaume Symon, écuyer, seigneur de la Morillonnière, son cousin au quatrième degré, veuf de Marguerite Ferreyra des Ponces; en deuxièmes noces, année 1701, à Jacques ... de Maixent et des Couvertures, lieutenant général au siège de Saint-Maixent, en troisièmes noces, année 1715, à François Franen, écuyer, seigneur de la Voûte. Il n'y a pas de postérité du troisième mariage. Un seul enfant est né du premier mariage de Catherine Picoron de la Tour.

... Symon de la Morillonnière Elisabeth-Marie-Madeleine, épousa en 1711, de Pierre du Pont, écuyer, seigneur de la Coudre.

... Villeneuve, mariée à Paris, en 1731, à Elie Hamon de Massagne, d'Hanevecourt et Gargenville, receveur général au bureau des finances de Poitiers. Il épousa en second mariage, Amélie-Adélaïde des Noyers de Loeur. Hamon de Massagne, d'Hanevecourt, de Gargenville eut trois enfants :

[illegible] Jean-Antoine, écuyer, ayant eu la survivance de son père, concos ... des finances du bureau de Poitiers, fonction conservée jusqu'à la Révolution.

Marquis Hamon de Laveau Pierre-Louis-Paul-Ferdinand, mestre de camp de cavalerie, maréchal des logis du roi, marié le 30 décembre 1715, à Marie-Elisabeth des Rues.

Hamon d'Hanevecourt Adélaïde, mariée, en 1764, à Michel-Etienne Le Pelletier, comte de Saint-Fargeau. Il avait épousé, en premières noces, Louise Le Pelletier de Rosquel, sa cousine.

... Ferdinand d'Hanevecourt, commandant de la vénerie du roi sous la Restauration, ... de Loeuer, fille du général comte de Loeuer.

Le Pelletier de Saint-Fargeau Daniel.

Le Pelletier de Saint-Fargeau Félix, mort en 1837.

Le Pelletier de Saint-Fargeau, notaire des Ponts, épousa de Mlle de Terray.

Le Pelletier de Saint-Fargeau Adélaïde-Charlotte-Colombe, mariée à Auguste-François, vicomte de la Porte de Riaux, lieutenant-colonel au régiment des dragons, mestre de camp, chevalier de Saint-Louis.

... Alexandrine, mariée en 1829, à Fontainebleau, au marquis Jules de Besplas.

Le Pelletier de Saint-Fargeau Adolphe-Nicolas-Michel, comte des Ponts, uni à Léonie-Henriette de Baert.

Le Pelletier de Saint-Fargeau Madeleine, marquise de Lévis. Cette branche est éteinte.

De la Porte de Riaux Adélaïde-Charlotte-Colombe, mariée à Auguste-Charles-Camille, comte de Rougé, comte du Plessis-Bellière, marquis du Puy, enhuvel, Mousiaisarmaire en 1838, officier de la Légion d'honneur.

Comte de Besplas Léon, mort sans postérité en 1864.

De Besplas Marie, décédée célibataire en 1886.

De Besplas Marie-Berthe, épouse, en 1866, du baron René-Maurice de Fougères.

Le Pelletier des Ponts Léonie, mariée, en 1813, avec Antoine-Eugène-Arthur Conrad de Tardieu, vicomte de Maleyssie.

Comte de Rougé Adolphe, époux de Mlle de Saint-Georges de Véras, en 1833.

Vicomte de Rougé Emmanuel, époux de Marie-Valentine de Ganay.

Vicomte de Rougé Bonabes, marié en 1859, à l'Ooile de Lespinay.

Adélaïde-Charlotte-Colombe, mariée à Auguste-Charles-Camille, comte de Rougé, marquis du Puy, enhuvel, Mousiaisarmaire en 1838, officier du ...

Vicomte de Rougé Camille, marié en 1857, à Marthe de Lhuillières. Il est décédé au château des Rues (Maine-et-Loire), les obsèques ont eu lieu à Chemillé-Changé le 19 novembre 1891.

De Rougé Noémie, épouse, en 1857, du comte d'Anthenaise.

De Rougé Charlotte, épouse, en 1854, du marquis de Certaines.

De Rougé Paule, religieuse.

... René-Jeanne, mariée au capitaine ..., Sénéa-Gard, aide de camp du ... à Dinard, en février 1902.

Baron de Fougères Emile-René, attaché à l'ambassade de France, en Suisse, marié, en 1901, à la comtesse Hedwig Raxinn.

De Tardieu de Maleyssie Henriette, mariée en 1850, à Albert de Preren, pruvis de Vitel. Sept enfants :

De Tardieu de Maleyssie Marguerite, célibataire, demeurant au château de Château-Renouard (Loiret).

De Rougé Marie-Paul-Augustin-Arthur, décédé en 1869. À Agnès de Biolen-Chabot.

Vicomte de Rougé Yvonne, épousa, en 1861, du marquis Henri du Saint-Chamans, mort en 1905.

Vicomte de Rougé Jacques, marié en 1853, à Mlle d'Origny.

Vicomte de Rougé Hubert, marié en 1872, à Mlle de la Jumaire.

Vicomte de Rougé Armand, marié en 1869, à Eugénie de la Fer...

De Rougé Jacqueline, vicomtesse de la Motte.

Vicomte de Rougé Armand, marié en 1864, à Eugénie de la Fer...

De Rougé Jacqueline, vicomtesse de la Motte.

De Rougé Marie-Louise, aujourd'hui décédée, épouse, en 1878, du vicomte Roger de Harcourt de Sainte-Croix, général de brigade de cavalerie.

De Rougé Eléonor, Noëlle, ...

De Rougé Henriette, mariée, en 1856, ...

De Rougé Alfred, marié en 1890, à Claude ...

Vicomte de Rougé Olivier, épousa en 1892, de Louise d'Olituanne.

De Rougé Paule.

Marquis Jacques de Leveuse de Vezins.

De Rougé Charles.

De Rougé Bonabes.

Une fille.

... du Pernet de Vitel André-Henri-Léon, sous-lieutenant au 59e régiment d'infanterie, époux de Marguerite-Henriette-Marie-Thérèse Bagot de Blanchecoudre. Le mariage eut lieu à Paris, église de Saint-Pierre de Chaillot, le 13 janvier 1897.

Du Pernet de Vitel Marguerite, épouse du Hubert-Charles-Anatole-Fortunal de Blanchecoudre. Le mariage fut célébré à Paris, le 4 juin 1890, paroisse de Saint-Augustin.

Du Pernet de Vitel Henry.

Du Pernet de Vitel Chernal, épousa Mlle Bagot de Blanchecoudre, église de Saint-Pierre de Chaillot, à Paris.

Du Pernet de Vitel Louise, mariée à Paris, église Saint-Augustin : avec le comte de Puligny.

Du Pernet de Vitel Albert.

De Rougé Alain, marié avec Mlle Elisabeth Girard, le 11 décembre 1896, église de la Madeleine à Paris.

De Bourdonné de Sainte-Croix Marie-Madeleine, mariée le 7 août 1900, à la basilique de Sainte-Clotilde, à Paris, avec le vicomte François de Villebresme de Brignac. Témoins : pour la mariée, Georges de Villebresme de Brignac, son frère, Xavier de Quincerotière, son beau-frère; pour la mariée, le comte de Caylus et le vicomte Armand de Rougé, ses cousins.

De Rougé Marie.

De Rougé Alice.

De Rougé Claude de Malortie.

De Rougé Louise d'Olituanne.

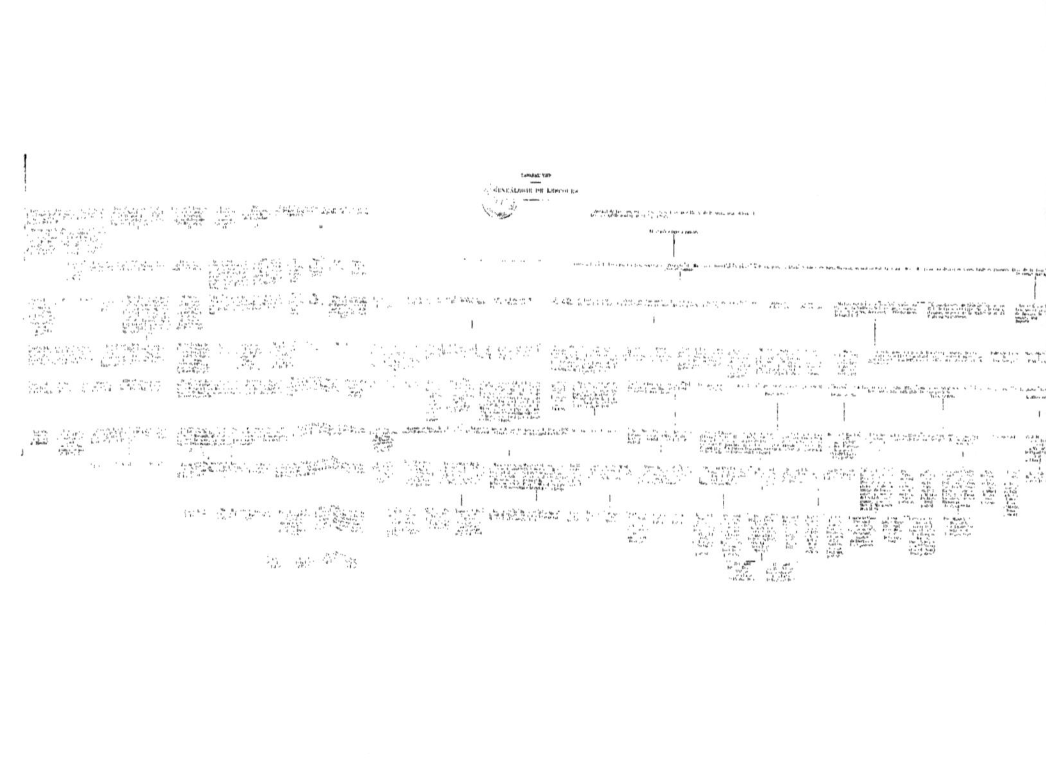

TABLEAU VIII
GÉNÉALOGIE DE LISIEUX

TABLE GÉNÉRALE

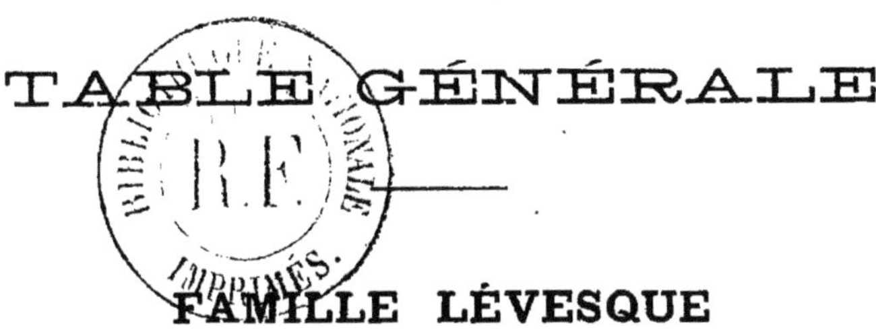

FAMILLE LÉVESQUE

FAMILLES PARENTES & ALLIÉES A LA FAMILLE LÉVESQUE & AUTRES

A

B

3

C

D

E

F

G

H

I

J

7

N

O

Q

S

T

V

Y

W

Saint-Maixent. — Impr. F. CHABOUSSANT.

www.ingramcontent.com/pod-product-compliance
Ingram Content Group UK Ltd.
Pitfield, Milton Keynes, MK11 3LW, UK
UKHW021846070726
13613UKWH00001B/39